K.J.T. 1872

Die

Jagd- und Vogelschutz-Gesetzgebung in Elsaß-Lothringen.

Von

Dr. Ernst Bruck

Landrichter.

Zweite Ausgabe, mit Berücksichtigung der Novelle zum Vogelschutzgesetz vom 30. Mai 1908.

Straßburg.
Verlag von Karl J. Trübner.
1910.

M. DuMont Schauberg, Straßburg.

Meinem Freunde

Professor Dr. Max Ernst Mayer

in Straßburg.

Aus dem Vorwort.

Als Ersatz der seit längerer Zeit vergriffenen, von dem Wirklichen Geheimen Oberregierungsrat Herrn Halley herausgegebenen Sammlung der „Gesetze und Verordnungen über Jagd- und Vogelschutz in Elsaß-Lothringen" (Straßburg 1890) soll der vorliegende Kommentar dienen. Er ist keine zweite Auflage des Halleyschen Buches, sondern eine in jeder Beziehung neue Bearbeitung der Materie.

Dem Ministerium spreche ich auch an dieser Stelle meinen Dank aus, mir die Benutzung des Aktenmaterials gütigst gestattet zu haben.

Straßburg, Februar 1907.

Bruck.

Die Novelle zum Vogelschutzgesetz hat eine Neubearbeitung des zweiten Abschnittes dieses Kommentars notwendig gemacht.

Metz / z. Zt. Berlin, Dezember 1909.

Bruck.

Inhaltsverzeichnis.

Abkürzungen.

ABl. = Zentral- und Bezirks-Amtsblatt für Elsaß-Lothringen; ohne Zusatz: „Hauptblatt".
AG. = Ausführungsgesetz.
Bruck = Die Gemeindeordnung für Elsaß-Lothringen. Straßburg. Karl J. Trübner 1905.
BGB. = Bürgerliches Gesetzbuch.
GB. = Gesetzblatt für Elsaß-Lothringen.
GVG. = Gerichtsverfassungsgesetz.
Halley = Die Gesetze und Verordnungen über Jagd- und Vogelschutz in Elsaß-Lothringen. Straßburg. Karl J. Trübner. 1890.
Huber = Die Jagdgesetze Elsaß-Lothringens. Straßburg. W. Heinrich. 1895.
LA. = Verhandlungen des Landes-Ausschusses.
RG. = Entscheidungen des Reichsgerichts.
RGB. = Reichs-Gesetzblatt.
S. = Sammlung von Gesetzen, Verordnungen usw., betreffend die Justizverwaltung in Elsaß-Lothringen.
StPO. = Strafprozeßordnung.
Z. = Juristische Zeitschrift für Elsaß-Lothringen.

I.

Jagd-Gesetzgebung.

1. Ausübung des Jagdrechtes.

Einleitung.

Der Ausgangspunkt für die Entwickelung des modernen französischen und somit auch des reichsländischen Jagdrechtes ist der Beschluß, den die konstituierende Nationalversammlung in der Nacht vom 4. auf den 5. August 1789 gefaßt hat. „Le droit exclusif de la chasse et des garennes ouvertes est pareillement aboli: tout propriétaire a le droit de détruire et faire détruire, seulement sur ses possessions, toute espèce de gibier, sauf à se conformer aux lois de police, qui pourront être faites relativement à la sûreté publique“. Die hiernach vorbehaltenen jagdpolizeilichen Bestimmungen sind in dem Dekret vom 28.—30. April 1790 getroffen worden. Es verbietet vor allem dem Eigentümer während der geöffneten Jagd auf seinem noch nicht abgeernteten Grundstück zu jagen; jedoch darf er zu allen Zeiten in seinen Weihern und Teichen und in seinen Besitzungen, die durch Mauern, Häge oder wachsende Zäune von den Gütern anderer abgesondert sind, jagen oder jagen lassen. Ferner gestattet es den Eigentümern zu jeder Zeit, das Wild auf seinen nicht eingeschlossenen Aeckern zu vertilgen, wenn er sich der Netze oder anderen Werkzeuge bedient, welche den Früchten der Erde nicht schaden können, auch das rote Wildpret, das in seine Ernten laufen würde, mit Feuergewehren auszutreiben. Weiterhin enthalten das Dekret vom 19. Pluviôse V und das Gesetz vom 10. Messidor V Vorschriften über die Vertilgung schädlicher Tiere, insbesondere der Wölfe, und ein Dekret vom 28. Vendémiaire V verbietet die Jagd in den Staatswaldungen. An diesen gesetzlichen Bestimmungen ändert der Code civil nichts, da er die Regelung des Jagdrechtes besonderen Gesetzen vorbehält (Art. 715). Endlich bedroht das Dekret vom 4. Mai 1812 denjenigen mit Strafe, welcher jagend betroffen wird und sich nicht mit einem Jagdwaffenscheine (permis de port d'armes de chasse) ausweisen kann.

Eine zusammenfassende Kodifikation dieser jagdpolizeilichen Bestimmungen ist das Gesetz vom 3. Mai 1844 (loi sur la police de la chasse, bull. des lois IXe série, n° 11257), das noch in Kraft war, als Elsaß-Lothringen an Deutschland zurückfiel. Das Gesetz gestattet die Ausübung der Jagd nur während einer bestimmten Zeit und nur demjenigen, welcher sich im Besitz eines gültigen Jagdscheines befindet. Der Eigentümer oder Besitzer darf zu jeder Zeit ohne Jagdschein auf seinen Besitzungen jagen oder jagen lassen, wenn dieselben an eine Wohnung anstoßen und mit einer fortlaufenden Einfriedigung umgeben sind, welche jede Verbindung mit den benachbarten Grundstücken hindert. Im übrigen enthält das Gesetz hauptsächlich nur noch polizeiliche Bestimmungen über die Erteilung des Jagdscheines.

Der Hauptmangel des Gesetzes von 1844 besteht darin, daß die Befugnis zur Ausübung des Jagdrechtes nicht an eine bestimmte Größe des Grundstücks oder des Jagdbezirks geknüpft ist. Denn die selbsttätige Ausübung des Eigentümers, sogar auf der kleinsten Fläche, erschwert eine pflegliche Behandlung der Jagd, reizt, weil die Kleinheit der Grundstücke zum unerlaubten Betreten benachbarter Grundstücke verlockt, zur Verletzung fremden Eigentums und führt dazu, daß sich mancher durch die Jagdleidenschaft von seinen Berufsgeschäften ableiten läßt.

Seit Beginn der Deutschen Verwaltung wurden vielfach Wünsche über die Reform der Jagdgesetzgebung laut. Der Landesausschuß befaßte sich zu wiederholten Malen mit der Umänderung der einschlägigen Bestimmungen (Verhandlungen 1875 S. 101; 1876 S. 66; 1877 S. 198—201; 1878 S. 151—154). Jedoch kam die Angelegenheit erst in Fluß, als in der VII. Session des Landesausschusses (1879—1880) die Mitglieder Zorn von Bulach und Genossen die Verpachtung der Gemeindejagden zum Gegenstand eines Antrages machten (Bd. II S. 155); übrigens der erste Initiativantrag, der gestellt worden ist. Nach ihm soll die Jagd bannweise für jede Gemeinde im Wege öffentlicher Versteigerung verpachtet werden, wenn die Eigentümer, in deren Händen die Mehrheit des Grundbesitzes des Bannes ruht, einen diesbezüglichen Beschluß fassen (Syndikatssystem). Der Pachterlös wird unter die beteiligten Eigentümer verteilt, sofern nicht ihre Mehrheit die Verwendung zur teilweisen Deckung der Grundsteuer oder zur Abführung an die Gemeindekasse beschließt. Eigentümer, welche einen Grundbesitz von mindestens 40 Hektar besitzen, dürfen die Jagd selbständig ausüben unter der Bedingung jedoch, daß wenn der übrige Teil des Gemeindebannes zugunsten der Gemeindekasse verpachtet wird, an sie ein verhältnismäßiger Beitrag gezahlt werden muß. Der Antrag wurde der IV. Kommission (für öffentliche Arbeiten, Handel, Gewerbe, Landwirtschaft, Forstwesen) überwiesen (Bd. II S. 147). Die Kommission arbeitete zwei neue Entwürfe aus (ebenda S. 571—575). Der Entwurf I baut sich auf dem Syndikatssystem auf; seine wichtigste Abweichung von dem Initiativgesetzentwurf ist die, daß die Abführung des Pachterlöses an die Gemeindekasse nur auf Grund eines einstimmigen Beschlusses der Grundbesitzer erfolgen kann. Entwurf II beruht auf dem Prinzip, daß jedem Grundstückseigentümer das Jagdrecht auf seinem Grund und Boden zusteht, zur Ausübung aber nur derjenige berechtigt ist, welcher über einen Grundbesitz von mindestens 40 Hektar Größe verfügt oder durch in gehöriger Form registrierten Pachtvertrag das Recht zum Jagen auf einer zusammenhängenden Fläche von 100 Hektar erworben hat.

Das Plenum des Landesausschusses beriet sehr eingehend über die zwei Entwürfe (S. 557—580). Gegen den Entwurf I wurde hauptsächlich geltend gemacht, er enthalte einen Eingriff in die Rechte und Freiheiten des Eigentums, indem er dem Eigentümer die Nutzung des zum Eigentum gehörigen Jagdrechtes entziehe und ihn zwinge, zu dulden, daß ohne seine Zustimmung Fremde sein Grundstück betreten können. Daß dieser Eingriff und Zwang nur dann eintrete, wenn eine Mehrheit es beschlossen habe, beseitige nicht die Bedenken, denn es sei mißlich, über Vermögensrechte durch Mehrheitsbeschlüsse zu entscheiden, durch Abstimmung „eine Servitut auf die Güter der Minorität" zu legen. Vermögensrechte müßten von der Beeinflussung durch das allgemeine Wahlrecht freigehalten werden. Auch der Entwurf II wurde einer eingehenden Kritik unterzogen: wenn er auch einen Zwang zur Verpachtung nicht ausspreche und infolgedessen vermeide, daß der Grundstückseigentümer das Betreten seines Grund und Bodens durch Fremde dulden müsse, so entziehe er doch den kleinen Grundbesitzern tatsächlich das Jagdrecht, ohne ihnen hierfür eine Entschädigung zu sichern. Dieselben würden, um eine Entschädigung zu erhalten, zur Verpachtung schreiten müssen; die Möglichkeit einer solchen würde aber davon abhängen, daß auch ihre Nachbarn zur Verpachtung an denselben Jagdliebhaber geneigt wären und daß ein Jagdliebhaber sich fände, welcher einen Komplex von 100 Hektar an jener Stelle zusammenpachtet.

Nachdem ein während der Beratungen gestelltes Amendement der Mitglieder Roesch und Genossen: „Die Jagd auf dem Gebiet der Privaten und der Gemeinde muß für jede Gemeinde öffentlich en bloc oder in Lose verpachtet werden. Der Pachtzins fließt in die Gemeindekasse, um für den Bau und die Unterhaltung von Feldwegen oder für andere Arbeiten von allgemeinem landwirtschaftlichem Interesse verwendet zu werden; ausgenommen bleiben Waldungen von mindestens 25 Hektar Größe (S. 578)" angenommen war (S. 581), wurde beschlossen, einen neuen Gesetzentwurf durch eine Spezialkommission ausarbeiten zu lassen (S. 642—643). Die Kommission legte einen Entwurf vor (S. 793—797), der in Uebereinstimmung mit der Gesetzgebung in den meisten übrigen deutschen Staaten anerkennt, daß jeder Grundstückseigentümer Träger des Jagdrechtes ist, die Ausübung dieses Rechtes aber nur bei einer gewissen Größe des Grundbesitzes gestattet. Auf allen übrigen Grundstücken des Gemeindebannes muß die Jagd verpachtet werden. Den Pachterlös erhalten die beteiligten Grundbesitzer, sofern nicht eine Mehrheit, die auch zugleich mehr als die Hälfte der Grundfläche vertritt, beschließt, daß der Erlös der Gemeinde verbleiben soll. Der Entwurf wurde in drei Lesungen durchberaten, ohne daß das Plenum wesentliche Abänderungen vorgenommen hätte (S. 760—764; 799—806; 809—817). Nachdem der Entwurf dem Staatsrate zur Begutachtung unterbreitet war und die Beratung im Staatsrate stattgefunden hatte, entschloß sich die Regierung einen neuen Entwurf aufzustellen, der dem Landesausschusse in seiner VIII. Session (1880) zur Beschlußnahme vorgelegt wurde (Vorlage Nr. 7). Er stimmt in den Grundsätzen mit dem aus dem Landesausschuß hervorgegangenen Entwurf überein, enthält aber einige teils redaktionelle, teils sachliche Aenderungen, sowie mehrere neue Bestimmungen. Der Entwurf ist vom Landesausschusse (VIII. Session 1880—1881 Bd. II S. 41—43; 212—216; [Komm.Ber. S. 220, 221]; S. 251—258) und dem Bundesrate angenommen worden. Das Gesetz ist am 7. Februar 1881 vollzogen und im Gesetzblatt S. 5 publiziert.

Die Angriffe gegen das Jagdgesetz sind seit seinem Erlaß noch nicht verstummt.

Im Jahre 1897 wurde ein Initiativgesetzentwurf eingebracht, nach dem das Jagdrecht durch die Gemeinde nur dann ausgeübt werden soll, wenn von mindestens $^2/_3$ der beteiligten Einwohner, die auch mehr als $^2/_3$ der Grundstücke besitzen, nicht widersprochen wird. Der Entwurf fand nicht die Zustimmung des Landesausschusses (XXIV. Session Bd. II S. 756 f. 736 f. 747 f.).

Ebenso wurde während der XXXII. Session (1905) die Abänderung des Jagdgesetzes angeregt, jedoch kein Beschluß gefaßt (Bd. II S. 515).

In der XXXIII. Session (1906) wiederholte ein Antrag Hauß und Genossen im wesentlichen den Antrag aus dem Jahre 1897. Ein Antrag Wetterlé wollte das Jagdgesetz aufgehoben wissen.

Von dem Bürgerlichen Gesetzbuch ist das Jagdrecht nicht berührt worden, denn Art. 69 seines Einführungsgesetzes hat die diesbezüglichen landesgesetzlichen Bestimmungen in Kraft belassen; mithin könnten sie auch jeder Zeit im Wege der Landesgesetzgebung abgeändert werden. Nur die Vorschriften über den Ersatz des Wildschadens und die Bestimmung des § 958 Abs. 2, nach der Eigentum nicht erworben wird, wenn durch die Besitzergreifung das Aneignungsrecht eines Andern verletzt wird, sind reichsrechtlich festgelegt.

Gesetz, betreffend die Ausübung des Jagdrechtes

vom 7. Februar 1881, Gesetzblatt S. 5.

Wir Wilhelm von Gottes Gnaden Deutscher Kaiser, König von Preußen usw. verordnen im Namen des Reichs, für Elsaß-Lothringen, nach erfolgter Zustimmung des Bundesrates und des Landesausschusses, was folgt:

§ 1.

Die Ausübung des einem jeden Grundeigentümer auf seinem Grund und Boden zustehenden Jagdrechts, sowie des Jagdrechts auf Gewässern ist den Bestimmungen dieses Gesetzes unterworfen.

Dieselben finden keine Anwendung:

1. auf die Grundstücke der Reichsmilitär- und Reichseisenbahnverwaltung, auf die Staatsforsten und auf diejenigen Forsten, deren Eigentum dem Staate mit andern Eigentümern ungeteilt zusteht;
2. auf diejenigen Grundstücke, welche mit einer fortlaufenden Einfriedigung umgeben sind, die jede Verbindung mit den benachbarten Grundstücken hindert.

[1]) § 1 E. Erläuterungen S. 10. L. A. S. 41. Komm. Ber. S. 220. L. A. S. 212—213; 251 ff. 258.

---

[1]) Es bedeuten (ohne Zusatz) E = Entwurf eines Gesetzes betr. die Ausübung des Jagdrechtes. Vorlage Nr. 7. Landesausschuß 8. Session (1880/81). Erläuterungen = Erläuterungen zu dem Entwurf, ebenda. L. A. = Landesausschuß-Verhandlungen. 8. Session, Bd. II. Komm. Ber. = Bericht der Spezialkommission, ebenda S. 220 ff.

Inhalt.

I. Begriff des Jagdrechtes. Bem. 1.

Das Jagdrecht ist ein selbständiges, absolutes Vermögensrecht, kraft dessen sein Träger bestimmte herrenlose Tiere in einem bestimmten Bezirk ausschließlich verfolgen und sich aneignen darf.

1. Das Jagdrecht ist ein selbständiges Recht gegenüber dem Eigentum an dem Grundstück, auf dem es ausgeübt wird. Es gehört nicht zu der Fülle der Rechte, die in dem Eigentum liegen, sondern es ist ein Plus, ein Attribut des Eigentums (jus domini). Wäre das Jagdrecht ein Bestandteil der Eigentumsbefugnisse, ein Ausfluß des Eigentums (jus dominii; droit inhérent au droit de propriété), so wäre die Jagdbeute Eigentumsnutzung (Erzeugnis des Grundstücks), die nach den allgemeinen Grundsätzen über den Erwerb von Erzeugnissen erworben werden würde. Tatsächlich ist aber die Jagdbeute Frucht der Aneignung. Bem. 2.

Seitdem das Jagdrecht nicht mehr von dem Träger der Staatsgewalt oder dem Staate selbst in Anspruch genommen wird, ist es mit dem Recht an dem Grund und Boden verbunden. Dem Prinzip nach ist also der Grundstückseigentümer auch der Jagdberechtigte. Aus praktischen Gründen der verschiedensten Art ist jedoch dieser Grundsatz gerade in sein Gegenteil umgekehrt. Vgl. Bem. 4 zu vorliegendem Paragraphen.

2. Der Jagdberechtigte darf die Jagd nur innerhalb eines bestimmten Bezirks ausüben. Der Jagdbezirk ist die ding= Bem. 3.

liche Grundlage des Jagdrechtes. Jedes auch noch so kleine Grundstück bildet einen Jagdbezirk, jedoch steht dem Eigentümer gewöhnlich das Jagdausübungsrecht nicht zu. Nur dann, wenn sein Grundbesitz eine bestimmte Größe erreicht oder von bestimmter Beschaffenheit ist (§ 3 des Jagdgesetzes), ist er auch zur Jagdausübung befugt. Ferner bilden die Grundstücke, welche Abs. 2 § 1 aufführt, selbständige Jagdbezirke, denn ihre Eigentümer sind nicht nur de jure, sondern auch de facto zur Ausübung der Jagd berechtigt. Abgesehen von diesen Kategorieen von Grundstücken ist kraft des in § 2 ausgesprochenen Grundsatzes nicht jedes Grundstück tatsächlich ein Jagdbezirk, sondern sämtliche Grundstücke eines Gemeindebannes bilden einen oder, sofern die Voraussetzungen des § 2 Abs. 3 gegeben sind, mehrere Jagdbezirke. Die Grenzen der politischen Gemeinden sind die Grenzen der Jagdbezirke; ihre nähere Festlegung hat in den Pachtverträgen zu erfolgen.

Bem. 4. 3. Träger des Jagdrechtes ist de jure nach jeder Grundstückseigentümer. Ueberschaut man die ungeheuren Nachteile, die die praktische Durchführung dieses Grundsatzes zur Folge haben müßte — zu erinnern ist nur an die Gefährdung des Publikums durch den Gebrauch von Schußwaffen, die Wilderei, die Vernichtung des Wildbestandes — so muß mit Freuden begrüßt werden, daß de facto Träger des Jagdrechtes derjenige ist, der durch Vermittelung der Gemeinde die Jagd auf dem Jagdbezirk pachtet. Nur die Eigentümer der Grundstücke, welche § 1 Abs. 2 und § 3 aufzählt, können zugleich auch die Jagd ausüben; der überwiegenden Mehrzahl der Grundstückseigentümer ist die Ausübung des Jagdrechtes genommen.

Bem. 5. 4. Das Jagdrecht ist ein absolutes Recht, kraft dessen der Jagdberechtigte ausschließlich herrenlose Tiere verfolgen und sich aneignen darf. Absolut ist das Recht insofern, als es jedem Dritten gegenüber wirkt. Nur der Jagdberechtigte ist befähigt, Eigentum an den herrenlosen Tieren erwerben zu können (§ 958 Abs. 2 BGB.). Kein anderer darf nicht nur nicht, sondern kann auch nicht Eigentum erwerben, und erst wenn das Wild in die Hände eines Gutgläubigen käme (§ 932 BGB.), würde der Mangel im Erwerbe geheilt. Der Jagdberechtigte erlangt das Eigentum an den Tieren durch Aneignung; bis zu diesem Augenblick sind sie herrenlos, auch wenn sie sich bereits auf seinem Gebiet befinden. Sie sind also dem Aneignungsrecht jedes

Anderen entzogen, treten aber erst durch die Okkupation in das Eigentum des Berechtigten. Das Verhältnis zwischen Jagdrecht und Aneignung ist das des Vorrechtes zum Hauptrecht.

5. Nur bestimmte herrenlose Tiere können gejagt wer- Bem. 6.
den. Welche Tiere jagdbar sind, verordnet das Landesrecht; die Details sind in Bem. 6 zu § 1 des Jagdpolizeigesetzes zu vergleichen.

II. Das Jagdrecht genießt einen doppelten Schutz. Zunächst Bem. 7.
zivilrechtlich: allgemein durch die Bestimmung des § 958 Abs. 2 BGB., nach der der Wilderer kein Eigentum an dem Wilde erwerben kann. Ist der Grundstückseigentümer zugleich zur Ausübung der Jagd berechtigt (§ 1 Abs. 2, § 3 Jagdgesetz), so kann er die Ansprüche aus dem Eigentum geltend machen (§§ 985 ff. BGB.); ist der Jagdausübungsberechtigte Pächter, so stehen ihm als unmittelbaren Besitzer (§ 868 BGB.) die Ansprüche aus dem Besitz (§§ 858 ff. BGB.) zur Verfügung. Strafrechtlicher Schutz ist dem Jagdrecht durch das Strafgesetzbuch (§§ 292—295; 361 Ziff. 9; 368 Ziff. 10, 11; Anlage 12 zum Jagdpolizeigesetz) und das Jagdpolizeigesetz gewährt.

III. Besondere Vorrechte genießt die Jagd nur auf steuer- Bem. 8.
rechtlichem Gebiete. Sie ist einschließlich des Absatzes der selbstgewonnenen Erzeugnisse im rohen Zustande oder nach einer Verarbeitung, die im Bereich der Jagd liegt, von der Gewerbesteuer und der Wandergewerbesteuer befreit. § 4 Ziff. 1 Gewerbesteuergesetz. § 2 Ziff. 1 Wandergewerbesteuergesetz.

IV. Der örtliche Geltungsbereich des Jagdgesetzes ist auf Bem. 9.
das Gebiet von Elsaß-Lothringen beschränkt. Zweifel entstehen nur im Anschluß an Art. 5 des zwischen Frankreich und Baden am 5. April 1840 abgeschlossenen Grenzvertrages (Bulletin des lois 1840 IXe Série No. 8694). Er bestimmt, daß die Jagdrechte auf den Wassern des Rheins, der Rheininseln u. dgl. von dem Domänenfiskus, von den Gemeinden, den öffentlichen Anstalten oder Privatpersonen jeden Staates bis an die feste Grenze der Gemeindegemarkungen, ohne alle Rücksicht auf die Lage der Hoheitsgrenze, ausgeübt werden. Nach der Auslegung, die der Vertrag in der Rechtsprechung (Z. Bd. 15, S. 23 ff., Bd. 16 S. 193 ff.) und in einem Ministerial-Erlaß v. 7. Jan. 1882 (S. Bd. 7 S. 34) gefunden hat, gilt in den Teilen elsaß-lothringischer Gemeindegemarkungen, die jenseits der Hoheitsgrenze (Talweg des Rheins), also auf badischem Staatsgebiete, liegen, das elsaß-lothringische Jagdgesetz. Sie sind mithin u. a.

zur Verpachtung zu bringen. In jagdpolizeilicher Hinsicht unterstehen sie der badischen Gesetzgebung. Umgekehrt gilt in den diesseits der Hoheitsgrenze, also auf elsaß-lothringischem Staatsgebiete, gelegenen Teilen badischer Gemeindegemarkungen in materieller Hinsicht die badische Gesetzgebung, aber das elsaß-lothringische Jagdpolizeigesetz. Sie dürfen also beispielsweise nicht mitverpachtet werden, die Ausübung der Jagd ist grundsätzlich nur nach Lösung eines Jagdscheines zulässig. Vgl. Bem. 2 zu § 1 des Jagdpolizeigesetzes.

Bem. 10. V. An dem früher erwähnten (Bem. 4) Prinzip, nach dem jeder Grundstückseigentümer auf seinem Grund und Boden und auf seinen Gewässern jagdberechtigt ist, hält das elsaß-lothringische Jagdgesetz fest. Der vorliegende Paragraph hat nur den Zweck, die Ausübung des Jagdrechtes auf allen Grundstücken, die nicht im Abs. 2 erwähnt sind, in bestimmter Weise (§ 2) zu regeln. Somit ergeben sich zwei große Gruppen von Jagdgebieten. Die erste Gruppe bilden die Grundstücke, auf denen die Jagd nur nach Maßgabe der Vorschriften des Jagdgesetzes ausgeübt werden kann. Sie soll als das „allgemeine Jagdgebiet" bezeichnet werden. Zu der zweiten Gruppe der „besonderen Jagdgebiete" gehören die Grundstücke, die in Abs. 2 des vorliegenden Paragraphen aufgeführt werden, und ferner diejenigen, welche gemäß der Bestimmung des § 3 zur selbständigen Jagdausübung berechtigen.

Bem. 11. Nach der redaktionellen Fassung des Paragraphen könnte es den Anschein haben, als ob das ganze Jagdgesetz mit keiner seiner Bestimmungen auf die besonderen Jagdgebiete Anwendung finde. Diese Auslegung entbehrt jedoch jeder Berechtigung. Der Sinn des § 1 soll, wie die Entstehungsgeschichte des Gesetzes deutlich erkennen läßt, nur der sein, daß die Jagd auf den in Abs. 2 genannten Grundstücken nicht von der Gemeinde verpachtet wird. Ebenso wie die Eigentümer der Gebiete, die das Jagdrecht selbständig ausüben dürfen (§ 3 des Gesetzes), im übrigen den Vorschriften des Gesetzes unterstehen, so sind auch die Grundstücke, welche Abs. 2 § 1 aufzählt, nicht seinem ganzen Geltungsbereiche entzogen. Nur diejenigen Bestimmungen, welche die Ausübung des Jagdrechtes regeln, das ist freilich die überwiegende Mehrzahl aller von dem Jagdgesetz aufgestellten Rechtssätze, finden auf die gedachten Kategorieen von Grundstücken keine Anwendung, dagegen haben ihre Eigentümer die sonstigen

Rechte und Pflichten der Jagdberechtigten, insbesondere können sie das Jagdvorpachtsrecht (Bem. 4 zu § 7) für sich in Anspruch nehmen. Z. Bd. 27 S. 568.

Das allgemeine Jagdgebiet unterscheidet sich also von dem besonderen Jagdgebiet nur durch die Art und Weise der Ausübung des Jagdrechtes: auf dem allgemeinen Jagdgebiet muß die Jagd durch die Gemeinde verpachtet werden, auf dem besonderen Jagdgebiet sind die Jagdberechtigten zur Ausübung der Jagd befugt. Ueber die Geltung der jagdpolizeilichen Vorschriften für die besonderen Jagdgebiete vgl. Bem. 1 zu § 1 des Jagdpolizeigesetzes.

VI. 1. Jeder Grundeigentümer, ob physische oder juristische Person, ist Träger des Jagdrechtes. Befindet sich das Grundstück im Miteigentum, so kann das Jagdrecht nur gemeinsam ausgeübt werden. Wem die Rechte des Grundeigentümers zustehen, der hat auch das Jagdrecht. So wird der Nießbraucher jagdberechtigt sein, sofern nicht eine entgegengesetzte Abmachung getroffen ist (§ 1030 Abs. 2 BGB.); der Pächter des Grundstücks ist jagdberechtigt, wenn der Pachtvertrag eine diesbezügliche Bestimmung enthält. Gehört das Grundstück zu dem eingebrachten Gut der Frau, so ist der Mann Träger des Jagdrechtes (§ 1363 BGB.); ist das Grundstück gütergemeinschaftlich, so fließen die Erträgnisse des Jagdrechtes (der Pachterlös § 4 Abs. 2) in das Gesamtgut. Bem. 12.

2. An schiff- und flößbaren Wasserläufen, an Schiffahrtskanälen ist der Staat als ihr Eigentümer jagdberechtigt; macht er gegebenenfalls von der Befugnis des § 3 keinen Gebrauch, so ist die Jagd mitzuverpachten. Bem. 13.

Unabhängig hiervon ist die Frage zu entscheiden, ob die Wasserläufe von den Jagdberechtigten als Verkehrswege benützt werden dürfen, um ihre Jagdgebiete zu ereichen. Bejahend Z. Bd. 16, S. 24.

3. An den nicht schiff- und flößbaren Wasserläufen sind die Ufereigentümer bis zu der Mitte des Wasserlaufes Träger des Jagdrechtes. Bem. 14.

4. An Seeen und Teichen sind die Eigentümer jagdberechtigt; finden die Bestimmungen des § 3 keine Anwendung, so werden sie mitverpachtet. Bem. 15.

5. An öffentlichen Straßen, Wegen und Plätzen hat ihr Eigentümer (Staat, Bezirk, Gemeinde) das Jagdrecht. Die einen verpachteten Jagdbezirk durchschneidenden oder berührenden Bem. 16.

Straßen, Wege und Plätze wird der Jagdpächter bei Ausübung der Jagd benutzen dürfen. Huber, S. 13.

VII. Besondere Jagdgebiete bilden:

a) [Ziffer 1] die Grundstücke der Reichsmilitär- und Reichseisenbahn-Verwaltung. „Die Ausschließung dieser Grundstücke ist mit Rücksicht auf ihre Bestimmung erforderlich." Erläuterungen.

Bem. 17. 1. Unter den Grundstücken der Reichsmilitärverwaltung sind nur solche zu verstehen, die sich im öffentlichen oder privaten Eigentum des Deutschen Reichs befinden und militärischen Zwecken dienen, wie beispielsweise Festungen, Schießplätze, Forts, Exerzierplätze u. a. m. Sind die Grundstücke von der Militärverwaltung gepachtet, so sind sie rechtlich zwar dem Geltungsbereich des Jagdgesetzes nicht entzogen, tatsächlich aber wird die Militärverwaltung sich als Vertragsbestimmung ausbedingen, daß die Ausübung des Jagdrechtes besonderen Beschränkungen unterliegt, wenn sie nicht überhaupt ganz aufgehoben wird. Ferner finden die Vorschriften des Jagdgesetzes auf Grundstücke, für die das Reichsgesetz betreffend Beschränkungen des Grundeigentums in der Umgebung von Festungen vom 21. Dezember 1871 (GBl. 1872 S. 133) in Betracht kommt, Anwendung. § 11, Abs. 2 Jagdgesetz und Bem. 2 u. 3 zu § 11 dieses Gesetzes.

Bem. 18. 2. Die Grundstücke der Reichseisenbahnverwaltung ist der ganze im öffentlichen oder privaten Eigentum des Reichs (Reichseisenbahnverwaltung) stehende Grundbesitz, vor allem also der Bahnkörper mit seinen gesamten Anlagen. Die „Brandschutzstreifen" in Wäldern gehören nur zum Teil der Eisenbahn; gewöhnlich wird mit dem Eigentümer des Waldes eine Vereinbarung getroffen, wonach er sich bei der Bewirtschaftung und Benutzung des Streifens gewissen Beschränkungen unterwirft. In den zuletzt gedachten Fällen finden die Bestimmungen des Jagdgesetzes Anwendung.

Bem. 19. 3. Wer auf den Grundstücken der Reichs-Militär- und Eisenbahn-Verwaltung das Jagdrecht ausüben darf, bestimmt die zuständige Eisenbahn- bezw. Militärbehörde. Die Ausübung ist jedoch nur unter Beobachtung der Vorschriften des Jagdpolizeigesetzes gestattet, da dessen Bestimmungen ohne jede Ausnahme für alle Grundstücke und Gewässer Elsaß-Lothringens gelten. Mithin muß der Jagdberechtigte im Besitz eines Jagdscheines sein, ferner darf während der Schonzeit nicht gejagt werden u. a. m.

b) [Ziffer 1] die Staatsforsten und diejenigen Forsten, deren Eigentum dem Staat mit anderen Eigentümern ungeteilt zusteht. „Hinsichtlich der Staatsforsten besteht das Bedürfnis einer gesetzlichen Regelung der Ausübung des Jagdrechtes nicht" (Erläuterungen), da sie in der Regel über 25 ha groß sind, mithin nach § 3 zur selbständigen Jagdausübung berechtigen. Die Jagd in den hier in Betracht kommenden Forsten wird in Regie ausgeübt (administrierte Jagden) oder verpachtet. Bem. 20.

Nach geltender Verwaltungspraxis wird mindestens die Hälfte der Jagden in den Staatswaldungen in öffentlicher Versteigerung an den Meistbietenden verpachtet. Eine freihändige Vergebung erfolgt nur dann, wenn sie aus ganz besonderen Gründen notwendig erscheint. Die freihändig vergebenen Jagden werden auf die administrierten Jagden angerechnet. Der Pachtzins soll in diesem Falle nicht niedriger festgesetzt werden, als der Durchschnittserlös aus der Verpachtung der umliegenden Jagden beträgt. LA. (28. Session) 1902 Bd. II S. 460.

Für die Verpachtung der Jagd in Staatsforsten ist das in Anlage Nr. 3 abgedruckte Lastenheft maßgebend. Seine Bestimmungen stimmen im wesentlichen mit den Allg. Pachtbedingungen für die Gemeindejagden überein.

c) [Ziffer 2] diejenigen Grundstücke, welche mit einer fortlaufenden Einfriedigung umgeben sind, die jede Verbindung mit den benachbarten Grundstücken hindert.

Um ein Grundstück von dem allgemeinen Jagdgebiet auszuschließen, ist erforderlich, daß das Grundstück mit einer besonders gearteten Einfriedigung umgeben ist. Unerheblich ist — im Gegensatz zu Art. 2 des Gesetzes v. 3. Mai 1844 — ob das Grundstück an eine Wohnung anstößt. Der Zusammenhang des Grundstücks mit einer Wohnung ist nur insofern von Bedeutung, als in diesem Falle die Ausübung der Jagd ohne Jagdschein gestattet ist, vorausgesetzt, daß das Grundstück mit einer ununterbrochenen, jede Verbindung mit den benachbarten Grundstücken aufhebenden Einfriedigung umgeben ist. (§ 9 Abs. 3 Ziff. 1 Jagdpolizeigesetz und Bem. 21 ff. zu § 9). Stößt das Grundstück an keine Wohnung, so ist die Ausübung der Jagd nur nach Lösung eines Jagdscheines zulässig. Bem. 21.

Welche Grundstücke mit einer fortlaufenden Einfriedigung umgeben sind, die jede Verbindung mit den benachbarten Grundstücken hindert, ist Tatfrage. Nach dem Sinne der

Vorschrift muß durch die Einfriedigung jeder freie Zutritt von Menschen und der Durchgang von Hunden und Haarwild verhindert sein (LA. 1883 Bd. II S. 437). Wie das Oberlandesgericht in feststehender Rechtsprechung entschieden hat, genügt das Eine ohne das Andere nicht. Z. Bd. 7 S. 548; Bd. 25 S. 230 542; Bd. 18 S. 590.

Bem. 22. Die Einfriedigung muß „fortlaufend" sein, d. h. sie muß das Grundstück von allen Seiten ohne Unterbrechung einschließen. Wodurch die Einfriedigung herbeigeführt wird, ist gleichgültig, nur muß die Abschließung deutlich erkennbar sein, wie beispielsweise eine Mauer, ein engmaschiges Drahtnetz. Ob ein Graben ausreicht, ist zweifelhaft, er sei denn erheblich breit und tief und habe Vorkehrungen, die ein Durchschwimmen von Wild und Hunden unmöglich macht. Ebenso sind auch natürliche Wasserläufe nur dann geeignet als Umgrenzung im Sinne der vorliegenden Bestimmung zu dienen, wenn sie nicht zufrieren oder austrocknen können.

Bem. 23. Von weitgehender Bedeutung ist die Frage, ob das Wild in solch eingehegten Gebieten noch als herrenlos anzusehen ist oder ob nicht vielmehr derartige Grundstücke „Tiergärten" im Sinne des Abs. 1, Satz 2 des § 960 BGB. sind. Je nachdem stellt sich das widerrechtliche Jagen als Jagdvergehen oder als Diebstahl, Unterschlagung, Mundraub dar, denn Objekt des widerrechtlichen Jagens sind nur herrenlose, jagdbare Tiere. Nach den Motiven zu dem Entwurf eines Bürgerlichen Gesetzbuchs (Bd. III S. 371) ist ein eingehegtes Grundstück ein Tierpark, während nach den Protokollen (Bd. III S. 254) von den Tiergärten die eingehegten Reviere wohl zu unterscheiden sind. Folgt man der Auffassung der Motive, so ist jedes eingefriedigte Grundstück, das Wildbestand aufweist, ein Tierpark, mithin ist die Herrenlosigkeit der Tiere ausgeschlossen; dagegen stellen die Protokolle die Tiergärten den eingehegten Revieren mit Wildbestand gegenüber. Der Unterschied zwischen beiden ist offenbar in dem Zweck, der Anlage des Grundstücks zu suchen. Ein eingefriedigtes Grundstück, auf dem vornehmlich Wild gehegt werden soll, das in erster Linie der Pflege des Wildbestandes dient, ist ein Tiergarten im Sinne der angezogenen Gesetzesbestimmung, jedes widerrechtliche Jagen auf ihm ist ein Eigentumsdelikt. Dagegen ist ein umfriedigtes Grundstück, auf dem sich Wild befindet, ein eingehegtes Revier; ein Jagdvergehen, kein Eigentumsdelikt begeht derjenige, der widerrechtlich in ihm jagt. In letzter Linie ist also die Unterscheidung eine Tatfrage, die nur nach dem Zwecke und der Anlage des Grundstücks, nach der Möglichkeit, den Herrschaftswillen sofort betätigen zu können, beantwortet werden kann. Hätte das reichsländische Jagdgesetz, wie das französiche Gesetz vom 3. Mai 1844, den einschränkenden Zusatz, daß das Grundstück an eine Wohnung anstoßen muß (attenant à une habitation), so würde man eher der Ansicht beitreten können, nach der die Einfriedigung bereits die Besitzergreifung der wilden Tiere ist, weil es sich nach dem Tatbestande des französischen Gesetzes um einen erweiterten Hof, Garten handeln würde. Der Wegfall des Zusatzes läßt sich als Argument für die Herrenlosigkeit der Tiere verwerten. Jedenfalls dürfte es nicht der opinio communis entsprechen, wenn Jemand, der in eine eingefriedigte Jagd, die mitten im Gebirge liegt, einsteigt und dort einen Hasen schießt, wegen Einbruchsdiebstahls bestraft wird. Zu dieser Konsequenz gelangt man, wenn das Schwergewicht, wie es das Reichsgericht in seiner Entscheidung v. 9. August 1902 (Juristische Wochenschrift 1903 S. 80) getan hat, auf das Umschließen des Grundstücks gelegt wird, das natürlich eine mehr oder minder große Beschränkung in der Freiheit der Tiere zur Folge hat.

VIII. Die **Bildung der besonderen Jagdgebiete muß nicht erfolgen.** Verzichten die in Betracht kommenden Grundstückseigentümer auf die Ausübung der Jagd zugunsten der Gemeinde, so hat sie die Jagd gemäß § 2 dieses Gesetzes zu verpachten. Bem. 24.

IX. a) **Treten während der Dauer einer Pachtperiode** Umstände ein, die die in Abs. 2 vorgesehene Sonderstellung der Grundstücke herbeiführen, werden also beispielsweise Grundstücke von der Reichsmilitär- oder Reichseisenbahn-Verwaltung erworben oder werden Grundstücke eingefriedigt, so erhebt sich die Frage, ob diese Grundstücke sofort, noch vor Ablauf der Pachtperiode, aus dem allgemeinen Jagdgebiet ausscheiden. Die Frage ist zu bejahen, da die Ausscheidung kraft Gesetzes — im Gegensatz zu § 3 vgl. Bem. 10 — in dem Augenblick erfolgt, in dem die vorgeschriebenen Bedingungen erfüllt sind. Ob deren Pächter alsdann ein Anspruch auf Minderung des Pachtpreises zusteht, ist zweifelhaft. Art. 10 der Allgemeinen Pachtbedingungen, denen er sich unterworfen hat, schließt jeden Nachlaß am Pachtzins aus. Der Pächter muß mit der Möglichkeit rechnen, daß sich sein Bem. 25.

Jagdgebiet verringert. Auch die Bestimmungen des Bürgerlichen Gesetzbuchs über gegenseitige Verträge (§ 320ff. § 323) werden in den seltensten Fällen den Anspruch des Pächters unterstützen.

Wie das Oberlandesgericht sehr richtig entschieden hat (Z. Bd. 7 S. 548), verletzt der Eigentümer, der seinen Grundbesitz einfriedigt, nicht die dem Jagdpächter vertraglich zustehenden Rechte, sondern übt Eigentumsrechte aus, die ihm das Jagdgesetz nicht nehmen wollte und nicht genommen hat.

Bem. 26. b) Fallen während der Dauer einer Pachtperiode die Umstände weg, die die Sonderstellung der Grundstücke rechtfertigten, so hat die Gemeinde sofort die Jagd auf dem neuen Gebiet zu verpachten. Nach Verwaltungspraxis kann in diesem Falle von einer öffentlichen Verpachtung abgesehen werden. Bem. 3. zu § 2 dieses Gesetzes. Der Jagdpächter ist nach Art. 14 der Allgemeinen Pachtbedingungen verpflichtet, die Jagd zu übernehmen.

§ 2.

Das Jagdrecht auf denjenigen Grundstücken und Gewässern, welche den Bestimmungen dieses Gesetzes unterworfen sind, wird Namens und auf Rechnung der Grundeigentümer durch die Gemeinde ausgeübt.

Für jeden Gemeindebann ist die Jagd im Wege öffentlicher Versteigerung, unter Beobachtung der Vorschriften für Verpachtung von Gemeindegrundstücken vorbehaltlich der Bestimmung in § 10 dieses Gesetzes, betreffend die erstmalige Verpachtung, auf die Dauer von je neun Jahren zu verpachten.

Die Teilung eines Gemeindebannes in mehrere Jagdbezirke, deren jeder mindestens zweihundert Hektare umfaßt, ist statthaft.

§ 2. E. Erläuterungen S. 10. L.A. S. 41. Komm. Ber. S. 220. L.A. S. 213–214; 251 ff., 258.

Inhalt.

4. Der Versteigerungstermin. Bem. 7—12.
   a) Gebote. Bem. 8.
   b) Zuschlag. Stellung eines Bürgen. Bem. 9—11.
   c) Protokollierung. Bem. 12.
5. Einwendungen. Bem. 13.
6. Kosten der Versteigerung. Bem. 14.
7. Dauer der Verpachtung. Bem. 15.

III. Der Pachtvertrag. Bem. 16—28.
   A. Die Gemeinde als Verpächterin. Bem. 17—18.
      1. Vertretungsmacht der Gemeinde. Bem. 17.
      2. Auflösungsrecht der Gemeinde. Bem. 18.
   B. Die rechtliche Stellung des Pächters. Bem. 19—28.
      1. Ausschließliches Aneignungsrecht. Bem. 19—20.
      2. Gewährleistung durch die Verpächterin. Manöverschaden. Bem. 21—22.
      3. Abtretung der Rechte. Bem. 23.
      4. Konkurs des Pächters. Bem. 24.
      5. Tod des Pächters. Bem. 25.
      6. Mitpächter. Bem. 26.
      7. Jagdgäste. Bem. 27.
      8. Privatjagdhüter. Bem. 28.

I. Der Gemeindebann als Jagdbezirk. Bem. 1.

1. Ist zwar nach dem im § 1 ausgesprochenen Prinzip jeder Grundstückseigentümer jagdberechtigt, so ist doch aus verschiedenen, bereits früher erörterten Gründen (Bem. 4 zu § 1) seine Ausübung dem Eigentümer entzogen und der Gemeinde übertragen. Nach außen hin erscheint die Gemeinde als Trägerin des Jagdrechtes. Infolgedessen lehnt sich auch an die Einteilung des Landes in Gemeinden die Bildung der Jagdbezirke an. *Jeder Gemeindebann ist ein Jagdbezirk.* Ebenso wie der Gemeindebann die dingliche Grundlage für das Gemeinderecht im subjektiven Sinne ist, ist das Jagdgebiet der räumlich begrenzte Teil, auf dem der Berechtigte die Jagd ausüben darf. Der ganze Gemeindebezirk ohne Rücksicht auf die Kulturart der einzelnen Grundstücke (also auch die Weinberge) bildet das Jagdgebiet. Durchbrochen ist dieser Grundsatz einmal durch die Bestimmungen des elsaß-lothringischen Grenzvertrages vom 5. April 1840 (oben Bem. 9 zu § 1), nach dem die im elsaß-lothringischen Staatsgebiete gelegenen Teile badischer Gemeinden in materieller Beziehung der badischen Jagdgesetzgebung unterworfen sind, also nicht mit verpachtet werden, ferner scheiden aus dem allgemeinen Jagdgebiet die Grundstücke aus, auf die die Bestimmungen des Jagdgesetzes in dem in Bem. 4 zu § 1 erörterten Umfange keine Anwendung finden; das sind die im Abs. 2 des § 1 genannten

Grundstücke, und die „vorbehaltenen Jagden“ im Sinne des § 3. Alle Grundstücke, die hiernach noch übrig bleiben, bilden das Jagdgebiet, das verpachtet werden muß.

Bem. 2. 2. Der Gemeindebann kann aus finanziellen Gründen in mehrere Jagdbezirke, deren jeder mindestens 200 ha umfassen muß, zerlegt werden. Jeder Jagdbezirk ist ein Jagdgebiet. Die Entscheidung, ob eine derartige Zerlegung vorzunehmen ist, steht dem Gemeinderate zu. Sie kann erst nach Ablauf der Frist gefällt werden, welche in § 6 Abs. 2 zugunsten der Eigentümer vorgesehen ist, die sich die selbständige Ausübung der Jagd vorbehalten dürfen. Min. Erl. v. 12. Juli 1888 (ABl. Nr. 32 Beilage; vgl. Anl. 2).

Bem. 3. Unentschieden ist die Frage geblieben, wie die Verwertung der Jagd auf Gebieten, deren Größe weniger als 200 ha beträgt, zu erfolgen hat. Da eine Minimalgrenze für den Umfang des zu verpachtenden Gemeindebannes nicht vorgeschrieben ist, so muß die Gemeinde unter allen Umständen die Jagd verpachten. Ebenso sind kleinere, während der Jagdperiode anfallende Flächen (vgl. Bem. 26 zu § 1) zur Verpachtung zu bringen, da das Jagdgesetz nur diese eine Art der Verwertung des Jagdrechtes durch die Gemeinden kennt. Anderer Ansicht OLG. v. 2. Mai 1900 Z. Bd. 25 S. 423.

II. Die ausschließliche Verwertung der Jagd durch Verpachtung.

Bem. 4. 1. Die Gemeinden sind verpflichtet, die Jagd zu verpachten. Die Verpachtung hat unter allen Umständen zu erfolgen, selbst wenn der Anschlagspreis nicht erzielt werden sollte (LA. S. 214). Mithin darf die Gemeinde die Jagd nicht ruhen oder sie durch die Gemeindebürger ausüben lassen.

Bem. 5. 2. Bei der Verpachtung der Jagd sind die Vorschriften über die Verpachtung der Gemeindegrundstücke zu beobachten. Hiernach beschließt der Gemeinderat in allen Gemeinden des Landes über die Bedingungen der Pachtverträge (§ 56 Ziff. 4 der Gemeindeordnung); der Gemeinderatsbeschluß bedarf der Genehmigung der Aufsichtsbehörde, also in kleinen Gemeinden der Genehmigung des Kreisdirektors, in großen Gemeinden der des Bezirkspräsidenten (§ 75 Abs. 2 Ziff. 2 a. a. O.). Für die Pachtbedingungen ist ein im Ministerium aufgestelltes Lastenheft maßgebend, von dessen wesentlichen Bestimmungen die Gemeinderäte nicht abweichen dürfen. Das zur Zeit geltende Lastenheft ist abgedruckt im ABl. 1906 S. 93 ff. (vgl. Anl. Nr. 1).

3. Um das öffentliche Interesse und das der Grundeigentümer nach Möglichkeit zu wahren, hat die Verpachtung im Wege öffentlicher Versteigerung zu erfolgen. Bevor der Versteigerungstermin abgehalten werden darf Bem. 6.

a) ist von den Gemeindebehörden (Bürgermeister, Beigeordneten) festzustellen, welche Grundstücke des Gemeindebannes von der Verpachtung ausgeschlossen sind. Für diese Feststellung ist die Aufzählung der in § 1 Abs. 2 des Gesetzes aufgeführten Grundstücke maßgebend. Min. Erl. v. 12. Juli 1888, Ziff. I.

b) Ist diese Feststellung erfolgt, so hat der Bürgermeister Termin für die Verwendung des Pachterlöses anzuberaumen. Vergleiche die Details in Ziff. II a. a. O. und Bem. 1 ff. zu § 6 dieses Gesetzes.

4. Der Versteigerungstermin findet in Gegenwart des Bürgermeisters oder eines Beigeordneten und von zwei Gemeinderatsmitgliedern statt. Der Gemeinderechner ist von dem Termin zu benachrichtigen; der Bürgermeister kann seine Anwesenheit anordnen (§ 21 Gem.O.). Dem Gemeinderat ist es überlassen, in seiner Geschäftsordnung zu bestimmen, in welcher Weise die Bezeichnung der zuzuziehenden Gemeinderatsmitglieder zu erfolgen hat. Fehlt es an einer solchen Bestimmung, so hat der Bürgermeister freie Hand in der Auswahl, es sei denn, daß der Gemeinderat seine Vertreter wählt (Bruck, Bem. 4 zu § 21). Bem. 7.

a) Zum Bieten muß Jedermann eigenen Namens oder als Bevollmächtigter zugelassen werden. Für die Form der Vollmacht sind keine besonderen Bestimmungen erlassen; es haben daher die Vorschriften der §§ 167 BGB. in Betracht zu kommen. Die die Versteigerung leitenden Bürgermeister (Beigeordnete) und die zwei Gemeinderatsmitglieder können nicht mitbieten (vgl. Bruck, Bem. 7 zu § 21). Jedes Aufgebot muß mindestens 10 M. bei einem Anschlagspreis von weniger als 500 M., 20 M. bei einem Anschlagspreise von 500—1000 M. und 30 M. bei einem Anschlagspreise von mehr als 1000 M. betragen. Gebote notorisch zahlungsunfähiger Personen sind zurückzuweisen. Werden übertrieben hohe Gebote abgegeben, so muß auf Verlangen des die Versteigerung leitenden Bürgermeisters (Beigeordneten) sofort im Termine genügende Sicherheit geleistet werden, widrigenfalls die Gebote zurückgewiesen werden können (Art. 4, Art. 5 Abs. 1 und 2 der Allgemeinen Pachtbedingungen). Bem. 8.

b) Ist die Jagd im ganzen Gemeindebanne (en bloc) zur Bem. 9.

Verpachtung ausgesetzt, so ist der **Zuschlag zu erteilen**, nachdem drei nach einander angezündete Kerzen erloschen sind. Werden während des Abbrennens dieser Kerzen neue Gebote abgegeben, so darf der Zuschlag erst erteilt werden, nachdem eine neue Kerze angezündet und während des Abbrennens kein Uebergebot erfolgt ist. Ist die Gemeinde in mehrere Jagdbezirke geteilt, so wird zunächst die Jagd in den einzelnen Jagdbezirken und sodann die Jagd im gesamten Gemeindebann ausgeboten. Der Zuschlag wird für jedes dieser Ausgebote erteilt, nachdem drei nacheinander angezündete Kerzen erloschen sind. Werden während des Abbrennens dieser Kerzen neue Gebote abgegeben, so wird der Zuschlag erst erteilt, nachdem eine neue Kerze angezündet und während des Abbrennens kein weiteres Gebot erfolgt ist. Bei der Verpachtung der Jagd in dem gesamten Gemeindebanne ist der Zuschlag nur dann als endgültig zn betrachten, wenn das Meistgebot den Gesamtbetrag der Angebote für die einzelnen Jagdbezirke um wenigstens 10 % übersteigt. Ist dieses nicht der Fall, so sind die bei der Versteigerung der einzelnen Jagdbezirke erteilten Zuschläge als endgültig zu betrachten. — Der Zuschlag ist regelmäßig sofort zu erteilen; nur wenn der Ersteher nicht Reichsangehöriger ist, muß zuvor die Genehmigung der Gemeindeaufsichtsbehörde eingeholt werden.

Bem. 10. **Kann der Zuschlag** wegen ungenügender Gebote **nicht erfolgen**, so ist sofort in dem Termin von dem Bürgermeister ein neuer, mindestens auf acht Tage hinauszuschiebender Termin anzuberaumen (Art. 7 der Allgemeinen Pachtbedingungen). Ob die Gebote ungenügend sind, bestimmt sich nach dem vorher durch den Gemeinderat festzusetzenden Anschlagspreis. Ist nach den gemachten Erfahrungen anzunehmen, daß der festgesetzte Anschlagspreis auch bei wiederholter Versteigerung nicht erreicht werden wird, so ist er vor dem neuen Termin entsprechend herabzusetzen. In dem zweiten Termin ist ohne Rücksicht auf die Höhe der Angebote dem Meistbietenden der Zuschlag zu erteilen. Jedoch kann sich der Gemeinderat für den Fall, daß das Gebot der Versteigerungskommission zu niedrig erscheint, die Genehmigung des Zuschlages binnen einer bestimmten kurz zu bemessenden Frist vorbehalten.

Bem. 11. Der Ansteigerer hat, wenn er nicht einen Mitpächter annimmt, binnen fünf Tagen nach dem Zuschlag einen von dem Gemeinderechner als zahlungsfähig anerkannten **Bürgen zu stellen**, der sich mit dem Pächter als Gesamtschuldner zur Erfüllung aller Lasten und Bedingungen des Pachtvertrages schriftlich verpflichten muß. Wird die Bürgschaft nicht gestellt, so wird der Zuschlag unwirksam. Es findet alsdann auf Gefahr und Kosten des Ansteigerers eine neue Versteigerung statt. Insbesondere trägt der Ansteigerer die Kosten der ersten Versteigerung und haftet für den Mindererlös bei der zweiten Versteigerung; ein Anspruch auf den Mehrerlös steht ihm dagegen nicht zu (Art. 8 der Allgemeinen Pachtbedingungen).

c) Ueber den Hergang bei der Versteigerung ist ein Protokoll auf Stempelpapier aufzunehmen. Das Protokoll ist von dem Bürgermeister, den zwei Gemeinderatsmitgliedern, dem Gemeinderechner, wenn er anwesend ist, und dem Jagdpächter oder dessen Bevollmächtigten zu unterzeichnen (Art. 6 Abs. 1 der Allgemeinen Pachtbedingungen). Bem. 12.

5. Gegen die den Zuschlag vorausgehenden Verhandlungen oder gegen den Zuschlag — also gegen Vorgänge, die sich spätestens im Versteigerungstermin abspielen — können Einwendungen erhoben werden. Die Einwendungen sind spätestens bei Erteilung des Zuschlags bei dem Bürgermeister einzureichen oder zu Protokoll zu erklären. Ueber sie entscheidet der Bürgermeister und die beiden Gemeinderatsmitglieder nach Stimmenmehrheit. Gegen die Entscheidung kann binnen drei Tagen nach ihrer Bekanntgabe Beschwerde eingelegt werden, über die der Gemeinderat erkennt. Details siehe bei Bruck, Bem. 6 ff. zu § 21 der Gemeindeordnung. Bem. 13.

6. Sämtliche Kosten der Verpachtung sind zu Lasten des Pächters (Art. 6 Abs. 2 der Allg. Pachtbedingungen). Er muß also insbesondere die Stempelgebühr entrichten, ferner die Verkehrssteuer (§ 37 des Verkehrssteuergesetzes v. 14. November 1904), endlich die Verkündigungs-, Ausrufungs- und sonstigen Kosten tragen. Bem. 14.

7. Die Verpachtung der Jagd erfolgt stets auf die Dauer von neun Jahren; die zur Zeit laufende Pachtperiode reicht vom 2. Februar 1907 bis zum Schlusse der Jagd im Jahre 1916.

Auf die Dauer der Pachtperiode gilt der Gemeinderatsbeschluß, der darüber entscheidet, ob der Jagdpachterlös der Gemeinde verbleiben soll oder nicht (§ 6 des Gesetzes). Für dieselbe Zeit hat auch die Bestimmung der Größe des zu verpachtenden Jagdgebietes zu erfolgen; insbesondere müssen sich die Eigentümer die selbständige Ausübung der Jagd im Sinne des § 3 zu Beginn der Periode vorbehalten. Bem. 15.

III. Der Pachtvertrag.

Bem. 16. Wenn auch der von den Gemeindevertretern abgeschlossene, von der Gemeindeaufsichtsbehörde genehmigte Pachtvertrag äußerlich betrachtet einen Verwaltungsakt darstellt, so handelt es sich doch tatsächlich um das Jagdrecht der Grundstückseigentümer. Damit behält der Pachtvertrag seinen privatrechtlichen Charakter. Die Rechte und Pflichten, die aus ihm für die Gemeinde als Verpächterin und für den Pächter entstehen, bemessen sich nach den Vorschriften des Bürgerlichen Gesetzbuchs § 581 ff., insoweit nicht in dem Lastenheft besondere Abmachungen getroffen sind.

Die Entscheidung sämtlicher Streitigkeiten, die das Jagdpachtrecht zum Gegenstand haben, gehört zur Zuständigkeit der ordentlichen Gerichte. Z. Bd. 24. S. 312.

A. Die Gemeinde als Verpächterin.

Bem. 17. 1. Das Jagdrecht wird „namens und auf Rechnung der Grundeigentümer durch die Gemeinde ausgeübt". Die Gemeinde ist hiernach die Vertreterin der Gesamtheit aller Jagdberechtigten; ihre Vertretungsmacht beruht nicht auf dem freien Willen der Berechtigten, sondern sie stützt sich auf das Gesetz. Dieses bestimmt auch den Umfang der Vollmacht. Jede Ueberschreitung ihrer durch das Gesetz festgelegten Befugnisse ist unzulässig, selbst wenn sie von den Grundstückseigentümern genehmigt werden würde. So darf sie beispielsweise nicht von der Innehaltung der Fristen absehen, die bei Geltendmachung der selbständigen Ausübung des Jagdrechtes gemäß § 3 zu beobachten sind. Z. Bd. 25, S. 425.

Die Gemeinde bezw. ihre Organe schließen den Pachtvertrag ab. Sie hat die Verpflichtungen zu erfüllen, die ihr das Gesetz und die Allg. Pachtbedingungen auferlegen. Kommt sie ihren Verpflichtungen nicht nach, so muß sie verklagt werden (§ 56 Ziff. 15; Bruck, Bem. 34, 35 zu § 56). Umgekehrt ist sie allein zur Klageerhebung gegen den Pächter befugt (Bruck, Bem. 32 zu § 56).

Bem. 18. 2. Der Gemeinderat darf den Pachtvertrag auflösen — nach der Bestimmung in Art. 11 der Allg. Pachtbedingungen ohne gerichtliche Dazwischenkunft durch einfache schriftliche Benachrichtigung — wenn der Pächter den fälligen Pachtzins nicht innerhalb eines Monats, nachdem er zur Zahlung aufgefordert ist, entrichtet, wenn er in anderer Beziehung gegen die Bedingungen des Pachtvertrages verstößt (Z. Bd. 30, S. 22), insbesondere wenn er trotz wiederholter Aufforderung es unterläßt, für die Abminderung eines übermäßig starken Wildstandes Sorge zu tragen und die zur Vertilgung des schädlichen Wildes erforderlichen Maßnahmen zu treffen, ferner wenn ihm die Erteilung eines Jagdscheines verweigert wird oder wenn er die Fähigkeit zur Erlangung des Jagdscheines verliert. Macht der Gemeinderat von dieser Befugnis Gebrauch, so kann der Pächter binnen zwei Wochen nach dem Empfang der Benachrichtigung beantragen, daß die Verhandlungen mit seiner Gegenerklärung der Gemeindeaufsichtsbehörde zur Prüfung und Entscheidung vorgelegt werden. Gegen die Entscheidung der Aufsichtsbehörde findet die Beschwerde an den Bezirkspräsidenten oder, wenn dieser als Aufsichtsbehörde entschieden hat, an das Ministerium statt.

B. Die rechtliche Stellung des Pächters.

1. Der Pächter hat das ausschließliche Jagdrecht in dem Jagd- Bem. 19. bezirk. Ausschließlich ist das Recht insofern, als kein Dritter Eigentum an den jagdbaren Tieren erwerben kann und jagen darf, überdies macht er sich einer strafbaren Handlung schuldig. Der Pächter ist unmittelbarer Besitzer im Sinne des § 868 BGB.; mithin stehen ihm alle Schutzmittel des Besitzers zu. So darf er gegen Besitzstörungen Selbsthilfe gebrauchen oder Gerichtshilfe anrufen.

Die Rechte des Pächters umgrenzt das Gesetz und der Pachtvertrag. Entstammen sie auch dem Jagdrecht der Grundeigentümer, so sind sie inhaltlich viel beschränkter als dieses ist.

Behaupten zwei Personen, sie hätten von einer Gemeinde das Jagdrecht in dem nämlichen Jagdbezirk für dieselbe Zeit gepachtet, so kann jeder von ihnen auf Feststellung klagen, daß dem Anderen das von ihm beanspruchte Jagdrecht nicht zustehe, sofern er ein rechtliches Interesse an der alsbaldigen Feststellung des Nichtbestehens hat. RG. v. 8. Febr. 1898. Z. Bd. 23 S. 522.

Der Pächter kann das Jagdrecht nur auf dem von ihm ge- Bem. 20. pachteten Bezirk ausüben. Seine Größe bestimmt das Jagdverpachtungsprotokoll. Ueber das Gebiet, auf das ihm vertragsmäßig das Jagdrecht eingeräumt ist, erstreckt sich sein Recht nicht. Selbst wenn die Gemeinde unrechter Weise einen Teil ihres Bannes nicht verpachtet haben sollte, so darf er auf ihm doch nicht jagen Z. Bd. 24 S. 537.

2. Beschränkt sich die Gewährleistungspflicht des Verpächters, Bem. 21. der Gemeinde, grundsätzlich nur auf die Ausübung der Jagd, ohne daß die Gemeinde im allgemeinen für die Ergiebigkeit der Jagd

haften müßte, so folgt doch aus den Grundsätzen über Treu und Glauben, die auch den Jagdpachtvertrag beherrschen, daß die Gemeinde bei einer Beeinträchtigung der Jagd durch Eingriffe, für welche sie selbst einzustehen hat, haftbar gemacht werden kann. Verpachtet sie beispielsweise ein Jagdgebiet an einen Rennverein zur Abhaltung von Rennen (Z. Bd. 15 S. 190), oder zur Einrichtung eines Sandgrubenbetriebes (Z. Bd. 28 S. 16) und führt hierdurch eine dauernde erhebliche Entwertung der Jagd herbei, so hat der Pächter einen Anspruch auf Aufhebung des Pachtvertrages oder auf Minderung des Pachtzinses, selbst wenn Art. 10 der Allg. Pachtbedingungen einen Nachlaß am Pachtzins für alle Fälle ausschließen will, denn diese Bestimmung verstößt, wie das Oberlandesgericht sehr richtig ausgeführt hat (Z. 28 S. 16), gegebenenfalls gegen das Grundprinzip von Treu und Glauben.

Bem. 22. Streitig ist, ob die Schäden, die durch Truppenübungen dem Jagdberechtigten entstehen, zu ersetzen sind. Der § 14 Abs. 1 des Reichsgesetzes über die Naturalleistungen für die bewaffnete Macht im Frieden vom 13. Febr. 1875 (RGBl. S. 56) in der Fassung vom 24. Mai 1898 (RGBl. S. 361) läßt sehr wohl die Auslegung zu, daß zu ersetzen sind nicht nur die Schäden an Grundstücken, sondern auch die Schäden, die aus Anlaß der Benutzung von Grundstücken entstanden sind. Denn da nach dem Sinne der angezogenen Bestimmungen alle Schäden zu ersetzen sind, so wäre es unerfindlich, warum der Jagdpächter schlechter als der Grundstückspächter gestellt sein soll. Voraussetzung für die Geltendmachung des Schadens ist die Möglichkeit, den Nachweis erbringen zu können, daß die Truppenübungen den Schaden veranlaßt haben. Diesen Beweis zu führen, wird freilich oftmals recht schwierig sein. So die herrschende Ansicht vgl. Männer, Ergänzungsheft zu dem Jagdrecht der Pfalz, S. 122 f. O.L.G. Colmar v. 28. Nov. 1894 in Puchelts Zeitschr. Bd. 26 S. 158. Ueber die Anmeldung der Entschädigungsansprüche und ihre Feststellung sind die §§ 14 und 16 des Reichsgesetzes zu vergleichen.

Bem. 23. 3. Der Jagdpächter darf seine Rechte aus dem Jagdpachtvertrag nur mit Genehmigung des Gemeinderates abtreten; zur Abtretung an einen Ausländer ist die Zustimmung der Gemeindeaufsichtsbehörde notwendig. Bis zum Erlöschen des Vertrages haften der Pächter und der Bürge mit dem neuen Pächter gesamtverbindlich (Art 13 der Allg. Pachtbedingungen). Erfolgt die Unterverpachtung ohne Genehmigung, so ist sie zwar der Gemeinde gegenüber rechtsungültig, doch kann sich der Unterpächter auf diesen Mangel nicht berufen. Er haftet also beispielsweise dem Hauptpächter für den in seinem Jagdbezirk entstandenen Wildschaden, da er diesem gegenüber als in die aus dem Pachtvertrag sich ergebenden Pflichten eingetreten anzusehen ist. Z. Bd. 22 S. 338; Bd. 26, S. 211.

4. Gerät der Pächter in Konkurs, so ist das Jagdrecht, Bem. 24.
sofern der Vertrag nicht angefochten wird, als Bestandteil der Konkursmasse dem Verwaltungs- und Verfügungsrecht des Gemeinschuldners entzogen und dem des Konkursverwalters unterstellt. Z. Bd. 8 S. 134. Jäger, Konkursordnung (1904) § 1 Bem. 36; § 19 Bem. 1.

5. Stirbt der Pächter während der Dauer des Pacht- Bem. 25.
vertrages, so erlischt der Vertrag; sind Mitpächter vorhanden, so gehen die Rechte und Verbindlichkeiten auf diese über. Art. 12 der Allg. Pachtbedingungen.

6. Der Pächter kann in Jagdbezirken, die nicht mehr als Bem. 26.
400 Hektar umfassen, zwei Mitpächter, in Jagdbezirken, die eine Größe von mehr als 400 Hektar haben, auf je weitere 100 Hektar einen weiteren Mitpächter annehmen. Die Mitpächter müssen sich zu allen Lasten und Pflichten, die dem Pächter obliegen, als Gesamtschuldner verpflichten. Die Ersetzung der angenommenen Pächter durch andere darf nur mit Genehmigung des Gemeinderates erfolgen; zur Annahme von Ausländern als Mitpächter ist die Zustimmung der Gemeindeaufsichtsbehörde notwendig. Pächter und Mitpächter müssen die Jagd auf dem gesamten Jagdbezirk ausüben; es ist ihnen nicht gestattet, den Jagdbezirk nach Abschnitten unter sich zu teilen (Art. 15 der Allg. Pachtbedingungen). Sollten die Pächter trotzdem die Teilung unter sich ausmachen, so könnte die Gemeinde den Vertrag auflösen. Macht sie von ihrem Rechte keinen Gebrauch, so sind die Jagdpächter an die Vereinbarung gebunden, insbesondere kann nicht einer von ihnen geltend machen, das Abkommen verstoße gegen die guten Sitten und sei infolgedessen nichtig. Z. Bd. 26 S. 211; Bd. 30 S. 23; anderer Ansicht Z. Bd. 16 S. 229.

Das Rechtsverhältnis, das zwischen dem Pächter und Mitpächtern besteht, bemißt sich nach den Vorschriften über die Gesellschaft § 705 ff. BGB. Mithin sind die Rechte des Einzelnen nicht übertragbar (§ 717 BGB.). Es ist daher unzulässig, daß ein Gesellschafter sein Recht ohne Genehmigung der Anderen abtritt, selbst wenn die Aufsichtsbehörde der Uebertragung der Rechte zugestimmt haben sollte.

Bem. 27. 7. Der Pächter darf Jagdgästen, die sich im Besitz von Jagdscheinen befinden, die Ausübung der Jagd nur in seiner Begleitung oder in Begleitung eines Mitpächters oder Privatjagdhüters gestatten. Handelt der Pächter dieser Bestimmung zuwider, so kann er zur Zahlung einer Vertragsstrafe von 20 M. herangezogen werden. Der Pächter haftet außerdem für jedes Zuwiderhandeln gegen die Pachtbedingungen von seiten der Mitpächter, Privatjagdhüter und Jagdgäste (Art. 28 der Allg. Pachtbedingungen). Zwischen den Jagdgästen zu einander und zu dem Jagdberechtigten besteht kein Rechtsverhältnis. Inwieweit der Jagdberechtigte für sie haftet, bestimmt gegebenenfalls §§ 278, 831 BGB. Ueber die Zusatzjagdscheine der Jagdgäste vgl. Bem. 3 und 18 zu § 9 Jagdpolizeigesetz.

Bem. 28. 8. Der Pächter darf mit Erlaubnis des Kreisdirektors, bezw. des Bezirkspräsidenten in den Stadtkreisen, einen besonderen Privatjagdhüter anstellen. Die Erlaubnis kann nach Anhörung des Pächters wieder zurückgenommen werden. Die Privatjagdhüter können ermächtigt werden, Schußwaffen zu tragen und ohne Beisein der Pächter zu jagen (Art. 29 der Allg. Pachtbedingungen). Sie genießen den Schutz des § 117 des Strafgesetzbuchs. Die Privatjagdhüter haben gemäß der Anordnung des Ministeriums bei Wahrnehmung ihrer dienstlichen Verrichtungen einen dunkelgrünen Filzhut mit dunkelgrüner Schnur und einem Blechschilde mit der Aufschrift „Privatjagdhüter" oder „Privat-Jagd- und Waldhüter" zu tragen. Ausnahmsweise und insofern dies im Interesse einer wirksamen Durchführung ihrer Aufgaben notwendig erscheint, können dieselben auch eine andere Kopfbedeckung als den vorgeschriebenen Filzhut tragen. Form und Größe der Aufschrift unterliegen keiner besonderen Bestimmung. Außer dem Abzeichen an dem Filzhut ist den Privatjagdhütern auch das Tragen eines solchen an dem Tragriemen der Jagdtasche gestattet (Huber, S. 45).

Die Privatjagdhüter sind nicht zu vereidigen V. v. 25. Juni 1898 (S. Bd. 23 S. 319); unrichtig Ziff. 14 Abs. 2 Buchstabe c der Vollzugsanweisung zum Stempelgesetz.

Über die Zahlung des Pachtzinses vgl. Bem. 2 ff. zu § 4 dieses Gesetzes.

§ 3.

Auf zusammenhängenden Flächen von mindestens fünfundzwanzig Hektaren, sowie auf Seeen und Teichen in der Größe von mindestens fünf Hektaren und auf Teichen, welche zum Entenfang eingerichtet sind, kann sich der Eigentümer die selbständige Ausübung des Jagdrechtes vorbehalten.

Eisenbahnen, Wege oder Wasserläufe gelten nicht als Unterbrechung des räumlichen Zusammenhanges.

§ 3 E. Erläuterungen S. 10, 11. L.A. S. 41. Komm.Ber. S. 220, 221. L.A. S. 214, 251 ff. 258.

I. „Der vorliegende Parapraph gesteht in Uebereinstimmung mit der Gesetzgebung in den benachbarten deutschen Staaten die eigene Ausübung des Jagdrechtes denjenigen Grundeigentümern zu, welche eine zusammenhängende Fläche von einer gewissen Größe besitzen (Vorbehaltsjäger). Die Minimalfläche, welche zur eigenen Jagdausübung berechtigt, ist in Preußen auf dreihundert Morgen, in Bayern rechts des Rheins auf zweihundertundvierzig Tagwerke im Flachland, vierhundert Tagwerke im Hochgebirge, in Baden auf zweihundert Morgen festgesetzt. Wenn in Elsaß-Lothringen diese Fläche auf fünfundzwanzig Hektar bestimmt ist, so ist dieses geschehen, um die Ausübung des Jagdrechtes nicht mehr zu beschränken, als durch die Natur der Sache geboten ist. Grundstücke unter fünfundzwanzig Hektar sind zu klein, als daß auf denselben — wenn nicht die Nachbargrundstücke hinzutreten — die Jagd ausgeübt werden könnte, während dieses auf Flächen von mindestens fünfundzwanzig Hektar wohl möglich ist. Die selbständige Ausübung des Jagdrechtes ist wie in Preußen und Bayern auch den Eigentümern größerer Teiche und Seen eingeräumt, die gleiche Befugnis endlich den Besitzern von Teichen, welche zum Entenfang eingerichtet sind, gegeben. Die Ausbeutung dieser Teiche, in welchen der Entenfang im Großen geschieht, ist mit beträchtlichen Kosten verbunden, wie auch schon die nötigen Anlagen nicht geringe Ausgaben verursachen. Durch die Unterstellung dieser Teiche unter das allgemeine Recht würden die Eigentümer schwer geschädigt werden (Erläuterungen)". Bem. 1.

II. Die Voraussetzungen zur selbständigen Ausübung des Bem. 2.

Jagdrechtes — sogenannte „vorbehaltene" oder „reservierte Jagden" ist erstens das Eigentum an einer Fläche, die besonders geartet sein muß und zweitens die Abgabe der Erklärung, daß die Jagdausübung vorbehalten wird.

Bem. 3. 1. a) Das erste Erfordernis ist das Eigentum an einer zusammenhängenden Fläche von mindestens 25 ha. Da kein geschlossener oder arrondierter Grundbesitz verlangt wird, so ist der Zusammenhang der Grundstücke auch dann gegeben, wenn ihre Verbindung nur an einem Punkte vermittelt wird. Es muß also die Möglichkeit bestehen, daß man, ohne fremden Grund und Boden betreten zu müssen, überall hin gelangen kann. Die nicht im Eigentum des Grundstücksbesitzers stehenden Eisenbahnen, Wege oder Wasserläufe unterbrechen zwar den Zusammenhang der übrigen Grundstücke nicht, stellen aber auch keinen Zusammenhang zwischen getrennt liegenden Grundstücken her.

Nicht erforderlich ist, daß die Grundstücke nur in einem Gemeindebann liegen, vielmehr können sie sich auch auf mehrere Gemeindebezirke erstrecken (§ 6 Ab. 2 Satz 2 dieses Gesetzes und Bem. 9 zu § 6).

Bem. 4. Da für die Ausübung des Jagdrechtes auf den die Hoheitsgrenze überschreitenden Gemarkungsteilen elsaß-lothringischer Gemeinden nach den Bestimmungen des französisch-badischen Grenzvertrages (Bem. 9 zu § 1) das elsaß-lothringische Jagdgesetz maßgebend ist, könnten die Grundstücke auch teilweise auf badischem Hoheitsgebiete liegen.

Bem. 5. Das Eigentum an den Grundstücken kann einer oder mehreren, physischen oder juristischen Personen zustehen; sind mehrere berechtigt, so kann eine Bruchteilsgemeinschaft oder ein Gesamthandsverhältnis gegeben sein. Unzulässig ist die Vereinigung mehrerer Eigentümer, um eine Fläche von 25 ha bilden zu können. Denn wenn das Gesetz das Schwergewicht auch auf die Größe des Grundbesitzes legt, so darf doch nicht außer Acht gelassen werden, daß die Grundstücke als ein Besitztum erscheinen müssen, andernfalls wäre die Möglichkeit gegeben, in jedem Falle die Verpachtung der Jagd durch die Gemeinde vereiteln zu können. Nicht zu verwechseln hiermit ist die Vereinigung mehrerer Eigenjagdberechtigten zur gemeinschaftlichen Ausübung der Jagd. Das sie beherrschende Rechtsverhältnis ist das der Gesellschaft.

Bem. 6. Wem die Rechte des Eigentümers zustehen, bestimmt sich nach dem bürgerlichen Recht. So wird der Nießbraucher selbständig die Jagd ausüben dürfen, sofern diese Nutzung nicht ausgeschlossen ist (§ 1030 Abs. 2 BGB). Ob der Grundstückspächter zur Ausübung der Jagd befugt ist, muß der Pachtvertrag regeln. Der Regel nach wird er nicht jagen dürfen. Z. Bd. 25 S. 230.

b) Zur selbständigen Ausübung des Jagdrechtes ist ferner berechtigt der Eigentümer eines Sees oder Teiches in der Größe von fünf Hektar oder eines Teiches, der zum Entenfang eingerichtet ist. Der Grund, aus dem bei der letzten Gruppe von Teichen von einer Minimalgröße abgesehen worden ist, ist bereits oben (Bem. 1) angegeben. Bem. 7.

Wird ein Teich, wie es in Lothringen geschieht, einige Jahre zur Fischzucht benutzt und dann auf Jahre hinaus ausgetrocknet, um als Ackerland zu dienen, so gehört der Teich während der Zeit, in der er ausgetrocknet ist, zu dem Gemeindebezirk, der zu verpachten ist. Zufrieren oder vorübergehendes Austrocknen genügen nicht, um die Rechte der selbständigen Jagdausübung dem Eigentümer zu nehmen. Huber S. 33 Anm. 4. Bem. 8.

2. Das zweite Erfordernis ist die Erklärung des Eigentümers, daß er sich die selbständige Ausübung der Jagd vorbehalte. Die Erklärung muß schriftlich binnen zehn Tagen, nachdem über den Verbleib des Jagdpachterlös Beschluß gefaßt ist, an den Bürgermeister der Gemeinde, in deren Banne die vorzubehaltende Jagd liegt oder, wenn die Jagd in mehreren Gemeinden liegt, an jeden Bürgermeister gerichtet werden. § 6 Abs. 2 des Gesetzes und Bem. 7 ff. zu § 6. Bem. 9.

Erwirbt jemand während des Laufs einer Pachtperiode einen Grundbesitz, der zur selbständigen Ausübung der Jagd berechtigen würde, so erhebt sich die Frage, ob er seinen Anspruch sofort, ohne den Ablauf der Periode abwarten zu müssen, geltend machen kann. Die Frage ist zu verneinen. Nach dem Prinzip des Jagdgesetzes bildet die Verpachtung der Jagd durch die Gemeinde die Regel, von der nur in den gesetzlich bestimmten Fällen abgesehen wird. Während die Grundstücke, die in § 1 Abs. 2 aufgeführt sind, kraft Gesetzes aus dem allgemeinen Jagdgebiet ausscheiden, wenn sie den vorgeschriebenen Bedingungen genügen (Bem. 25 zu § 1 dieses Gesetzes), ist für den Vorbehalt der eigenen Jagdausübung die Abgabe einer Erklärung innerhalb einer bestimmten Frist nötig. Beide Erfordernisse: die Ab- Bem. 10.

gabe der Erklärung und ein gewisser Grundbesitz müssen vor Beginn der Pachtperiode nach dem klaren Wortlaut des Gesetzes erfüllt sein. Vor der Aufstellung des Lastenheftes soll die Größe und Lage des Jagdbezirkes feststehen. Zur Erreichung dieses Zweckes dient die Frist des § 6. Derselben Ansicht Z. Bd. 24 S. 314 und Bd. 25 S. 426. Anderer Ansicht Huber, S. 34 ff.

Bem. 11. Dagegen hat die Parzellierung eines Grundbesitzes während der Pachtzeit sofort zur Folge, daß die betreffenden Grundstücke zur Verfügung der Gemeinde stehen, also von ihr verpachtet werden müssen. Die Ausübung des Jagdrechtes durch die Gemeinde tritt nach dem Grundsatz des Gesetzes ohne weiteres in Wirksamkeit, wenn die Bedingungen wegfallen, die die Sonderstellung der Grundstücke rechtfertigten. Daher bestimmt auch Art. 14 der Allgemeinen Pachtbedingungen, daß der Jagdpächter berechtigt und auf Verlangen der Gemeinde verpflichtet ist, die Jagd auf derartigen Grundstücken gegen eine dem Pachtzins der verpachteten Teile des Gemeindebannes entsprechende zusätzliche Vergütung und unter den Allgemeinen Pachtbedingungen zu übernehmen. Ist die Gemarkung in mehrere Jagdbezirke eingeteilt, so bleibt es nach Anhörung der Pächter der Beschlußfassung des Gemeinderates vorbehalten, welchem der Jagdbezirke die betreffenden Flächen zuzuteilen sind. Werden die Flächen von einem der verpachteten Jagdbezirke umschlossen, so sind sie diesem Jagdbezirke zuzuteilen.

Bem. 12. III. Der Eigentümer einer vorbehaltenen Jagd unterliegt bei Ausübung seines Rechtes, abgesehen von der Innehaltung der jagdpolizeilichen Bestimmungen, keinerlei Beschränkungen. Er kann also selbst jagen oder durch andere jagen lassen; er braucht die Jagd auch gar nicht auszuüben. Gemäß den jagdpolizeilichen Vorschriften muß er aber im Besitz eines Jagdscheines sein, die Schonzeiten beachten u. a. m.

Bem. 13. Ist eine Gemeinde zur selbständigen Ausübung der Jagd auf Grundstücken, die im eigenen Banne liegen, befugt, so hat sie die Jagd zusammen mit der Jagd auf dem Gemeindebanne zu verpachten. Min. Erl. v. 12. Juli 1888 Ziff. III a. E. (Anlage Nr. 2.).

Bem. 14. Hat die Gemeinde beschlossen, daß ihr der Jagdpachterlös verbleiben soll, so müssen die Eigentümer, die die selbständige Ausübung der Jagd sich vorbehalten haben, nach dem Verhältnis der Katasterfläche der vorbehaltenen Grundstücke und Gewässer einen entsprechenden Beitrag zu dem von dem verpachteten Teil des Gemeindebannes erzielten Erlös in die Gemeindekasse zahlen. § 4 Abs. 4 dieses Gesetzes und Bem. 24 zu § 4. Ueber die Rechte der Eigentümer bei der Beschlußfassung darüber, ob der Jagdpachterlös der Gemeinde verbleiben soll vgl. Bem. 18 zu § 4.

Gemeinden, die auf einem fremden Gemeindebann zur selbständigen Ausübung des Jagdrechtes befugt sind, wirken bei Beschlüssen über die Verwendung des Jagdpachterlöses zugunsten der Gemeinde nicht mit und bleiben, falls ein solcher Beschluß gefaßt ist und sie sich die selbständige Ausübung des Jagdrechtes vorbehalten, von der Beitragspflicht für die fremde Gemeindekasse befreit. § 5 dieses Gesetzes und Bem. 3 zu § 5. Bem. 15.

IV. Die Eigentümer der in Betracht kommenden Grundstücke sind nicht zur selbständigen Ausübung des Jagdrechtes verpflichtet. Verzichten sie auf die Geltendmachung ihres Rechtes zugunsten der Gemeinde, so hat sie die Flächen zur Verpachtung zu bringen. Bem. 16.

V. Die Entscheidung der Frage, ob die Voraussetzungen zur selbständigen Ausübung des Jagdrechtes gegeben sind, gehört zur Zuständigkeit der ordentlichen Gerichte. Z. Bd. 25 S. 423. Bem. 17.

§ 4.

Der Jagdpachterlös ist in die Gemeindekasse zu zahlen.

Die Verteilung des Erlöses an die einzelnen Grundeigentümer erfolgt nach dem Verhältnis der Katasterfläche der zu dem verpachteten Jagdbezirke gehörigen Grundstücke und Gewässer. Beträge, welche innerhalb zweier Jahre, nachdem bekannt gemacht ist, wieviel jeder Grundeigentümer zu beziehen hat, nicht abgehoben sind, verfallen der Gemeindekasse.

Der Jagdpachterlös eines Gemeindebannes verbleibt der Gemeinde, sobald dies durch mindestens zwei Drittel der Beteiligten, welche zugleich mehr als zwei Drittel der den Bestimmungen dieses Gesetzes unterliegenden Grundfläche des Gemeindebannes besitzen, beschlossen wird. Dieser Beschluß behält für die ganze Dauer der Pachtzeit Gültigkeit.

Ist ein solcher Beschluß gefaßt, so haben diejenigen Eigentümer, welche sich nach den Bestimmungen des § 3 die selbständige Ausübung des Jagdrechtes vorbehalten haben, nach dem Verhältnis der Katasterfläche der vorbehaltenen Grundstücke und Gewässer einen entsprechenden Beitrag zu dem von dem verpachteten Teile des Gemeindebannes erzielten Erlöse in die Gemeindekasse zu zahlen.

§ 4 E. Erläuterungen S. 11. L.A. S. 41 f. Komm.Ber. S. 221. L.A. S. 214; 251 ff. 258.

Bem. 1. I. Der Jagdpachterlös ist die Gegenleistung des Jagdpächters für die Ueberlassung der Jagdausübung. Zu ihm gehört nicht das Zehntel, welches der Pächter für den Ersatz des Schwarzwildschadens durch die Gemeinde zahlen muß (Art. 21 der Allg. Pachtbedingungen). Vgl. Bem. 2 zu § 31 des AGBGB. Bem. 2 zu § 33 des AGBGB.

Bem. 2. Der Jagdpachterlös ist eine Gemeindeeinnahme, seine Auszahlung eine Gemeindeausgabe; mithin finden auf ihn alle diesbezüglichen Vorschriften aus dem Gemeinderechnungswesen Anwendung. Ueber die Vergütungen, die von den Gemeinden für die Verwaltung ihrer Kassen durch Staatsbeamte zu zahlen sind vgl. Bek. vom 31. März 1906 (ABl. S. 39).

Bem. 3. 1. Der Pachtzins muß alljährlich im voraus für ein Jahr, spätestens am 1. April, an den Gemeinderechner bezahlt werden. Gleichzeitig ist der Zuschlag von zehn Prozent für Schwarzwildschaden zu entrichten (Art. 9 der Allg. Pachtbedingungen).

Bem. 4. 2. Die Anweisungen zur Erhebung müssen von dem Bürgermeister oder dessen Vertreter erlassen werden. Verweigert oder unterläßt der Bürgermeister ungeachtet der Aufforderung der Gemeindeaufsichtsbehörde die Ausstellung der Anweisung, so hat diese die Ausstellung vorzunehmen. Nur der Rechner darf die Pachtzinsen erheben. §§ 3, 4 der Anweisung über das Gemeinderechnungswesen.

Bem. 5. 3. Erfolgt die Zahlung des Pachtzinses nicht rechtzeitig, so kann er nach den Vorschriften über die Eintreibung öffentlicher Gefälle im Verwaltungswege beigetrieben werden. Maßgebend ist die Verordnung des Statthalters vom 26. Mai 1905 (ABl. S. 241). Die Anordnung der Zwangsvollstreckung bedarf der Genehmigung des Bürgermeisters, welche von dem Rechner zu beantragen ist. Erfolgt die Genehmigung nicht rechtzeitig, so geht die Verantwortlichkeit für den Einzug im vollen Umfange auf den Bürgermeister über. Gleiches ist der Fall, wenn durch eine Fristbewilligung seitens des Bürgermeisters das eingeleitete Zwangsverfahren eingestellt wird. Bei vorliegender Gefahr im Verzuge kann der Rechner das Zwangsverfahren vor Eingang des Beschlusses des Bürgermeisters einleiten. Die Genehmigung zur Vornahme von Zwangsvollstreckungen, welche von besonderen Gemeinderechnern angeordnet werden, ist in allen Fällen von den Bürgermeistern zu erteilen (V. v. 15. Januar 1878. Bek. Bl. S. 15). § 31 der Anweisung über das Gemeinderechnungswesen.

II. Der Jagdpachterlös kann entweder unter die Grundeigentümer verteilt werden oder er verbleibt der Gemeindekasse. Bem. 6.

A. Für die Verteilung des Erlöses an die einzelnen Grundeigentümer ist maßgebend das Verhältnis der Katasterfläche der zu dem verpachteten Jagdbezirk gehörigen Grundstücke und Gewässer.

1. Zu dem verpachteten Jagdbezirk gehören alle Grundstücke mit Ausnahme derjenigen, die in Abs. 2 § 1 dieses Gesetzes aufgezählt werden, und die vorbehaltenen Jagden im Sinne des § 3. Bem. 7.

2. Als Eigentümer gilt im Zweifel derjenige, welcher als solcher im Kataster eingetragen ist; auch für die Größe der Grundstücke und Gewässer sind die Angaben im Kataster maßgebend. Bem. 8.

Ob der Eigentümer den Anteil an dem Erlös bekommt, bestimmt sich nach den Rechtsverhältnissen des Grundstücks. So wird der Pächter den Erlös nicht beziehen, dagegen der Nießbraucher.

3. Ist der Gemeindebann in mehrere Jagdbezirke geteilt, so muß für jeden gesondert die Verteilungsliste aufgestellt werden, da der Pachterlös verschieden groß sein kann. Bem. 9.

4. Die Auszahlung der Anteile darf nur auf Anweisung des Bürgermeisters erfolgen. Verweigert er die Ausstellung der Anweisung, so kann die Gemeindeaufsichtsbehörde eingreifen. § 3 der Anweisung über das Gemeinderechnungswesen. Bem. 10.

5. Die den Berechtigten zustehenden Jagdpachtanteile sind außerbudgetmäßig nachzuweisen. Bei der Ausgabe ist zu jedem in der Rechnung besonders zu bezeichnenden Jahrgange Bem. 11.

der Tag der Bekanntmachung der Verteilungsliste anzugeben. Bis zum Ablauf der zweijährigen Frist vom Tage der Bekanntmachung ab sind die nicht abgehobenen Beträge als Bestand weiter zu führen. Nach Ablauf der zweijährigen Frist sind die nicht abgehobenen Beträge in Istausgabe zu stellen und unter Titel 13 für die Gemeinde zu vereinnahmen.

Bem. 12. 6. Alljährlich ist ein Verzeichnis aufzustellen, aus dem hervorgeht, wieviel jedem Berechtigten an dem Jagdpachterlös zusteht. M.E. v. 15. April 1903 I A 4211. § 43 der Anweisung über das Gemeinderechnungswesen in der Fassung der Bek. v. 18. Dezember 1898 (ABl. S. 231).

Bem. 13. 7. Die Verteilung darf erst stattfinden, nachdem der Beitrag der Gemeinde an die Wildschadensgenossenschaft zur Ausgleichung von Schwarzwildschäden feststeht (Bem. 2 zu § 33 AGBGB).

Bem. 14. 8. Beträge, die nicht innerhalb von zwei Jahren, nachdem bekannt ist, wieviel jeder Grundeigentümer zu beziehen hat, abgehoben sind, verfallen der Gemeindekasse. Die Bestimmung einer Frist, innerhalb der die Beträge abzuheben sind, ist nicht nur mit Rücksicht auf die Ordnung in dem Gemeinderechnungswesen erfolgt, sondern weil auch erfahrungsgemäß die oftmals recht geringfügigen Beträge überhaupt nicht von den Berechtigten erhoben zu werden pflegen.

Bem. 15. 9. Zur Verteilung des Pachterlöses sind die Bürgermeister verpflichtet; sollte ein Bürgermeister seiner Verpflichtung nicht nachkommen, so hat die Regierung die Möglichkeit, die Verteilung vorzunehmen oder vornehmen zu lassen. Denn ob die Aufstellung der Verteilungsliste als eine Gemeindeangelegenheit im Sinne des Abs. 2 des § 72 der Gemeindeordnung oder als eine Amtshandlung, die dem Bürgermeister als Organ der Landesverwaltung anvertraut ist, angesehen wird, bleibt sich tatsächlich gleich, da in jedem Falle die Staatsbehörde die Verteilung vorzunehmen befugt ist.

Bem. 16. 10. Die Kosten (Schreibgebühren für Aufstellung des Verzeichnisses usw.), die die Verteilung des Pachterlöses verursachen, haben die Gemeinden zu tragen. Jedoch können sie diese von den Grundeigentümern zurückverlangen, da sie das Jagdrecht „auf Rechnung" der Grundeigentümer ausüben.

Bem. 17. B. Der Jagdpachterlös eines Gemeindebannes verbleibt nur dann der Gemeinde, wenn es von mindestens zwei

Dritteln der Beteiligten, die zugleich mehr als zwei Drittel der den Bestimmungen dieses Gesetzes unterliegenden Grundfläche des Gemeindebannes besitzen, beschlossen wird. Die doppelte Zwei-Drittel-Majorität ist verlangt, um die Verfügung über Vermögensrechte möglichst zu erschweren.

1. Beteiligt sind sämtliche Eigentümer der in dem Gemeinde- Bem. 18.
bann belegenen Grundstücke, ohne Rücksicht darauf, ob sie in der Gemeinde ihren Wohnsitz haben. Auch die Eigentümer, die zur selbständigen Ausübung des Jagdrechtes befugt sind (§ 3), gehören zu den Beteiligten; derselben Ansicht Huber, S. 38 Bem. 6, mit eingehender Begründung. Nicht zu ihnen zu rechnen sind die Eigentümer der Grundstücke, die in Abs. 2 § 1 dieses Gesetzes erwähnt werden und die Gemeinden, welche auf einem fremden Gemeindebanne einen Grundbesitz haben, der sie zur selbständigen Ausübung des Jagdrechtes berechtigt (§ 5).

Jeder Beteiligte darf sich in dem Termin durch einen Bevoll- Bem. 19.
mächtigten vertreten lassen. Für die Vollmacht genügt Beglaubigung der Unterschrift durch den Bürgermeister des Wohnortes. Min. Erl. v. 1888 Ziff. II (Anlage Nr. 2).

2. Der Beschluß kann nur gefaßt werden, wenn min- Bem. 20.
destens zwei Drittel aller Beteiligten ihm zustimmen. Es herrscht mithin das Prinzip der absoluten Majorität; nicht genügend wäre es, wenn nur zwei Drittel der Erschienenen für die Ueberlassung des Jagdpachterlöses an die Gemeinde stimmten. Außerdem müssen die zwei Drittel auch zwei Drittel der den Bestimmungen dieses Gesetzes unterliegenden Grundfläche des Gemeindebannes besitzen. Bei Berechnung der zwei Drittel der in Betracht kommenden Grundfläche sind nur die Grundstücke, die § 1 Abs. 2 aufführt, nicht mitzuzählen. Die Gebiete, auf denen das Jagdrecht selbständig ausgeübt werden darf (§ 3), sind dagegen mitzuberücksichtigen, da sie den Bestimmungen des Jagdgesetzes unterstehen.

Besitzt eine Gemeinde auf eigenem Gemeindebann ein Bem. 21.
Gebiet, das sie zur selbständigen Jagdausübung berechtigt, so gehört sie zu den „Beteiligten", das Gebiet ist mitzuzählen. Min. Erl. v. 25. Juli 1906. I A 9868. Besitzt eine Gemeinde auf fremdem Gemeindebann einen den Voraussetzungen zur selbständigen Jagdausübung genügenden Grundbesitz, so wird dieser nach Verwaltungspraxis mitberücksichtigt, obwohl die Gemeinde bei den Beschlüssen über die Verwendung des Pachterlöses nicht

mitwirken darf (§ 5). Es wird also eine Grundfläche bei Berechnung der zwei Drittel mitgezählt, deren Eigentümer nicht abstimmen darf.

Bem. 22. 3. Ist der Gemeindebann in mehrere Jagdbezirke geteilt, so muß der Beschluß von den Beteiligten aller Bezirke mit der erforderlichen Majorität mit Wirkung für den ganzen Gemeindebann gefaßt werden, da es andernfalls vorkommen könnte, daß die Beteiligten in einem Bezirk die Abführung des Erlöses an die Gemeindekasse, in einem anderen seine Verteilung beschließen können.

Bem. 23. 4. Der Beschluß, nach dem der Pachterlös der Gemeinde verbleibt, kann nur für die ganze Dauer der Pachtzeit gefaßt werden. Es besteht mithin keine Möglichkeit, den Beschluß während des Laufs einer Pachtperiode umzustoßen, selbst wenn der Gemeinderat sich erneuert haben sollte.

Bem. 24. 5. Da zwar die zur selbständigen Jagdausübung Berechtigten an dem Pachterlös partizipieren, andrerseits aber keinen Pachterlös an die Gemeindekasse abführen, so ist es nur billig, daß sie einen Beitrag in die Gemeindekasse zahlen müssen. Für die Höhe des Beitrages ist das Verhältnis der Katasterfläche der vorbehaltenen Grundstücke und Gewässer zu dem von dem verpachteten Teil des Gemeindebannes erzielten Erlöse maßgebend. Der Beitrag ist eine Auflage, welche den Vorbehaltsjägern im Sinne des § 3 aus Billigkeitsgründen zur Ausgleichung dafür auferlegt wurde, daß der für die nicht vorbehaltenen Jagden vereinnahmte Jagdpachtzins in diesem Falle in der Gemeindekasse verbleibt und zur Deckung von Gemeindeausgaben verwendet wird. Er ist mithin kein Jagdpachterlös. Entscheidung des Ksl. Rates vom 17. Juni 1905 Nr. 421 und Bem. 2 zu § 33 des Ausführungsgesetzes zum Bürgerlichen Gesetzbuch. Der Beitrag ist eine Gemeindeeinnahme, der gegebenenfalls zwangsweise beigetrieben werden kann.

Bem. 25. 6. Ueber die Verwertung des Pachterlöses ist im Gesetz oder anderswo keine Bestimmung getroffen. Jedoch empfiehlt ein Ministerial-Erlaß vom 4. März 1881 (Halley S. 14) ihn vor allem zu solchen Zwecken zu gebrauchen, welche zunächst den Grundeigentümern zugute kommen, also zur Unterhaltung landwirtschaftlicher Verkehrswege, für landwirtschaftliche oder sonstige Arbeiten, bei denen die Grundeigentümer beteiligt sind u. a. m.

§ 5.

Gemeinden, welche auf einem fremden Gemeindebanne einen den Voraussetzungen des § 3 entsprechenden Grundbesitz haben, wirken bei Beschlüssen über die Verwendung des Jagdpachterlöses zugunsten der Gemeinde (§ 4 Abs. 3) nicht mit und bleiben, falls ein solcher Beschluß gefaßt wird und sie sich die selbständige Ausübung des Jagdrechtes vorbehalten, von der Beitragspflicht für die fremde Gemeindekasse (§ 4 Abs. 4) befreit.

§ 5 E. Erläuterungen S. 11, 12. L. A. S. 41 f. Komm. Ber. S. 221. L. A. S. 215; 251 ff. 258.

I. „Die Bestimmungen des Paragraphen sind in dem Entwurfe des Landesausschusses nicht enthalten. Obgleich es rechtlich gleichgültig ist, ob das Eigentum einem Gemeindemitglied oder einem Auswärtigen bezw. einer fremden Korporation gehört, erscheint es doch richtig, wenigstens den Gemeinden, welche auf fremdem Banne einen den Voraussetzungen des § 3 entsprechenden selbständigen Jagdbezirk zu bilden vermögen, auch die pekuniären Erträgnisse desselben zu sichern, dieselben also dagegen in Schutz zu nehmen, daß über ihr Korporationsvermögen zugunsten einer anderen Gemeinde und durch fremde, ihren kommunalen Interessen fernstehende Gemeindebürger vermöge eines Majoritätsbeschlusses verfügt werde. Eine notwendige Folge hiervon ist, daß die betreffenden Gemeinden bei der Beschlußfassung über die Verwendung des Jagdpachterlöses nicht mitwirken dürfen". Erläuterungen. Bem. 1.

II. Der vorliegende Paragraph befaßt sich mit den Gemeinden, die auf einem fremden Gemeindebann zur selbständigen Ausübung des Jagdrechtes befugt sind und von dieser Befugnis Gebrauch machen. Zu unterscheiden sind zwei Fälle:

1. Wird der Jagdpachterlös unter die Grundeigentümer verteilt, so partizipiert die Gemeinde naturgemäß nicht; denn für das Gebiet, auf dem sie die Eigenjagd ausübt, fließt auch kein Pachterlös in die Gemeindekasse. Bem. 2.

2. Verbleibt der Jagdpachterlös der Gemeinde, so wird zwar das Gebiet, auf dem sie die Eigenjagd ausübt, bei Berechnung der Grundfläche des Gemeindebannes mitberücksichtigt, sie ist aber keine „Beteiligte" im Sinne des Abs. 3 § 4: sie darf bei den Beschlüssen über die Verwendung des Jagdpacht- Bem. 3.

erlöses nicht mitwirken und sie ist, wenn ein solcher Beschluß gefaßt wird, von der Verpflichtung befreit, nach dem Verhältnis der Katasterfläche der vorbehaltenen Grundstücke und Gewässer einen entsprechenden Beitrag zu dem von dem verpachteten Teil des Gemeindebannes erzielten Erlöse in die fremde Gemeindekasse zahlen zu müssen.

Bem. 4. III. Ist die Gemeinde auf ihrem eigenen Banne zur selbständigen Ausübung der Jagd befugt und macht sie von der Befugnis Gebrauch, so kann sie bei den Beschlüssen über die Verwendung des Jagdpachterlöses zugunsten der Gemeinde mitwirken und muß, wenn beschlossen wird, daß der Erlös der Gemeinde verbleiben soll, einen Beitrag, dessen Höhe sich nach dem im Abs. 4 § 4 angegebenen Maßstab bemißt, in die Gemeindekasse zahlen. Wird der Pachterlös an die einzelnen Grundeigentümer verteilt, so bleibt das Eigenjagdgebiet der Gemeinde ganz außer Betracht, d. h. sie partizipiert nicht an dem Erlös.

Bem. 5. IV. Macht eine Gemeinde, die zur selbständigen Ausübung der Jagd auf eigenem oder fremden Gebiete befugt wäre, von dieser Befugnis keinen Gebrauch, so gelten für sie keine Besonderheiten.

Bem. 6. V. Die Gemeinden haben ihr Jagdrecht durch Verpachtung auszuüben. Vgl. Bem. 13 zu § 3 dieses Gesetzes.

Bem. 7. VI. Für die vorbehaltenen Jagden anderer juristischen Personen des öffentlichen Rechtes (Hospitäler, Stiftungen usw.) kommen die Bestimmungen des vorliegenden Paragraphen nicht in Betracht.

§ 6.

Zur Beschlußfassung darüber, ob der Jagdpachterlös der Gemeinde verbleiben soll, ist vor Festsetzung des Versteigerungstermins für die Verpachtung der Jagd von dem Bürgermeister ein öffentlich bekannt zu machender Termin anzuberaumen.

Nachdem die Beschlußfassung erfolgt ist, haben die Eigentümer, welche sich auf Grund des § 3 die selbständige Ausübung des Jagdrechtes vorbehalten wollen, diesen Vorbehalt binnen zehn Tagen dem Bürgermeister schriftlich zu erklären.

Erstrecken sich die vorzubehaltenden Grund- oder Wasserflächen in den Bann verschiedener Gemeinden, so ist die Erklärung an den Bürgermeister jeder dieser Gemeinden zu richten.

Die Bekanntmachung des Versteigerungstermins für die Verpachtung der Jagd darf erst nach Ablauf dieser zehntägigen Frist stattfinden. Zwischen dem Versteigerungstermine und der ersten Bekanntmachung desselben muß eine Frist von mindestens sechs Wochen liegen.

§ 6 E. Erläuterungen S. 12 L.A. S. 41 f. Komm. Ber. S. 221 L.A. S. 215; 251 ff., 258.

I. Nachdem die Neuverpachtung der Jagd durch Feststellung des Jagdbezirkes eingeleitet ist (Bem. 6 zu § 2), hat der Bürgermeister den Termin für die Beschlußfassung über die Verwendung des Pachterlöses anzuberaumen und denselben öffentlich bekannt zu machen. Für die Bekanntgabe genügt öffentlicher Anschlag in der Gemeinde in der ortsüblichen Weise. Weitere Veröffentlichung kann dem Ermessen der Gemeindebehörde überlassen bleiben. Den Vorsitz in dem Termin führt der Bürgermeister oder sein Stellvertreter (Min. Erl. v. 1888. Ziffer II. Anlage Nr. 2). Bem. 1.

1. Zur Beschlußfassung berechtigt sind die „Beteiligten" im Sinne des § 4 Abs. 3; das sind also die Eigentümer aller Grundstücke mit Ausnahme derjenigen, welche in Abs. 2 § 1 aufgezählt werden und der Gemeinden, die auf einem fremden Gemeindebanne zur selbständigen Ausübung des Jagdrechtes befugt sind (§ 5). Bem. 2.

2. Jeder Beteiligte kann sich in dem Termin durch einen Bevollmächtigten vertreten lassen. Für die Vollmacht genügt Beglaubigung der Unterschrift durch den Bürgermeister des Wohnortes (Min. Erl. v. 1888 Ziffer II). Bem. 3.

3. In dem Termin muß ein Verzeichnis offen liegen, in dem sämtliche in Betracht kommende Grundeigentümer unter Beifügung der Gesamtgröße des von jedem besessenen Grundeigentums namentlich aufzuführen sind. Diejenigen Grundeigentümer, welche für die Ueberlassung des Pachterlöses an die Gemeinde stimmen, haben dies durch Beisetzung ihrer Unterschrift auf das Verzeichnis an der Stelle, an der sie aufgeführt sind, zu beurkunden (Min. Erl. v. 1888. Ziffer II). Bem. 4.

Bem. 5. 4. Über die Verhandlung ist ein Protokoll aufzunehmen. Dieses muß enthalten:

a) die Zahl der Eigentümer der dem Gesetz unterliegenden Grundfläche des Gemeindebannes.

b) die Zahl der Eigentümer, welche nach § 5 bei der Beschlußfassung nicht mitwirken.

c) die Gesamtgröße der dem Gesetz unterliegenden Grundfläche des Gemeindebannes.

d) die Zahl der Eigentümer, welche für die Ueberlassung des Pachterlöses an die Gemeinde gestimmt haben.

e) die Größe der von diesen zusammen besessenen Grundfläche (Min. Erl. v. 1888 Ziffer II).

Das Verzeichnis (Bem. 4) und die etwa beigebrachten Vollmachten sind dem Protokoll beizufügen. In dasselbe sind ferner Einsprüche, welche sich auf das Verfahren beziehen, aufzunehmen.

Bem. 6. 5. Das Ergebnis der Beschlußfassung hat der Bürgermeister alsbald allen Eigentümern, von denen er weiß, daß sie zur selbständigen Ausübung des Jagdrechtes befugt sind, mitzuteilen (Min. Erl. v. 1888 Ziffer III).

II. Binnen zehn Tagen nach der Beschlußfassung ohne Rücksicht darauf, wie der Beschluß ausgefallen ist, muß die Erklärung, daß das Jagdrecht selbständig ausgeübt wird, abgegeben werden.

Bem. 7. 1. Die Erklärung ist binnen zehn Tagen seit dem Tage der Beschlußfassung, der selbst nicht mitzählt (Z. Bd. 16. S. 456), abzugeben. Ohne Bedeutung für den Beginn der Frist ist das Zugehen der Mitteilung von der Beschlußfassung durch den Bürgermeister. Zu einer Verlängerung der Frist sind die Gemeinderäte oder Bürgermeister nicht befugt (Z. 25. S. 425; oben Bem. 17 zu § 2 dieses Gesetzes).

Bem. 8. 2. Die Erklärung muß schriftlich erfolgen. Die tatsächliche Ausübung des Jagdrechtes unter Duldung der Gemeinde kann die Abgabe der Erklärung nicht ersetzen (Z. Bd. 17. S. 87).

Wird die Erklärung durch einen Bevollmächtigten abgegeben, so ist die Vollmacht schriftlich nachzuweisen (Z. Bd. 16. S. 456).

Bem. 9. 3. Erstrecken sich die vorzubehaltenden Flächen über verschiedene Gemeindebanne, so hat die Erklärung an den Bürgermeister jeder Gemeinde rechtzeitig und schriftlich zu erfolgen (Z. Bd. 25. S. 423).

Bem. 10. 4. Die Bürgermeister solcher Gemeinden, die auf einem fremden Banne zur selbständigen Ausübung des Jagdrechtes befugt sind, sind verpflichtet, sobald der Beschluß gefaßt ist, daß der Pachterlös der Gemeinde verbleibt, den Gemeinderat schleunigst zur Beschlußfassung darüber zu veranlassen, ob die Gemeinde sich die selbständige Ausübung des Jagdrechtes vorbehalten will. Die diesbezügliche schriftliche Erklärung ist noch vor Ablauf der zehntägigen Frist dem Bürgermeister der Gemeinde, in der das Jagdgebiet liegt, zuzustellen (Min. Erl. v. 1888 Ziffer III).

5. Erst nach Ablauf der zehntägigen Frist darf die Bekanntmachung des Versteigerungstermins erfolgen. Bem. 11 Zwischen der ersten Bekanntmachung und dem Versteigerungstermin muß eine Frist von mindestens sechs Wochen liegen. „Die Bestimmung einer genügend langen Frist bezweckt eine möglichst günstige Verwertung der Jagd" (Erläuterung).

§ 7.

Sind einzelne Grundstücke geringeren Flächengehalts von einem zusammenhängenden Grundbesitz von mindestens fünfundzwanzig Hektaren ganz oder größtenteils umschlossen, so hat der Eigentümer des größeren Besitztums, sofern er sich die selbständige Ausübung des Jagdrechtes vorbehält, das Jagdvorpachtsrecht. Er ist zu diesem Ende befugt, die Jagdausübung auf den umschlossenen Grundstücken gegen eine den Jagdpachtpreis des betreffenden Gemeindebannes verhältnismäßig entsprechende und darauf zu verrechnende Entschädigung für die Dauer der Pachtzeit selbst zu beanspruchen.

Macht er von diesem Rechte nicht spätestens am achten Tage nach dem endgültigen Zuschlage der Jagd auf dem Gemeindebanne (§ 2) durch schriftliche Erklärung an den Bürgermeister Gebrauch, so bleiben die umschlossenen Grundstücke Zubehör des Gemeindejagdbezirks.

§ 7 E. Erläuterungen S. 12. L. A. S. 41 f. Komm. Ber. S. 221. L. A. S. 215, 216; L. A. S. 251 ff. 258.

I. „Der Gesetzentwurf des Landesausschusses enthält keine Bem. 1. Bestimmung hinsichtlich der Jagdbehandlung auf Enklaven. Das praktische Bedürfnis erfordert aber eine gesetzliche Regelung, besonders im Hinblick auf die überall zahlreichen Waldenklaven. Der Jagdberechtigte auf der kleinsten eingesprengten Parzelle kann die pflegliche Behandlung des Wildstandes in den Waldungen der größeren Grundbesitzer und der Gemeinden zunichte machen. Die dabei unterlaufenden Grenzübergriffe und sonstigen Uebertretungen entziehen sich meistens der Aufsicht der Forst- und Jagdpolizeibeamten.

Um diesen Mißständen vorzubeugen, empfiehlt es sich, im Anschluß an die preußische und badische Gesetzgebung, den Grundeigentümern, welche sich auf Grund des § 3 die selbständige Ausübung des Jagdrechtes vorbehalten haben, hinsichtlich der Enklaven das Jagdvorpachtsrecht zu gewähren" (Erläuterungen).

Bem. 2. II. Das **Jagdvorpachtsrecht** ist die **Befugnis des zur selbständigen Ausübung der Jagd Berechtigten auf entgeltliche Jagdausübung auf den von seinem Grundbesitz umschlossenen Grundstücken geringeren Flächengehaltes.** Das Jagdvorpachtsrecht ist ein Attribut des Eigentums, daher dem Pächter oder Nießbraucher des Grundstückes nur dann gewährt, wenn die der Pacht oder dem Nießbrauch zugrunde liegenden Verträge eine diesbezügliche Bestimmung enthalten Z. Bd. 25. S. 230.

1. **Vorpachtsberechtigt ist:**

Bem. 3. a) der Eigentümer eines zusammenhängenden Grundbesitzes von mindestens 25 Hektar Größe, der sich die selbständige Ausübung des Jagdrechtes vorbehält, also der **Eigenjagdberechtigte im Sinne des § 3.**

Bem. 4. b) Nach dem Wortlaut des Gesetzes hat es den Anschein, als ob das Jagdvorpachtsrecht nur den Eigenjagdberechtigten im Sinne des § 3 gewährt sei. Diese Annahme würde jedoch nicht dem Geiste des Gesetzes gerecht werden. Die Materialien zu dem vorliegenden Paragraphen lassen keinen Zweifel darüber, daß das Jagdvorpachtsrecht zur Sicherung und Erleichterung des Jagdbetriebes anerkannt worden ist. Die Ausübung der Jagd auf kleinen eingesprengten Parzellen schädigt erfahrungsgemäß nicht nur die pflegliche Behandlung des Wildstandes in den größeren Waldungen, sondern sie führt auch leicht zu Grenzübergriffen und sonstigen Uebertretungen. Diese Uebelstände, die durch das Jagdvorpachtsrecht verhindert oder wenigstens verringert werden sollen, treten aber nicht nur gegenüber einem zusammenhängenden Grundbesitz von mindestens 25 Hektar Größe auf, sondern sie zeigen sich auch bei Enklaven in Staatsforsten und in denjenigen Forsten, deren Eigentum dem Staate und anderen Eigentümern ungeteilt zusteht. Hiernach muß auch die Landesverwaltung das Jagdvorpachtsrecht zu beanspruchen berechtigt sein, denn es kann keinen Unterschied machen, ob die selbständige Ausübung des Jagdrechtes kraft Gesetzes (§ 1 Abs. 2) oder kraft einer besonders abzugebenden Willenserklärung (§ 3) gewährt wird. Diese Auslegung, nach der auch die Eigentümer der in § 1 Abs. 2 aufgeführten Grundstücke — von denen nur die Staatsforsten und die Forsten, deren Eigentum dem Staat mit anderen Eigentümern ungeteilt zusteht, in Betracht kommen können — jagdvorpachtsberechtigt sind, widerspricht auch nicht dem Wortlaut des § 1 Abs. 2. Wie bereits früher (Bem. 11 zu § 1) ausgeführt ist, finden auf die Grundstücke, welche § 1 Abs. 2 erwähnt, nur die Vorschriften des Gesetzes über die Verpachtung keine Anwendung, während sie allen übrigen gesetzlichen Bestimmungen des Jagdgesetzes unterworfen sind. Hätte der Gesetzgeber gewollt, daß die aus § 1 Abs. 2 sich ergebende Gruppe von Eigenjagdberechtigten schlechter gestellt sein sollte, als jene Gruppe, die § 3 bildet, so hätte er ausdrücklich bestimmen müssen, daß die Eigentümer im Sinne des § 1 Abs. 2 das Jagdvorpachtsrecht nicht geltend machen können, andernfalls muß auch der Landesverwaltung das Jagdvorpachtsrecht zuerkannt werden. Derselben Ansicht: Z. Bd. 25. S. 329; Bd. 27. S. 569. Huber S. 48 Bem. 5.

2. Das Gebiet des Eigenjagdberechtigten muß einzelne Grundstücke geringeren Flächengehalts ganz oder größtenteils umschließen.

a) Während Uebereinstimmung darüber herrscht, daß ein „geringerer" Flächengehalt ein solcher ist, der weniger als 25 Hektar Umfang hat (Z. Bd. 25. S. 329; Bd. 27. S. 568; Huber S. 47) — auf zusammenhängenden Flächen von mindestens 25 Hektar Größe kann das Jagdrecht selbständig ausgeübt werden — ist es zweifelhaft, ob die Gesamtheit der eingeschlossenen Grundstücke oder jedes einzelne Grundstück unter 25 ha Größe bleiben muß. Wenn auch nicht zu verkennen ist, daß bei der überaus großen Zersplitterung des reichsländischen Grundbesitzes unter Umständen weite Strecken des Gemeindebannes dem Vorpachtsrecht unterliegen, sofern der Umfang der umschlossenen Grundstücke des einzelnen Besitzers unter 25 Hektar Bem. 5.

bleiben muß, so widerspricht die gegenteilige Ansicht dem mit Absicht gewählten Wortlaut des Gesetzes, welches „einzelne“ Grundstücke geringeren Flächengehaltes in Gegensatz stellt zu dem „zusammenhängenden“ Grundbesitz von mindestens 25 Hektar und somit auf die Größe jedes einzelnen Grundstücks und nicht auf die gesamte Größe aller einzelnen von dem Vorpachtsrecht betroffenen Grundstücke hinweist. Daher ist das Jagdvorpachtsrecht dem Eigentümer eines umschlossenen Grundstücks gegenüber nicht gegeben, wenn es mindestens 25 Hektar groß ist und ein minder großer Teil in den umschließenden Grundbesitz hineinragt. Derselben Ansicht Z. Bd. 25. S. 332 ff.; Huber S. 47 Bem. 2. Anderer Ansicht Z. Bd. 27. S. 574 ff.

Bem. 6. b) Die Grundstücke müssen „ganz“ oder „größtenteils“ umschlossen sein.

Ganz umschlossene Grundstücke (Enklaven) sind in den umschließenden Jagdbezirk eingesprengte Flächenteile von weniger als 25 ha, die gewöhnlich die Form von Landzungen, schmalen Schluchten und Tälern haben.

Bem. 7. Größtenteils ist ein Grundstück umschlossen, das mehr als zur Hälfte eingeschlossen ist.

Bem. 8. Da, wie früher erwähnt (Bem. 3 zu § 3), Wege, Eisenbahnen, Wasserläufe den räumlichen Zusammenhang eines Jagdgebietes nicht unterbrechen, so ist in analoger Anwendung dieser Bestimmung auf den vorliegenden Paragraphen (Z. Bd. 27. S. 579) anzunehmen, daß auch das eingeschlossene Grundstück durch einen es durchschneidenden Weg (Wasserlauf, Eisenbahn) nicht geteilt wird, vielmehr als ein Ganzes zu betrachten ist. Mithin kommt es bei der Berechnung, ob das Grundstück größtenteils umschlossen ist, nicht darauf an, ob der eine Teil, sondern ob das ganze Grundstück genügend eingeschlossen ist.

Bem. 9. Die Umschließung braucht nicht eine unmittelbare, sondern kann eine mittelbare sein. Z. Bd. 27. S. 576.

Bem. 10. Das eingeschlossene Grundstück kann auch ein See oder Teich, sofern er weniger als 5 Hektar groß und nicht zum Entenfang eingerichtet ist, sein.

Bem. 11. 3. Der Jagdvorpachtsberechtigte muß spätestens am achten Tage nach dem endgültigen Zuschlage der Jagd auf dem Gemeindebanne schriftlich dem Bürgermeister erklären, daß er das Jagdvorpachtsrecht ausüben will; auch die Vollmacht zur Abgabe der Erklärung ist schriftlich zu erteilen. Eine

Verlängerung der Frist zu bewilligen, sind die Gemeindeorgane nicht befugt (Bem. 17 zu § 2). Die Erklärung hat Wirksamkeit für die ganze Pachtperiode.

III. Das Jagdvorpachtsrecht gibt dem Berechtigten die Befugnis, die Jagdausübung auf den umschlossenen Grundstücken gegen eine dem Jagdpachtpreis des betreffenden Gemeindebannes verhältnismäßig entsprechende und darauf zu verrechnende Entschädigung für die Dauer der Pachtzeit selbst beanspruchen zu dürfen. Bem. 12.

1. Der Pachtzins — warum das Gesetz von Entschädigung und nicht von Pachtzins spricht, ist unerfindlich — wird berechnet nach dem Verhältnis der Katasterfläche der Grundstücke des Jagdbezirks und des dafür erzielten Erlöses zu der Katasterfläche der umschlossenen Grundstücke. Denn wenn das Gesetz den Jagdpachtpreis des „Gemeindebannes" zugrunde legt, so kann hierunter nur der Jagdbezirk, falls der Gemeindebann in mehrere Jagdbezirke geteilt ist, verstanden werden, da andernfalls die Berechnung des zu zahlenden Pachtzinses unbillig werden kann. Bem. 13.

2. Der Pachtzins ist in die Gemeindekasse zu zahlen; er ist eine Einnahme der Gemeinde, auf die die bereits früher erwähnten Vorschriften (Bem. 2 ff. zu § 4) Anwendung finden. Bem. 14.

3. Die Ausübung der Jagd auf den umschlossenen Grundstücken darf nur nach Maßgabe der gesetzlichen und der allgemeinen Pachtbedingungen der Gemeinde erfolgen. Die rechtliche Stellung des Jagdberechtigten (Jagdvorpachtsberechtigten) deckt sich völlig mit der des Jagdpächters; denn durch die Ausübung der Jagdvorpacht wird der Vorpächter Pächter eines Teiles des Gemeindejagdbezirkes. Infolgedessen hat er auch den durch Art. 21 des Lastenheftes für Schwarzwildschäden auferlegten Zuschlag von zehn Prozent zu dem Pachtzins an die Gemeindekasse zu zahlen. Bem. 15.

IV. Streitigkeiten über das Vorhandensein eines Jagdvorpachtsrechtes, seine Auslegung und seine Folgen entscheiden die ordentlichen Gerichte. Z. Bd. 25. S. 423; Bd. 27. S. 568. Bem. 16.

V. Gibt der Jagdvorpachtsberechtigte die in Abs. 2 des vorliegenden Paragraphen vorgeschriebene Erklärung verspätet oder überhaupt nicht ab — macht er also von seinem Rechte keinen Gebrauch — so bleiben die umschlossenen Grundstücke für die ganze Dauer der Pachtperiode Zubehör des Gemeindejagdbezirks, sind also mitzuverpachten. Bem. 17.

§ 8.

Vom Tage des Inkrafttretens dieses Gesetzes ab können Jagdpachtverträge über Grundstücke, welche den Bestimmungen dieses Gesetzes unterliegen und auf welchen sich die Eigentümer nicht gemäß § 3 die selbständige Ausübung des Jagdrechtes vorbehalten dürfen, mit rechtlicher Wirksamkeit nur nach Maßgabe des § 2 abgeschlossen werden.

Alle über derartige Grundstücke vorher abgeschlossenen Jagdpachtverträge sind innerhalb dreier Monate auf der Kreisdirektion in gehörig registrierter Form gegen Empfangsbescheinigung zu hinterlegen.

Die nicht in dieser Form und Frist hinterlegten Verträge, sowie diejenigen, welche der Vorschrift in Abs. 1 zuwider abgeschlossen werden, sind ohne rechtliche Wirksamkeit.

Die hinterlegten Verträge erlöschen, sofern sie nicht früher ablaufen, im Jahre 1889 mit demjenigen Tage, an welchem die Jagd geschlossen wird.

§ 8 E. Erläuterungen S. 12. L. A. S. 41 f. Komm.Ber. S. 221 L. A. S. 216; 251 ff. 258.

§ 9.

Bestehen gültige Jagdpachtverträge über Teile eines Gemeindebannes, welche nicht mindestens fünfundzwanzig Hektare in räumlichem Zusammenhange umfassen, so kann auf Betreiben des Bürgermeisters mindestens acht Tage vor dem für die Versteigerung anberaumten Termin den Jagdpächtern an Stelle der von ihnen gepachteten Parzellen ein denselben an Ausdehnung und Wert gleichkommender zusammenhängender Jagdbezirk angewiesen werden.

Der von den Jagdpächtern vertragsmäßig zu zahlende Zins verbleibt den Berechtigten. Die Eigentümer derjenigen Grundstücke, welche den Pächtern als Jagdbezirk angewiesen werden, nehmen an dem Jagdpachterlös des Gemeindebannes verhältnismäßig nach den Bestimmungen des § 4 dieses Gesetzes Teil.

Die Anweisung erfolgt durch zwei von dem Amtsrichter zu beeidende Sachverständige, deren einen der Bürgermeister, den andern die Jagdpächter ernennen. Sofern die letzteren innerhalb einer ihnen zu setzenden Frist die Ernennung nicht bewirken, oder sofern die ernannten Sachverständigen sich nicht einigen können, ernennt der Kreisdirektor einen dritten Sachverständigen, welcher die Anweisung vornimmt. Die Kosten des Verfahrens haben die Jagdpächter zu tragen.

§ 9E. Erläuterungen S. 13. L.A. S. 41f. Komm. Ber. S. 221. L.A. S. 216; S. 251ff. 258.

§ 10.

Bei der erstmaligen Verpachtung der Jagdbezirke ist der Ablauf der Pachtzeit auf den Tag des Jagdschlusses im Jahre 1889 festzusetzen.

Insoweit gültige Jagdpachtverträge vor diesem Tage ablaufen, hat durch die Gemeinde eine anderweite Verpachtung der Jagd mit der Bestimmung zu erfolgen, daß die Pachtzeit mit dem vorbezeichneten Tage endigt.

§ 10E. Erläuterungen S. 13. L.A. S. 41f. Komm.Ber. S. 221. L.A. S. 216; S. 251ff. 258.

§ 8 Abs. 2—4, §§ 9 und 10 enthalten Uebergangsbestimmungen, welche seit dem Jagdschluß im Jahre 1889 gegenstandslos geworden sind. Bem. 1.

Als Tag des Jagdschlusses im Jahre 1889 ist der 1. Februar festgesetzt. Jagdpolizeigesetz § 18 Abs. 2. Bem. 2.

§ 11.

Die bestehenden jagdpolizeilichen Bestimmungen, sowie die Vorschriften über das Töten und Vertilgen schädlicher Tiere werden durch dieses Gesetz nicht berührt.

Jedoch ist auf den von den Festungswerken umschlossenen Grundstücken sowie in einem Umkreise bis weitestens 225 Meter von den Festungswerken, desgleichen von Forts, Pulvermagazinen und ähnlichen Anstalten die Anwendung von Feuergewehren bei Ausübung der Jagd oder bei Abwehr und Verscheuchung des Wildes bei Vermeidung einer Geldstrafe von 20 bis 150 M. oder Haft bis zu 4 Wochen untersagt.

Die Abgrenzung und Versteinung der Sicherheitsrayons erfolgt auf Anordnung des Statthalters nach Maßgabe der §§ 3 und 8 des Reichsgesetzes vom 21. Dezember 1871 (RGBl. 1871 S. 459; GBl. f. EL. 1872 S. 133).

§ 11 E. Erläuterungen S. 13, 14. L.A. S. 41 f. Komm.Ber. S. 221. L.A. S. 216; S. 251 ff., S. 258.

Bem. 1. Während alle jagdpolizeilichen Vorschriften mit dem Tage des Inkrafttretens des Jagdpolizeigesetzes aufgeboten worden sind, sind ausdrücklich in Kraft geblieben der Abs. 2 und 3 des vorliegenden Paragraphen. § 18 Abs. 1 Jagdpolizeigesetz.

Bem. 2. „Die in Abs. 2 enthaltene Vorschrift ist durch das militärische Interesse geboten und entspricht den in anderen deutschen Staaten bestehenden Bestimmungen.

Eine nennenswerte finanzielle Beeinträchtigung hat die Vorschrift nicht zur Folge, weil dem einzelnen Grundeigentümer die ratirliche Teilnahme an dem ganzen Jagdpachterlös nach § 4 des Entwurfs unverkümmert bleibt, und der die Allgemeinheit durch geringere Gebote treffende Ausfall des Gesamtsteigpreises kaum in Betracht kommen kann, da innerhalb der Wälle die Jagd sich meistens von selbst verbietet, außerhalb derselben aber die pekuniär ergiebigste Art des Betriebes, die Treibjagd, durch die auferlegte Beschränkung nicht beeinträchtigt wird.

Der Ausdruck „auf den von Festungswerken umschlossenen

Grundstücken" ist gewählt, weil die Festungswerke selbst nach § 1 von dem Gesetz überhaupt nicht betroffen werden.

Die auf Uebertretung der Polizeivorschrift gesetzte Strafe ist im Anschluß an das Reichsstrafgesetzbuch bestimmt.

Die Festsetzung des Sicherheitsrayons soll im Anschluß an das Reichsgesetz vom 21. Dezember 1871, betreffend die Beschränkungen des Grundeigentums in der Umgebung von Festungen, erfolgen. Von diesem Gesetze kommen die §§ 3 und 8 in Betracht." Erläuterungen.

Die §§ 3 und 8 des Reichsgesetzes v. 21. Dezember 1871 lauten: Bem. 3.

§ 3. „Die Abmessung der Rayons erfolgt von den ausspringenden Winkeln des bedeckten Weges, und zwar von dem oberen Rande des Glacis oder in Ermangelung eines Glacis von dem äußeren Grabenrande, oder wenn auch ein Graben nicht vorhanden ist, von der Feuerlinie der Wallbrustwehren, bezw. der äußeren Mauerflucht der krenelierten Mauern."

§ 8. „Bei Neuanlagen von Befestigungen werden die denselben zunächst gelegenen beiden Rayons, sowie etwaige Esplanaden und Zwischenrayons durch die Kommandanturen unter Mitwirkung der Polizeibehörden und Zuziehung der Ortsvorstände, sowie der Besitzer selbständiger Gutsbezirke abgesteckt und durch feste Marken (Rayonsteine) bezeichnet.

Von diesem Zeitpunkt an treten die gesetzlichen Beschränkungen in der Benutzung des Grundeigentums in Wirksamkeit."

Vergleiche die V. v. 31. Mai 1882 (ABl. des Ministeriums Bem. 4. S. 88), betr. die Abgrenzung des Sicherheitsrayons für die Festungen Straßburg und Metz, sowie die Bek. des Bezirkspräsidenten zu Straßburg vom 28. September 1882 (ABl. des Bezirks Unter-Elsaß S. 133), die des Bezirkspräsidenten zu Metz von 19. Januar 1883 (ABl. Nr. 7), sowie die V. v. 16. Mai 1889 (ABl. S. 133), betr. die Abgrenzung des Sicherheitsrayons für die Zwischenwerke Neu-Empert usw. der Festung Straßburg.

§ 12.

Die nötigen Anordnungen zur Ausführung dieses Gesetzes werden durch das Ministerium erlassen.

Eine Ausführungsverordnung ist nicht erlassen worden; da- Bem. 1. gegen ist eine Bekanntmachung des Ministeriums am 12. Juli

1888 (Beilage zu Nr. 32 ABl.; Anl. Nr. 2) und eine Bekanntmachung betreffend die Neuverpachtung der Gemeindejagden am 9. Juli 1906 (Anl. Nr. 1) erschienen.

Urkundlich unter Unserer Höchsteigenhändigen Unterschrift und beigedrucktem Kaiserlichen Insiegel.

Gegeben Berlin den 7. Februar 1881.

Wilhelm.

(L. S.) Freiherr von Manteuffel.

Anlagen zum Gesetz, betreffend die Ausübung des Jagdrechtes.

1. Bekanntmachung des Ministeriums, betreffend die Neuverpachtung der Gemeindejagden vom 9. Juli 1906.
2. Bekanntmachung des Ministeriums, betreffend die Neuverpachtung der Jagd durch die Gemeinden vom 12. Juli 1888.
3. Lastenheft zu der Verpachtung der Jagd in Staatsforsten.

Anlage 1.

Bekanntmachung, betreffend die Neuverpachtung der Gemeindejagden.

Vom 9. Juli 1906. ABl. S. 93.

Mit dem 1. Februar 1907 läuft die Pachtzeit der nach Maßgabe der Bestimmungen des Gesetzes vom 7. Februar 1881 über die Ausübung des Jagdrechtes von den Gemeinden verpachteten Jagden ab.

Im Interesse der Gemeinden sowohl wie der Jagdpächter liegt es, daß die Neuverpachtungen möglichst frühzeitig stattfinden. Es ist darauf zu halten, daß die Vornahme der Verpachtungen vor Eröffnung der Jagd im laufenden Jahre erfolgt.

Den Neuverpachtungen ist das nachstehende im Ministerium aufgestellte die Bedingungen für die Neuverpachtung der Jagd durch die Gemeinden enthaltende Muster für das Jagdverpachtungsprotokoll zugrunde zu legen. Abweichungen von den wesentlichen Bestimmungen des Lastenheftes, insbesondere von den Verpflichtungen des Jagdpächters im allgemeinen und namentlich bezüglich des Ersatzes des Wildschadens und des Verfahrens wegen seiner Feststellung ist die Genehmigung von der Gemeindeaufsichtsbehörde nicht zu erteilen.

Was die Art und Weise der Vornahme der Verpachtung anlangt, so ist den Gemeinden freigegeben, ob sie nach vorherigem Ausgebot der Jagd in einzelnen Jagdbezirken die Jagd im ganzen Gemeindebanne (en bloc) zur Verpachtung aussetzen oder es bei der Verpachtung der Jagd in den einzelnen Jagdbezirken bewenden lassen wollen. Im ersten Falle ist in Art. 3 der allgemeinen Bedingungen die Fassung I, im letzteren Fall die Fassung II zu streichen. Der Gemeinderat hat hierüber ausdrücklich Beschluß zu fassen. Im allgemeinen ist den Gemeinden namentlich im ersten Falle, in welchem ein Ausgebot der gesamten Jagd nicht erfolgt, die Bildung möglichst großer Jagdbezirke zu empfehlen. Vor Erteilung des endgültigen Zuschlags an Personen, welche nicht Reichsangehörige sind, haben die Bürgermeister sich der Zustimmung der Aufsichtsbehörde zu vergewissern. Die Aufsichtsbehörde hat die Entscheidung alsbald zu treffen.

Es ist dahin zu wirken, daß die Gemeinderatsbeschlüsse über die Jagdverpachtungen möglichst bald der Aufsichtsbehörde vorgelegt werden.

Was abgesehen von der Feststellung des Lastenheftes die übrigen den Gemeindebehörden obliegenden vorbereitenden Maßregeln betrifft, welche der Neuverpachtung der Jagd vorherzugehen haben, so sind die bezüglichen Bestimmungen unter I bis V des Ministerialerlasses vom 12. Juli 1888 I. A. 7049 (Beilage zum Zentral- und Bezirks-Amtsbl. Nr. 32 Jahrgang 1888)[1]) auch bei den bevorstehenden Verpachtungen zu beachten.

Bei der Versteigerung der Jagd kann nach Art. 7 des Lastenheftes der Zuschlag wegen ungenügender Gebote abgelehnt werden. Ob die Gebote ungenügend sind, dafür ist der vorher durch den Gemeinderat festzusetzende Anschlagspreis maßgebend. Wird letzterer bei der Versteigerung erreicht, so ist, abgesehen von dem Falle, daß der Ersteher Ausländer ist, der Zuschlag sofort zu erteilen. Ergibt die im Termin gemachte Erfahrung, daß der festgesetzte Anschlagspreis auch bei der wiederholten Versteigerung nicht erreicht werden wird, so ist er vor dem neuen Termin durch den Gemeinderat entsprechend herabzusetzen. In dem zweiten Termin ist ohne Rücksicht auf die Höhe der Angebote dem Meistbietenden der Zuschlag zu erteilen. Der Gemeinderat kann sich jedoch für den Fall, daß das Gebot der Versteigerungskommission zu niedrig erscheint, die Genehmigung des Zuschlags binnen einer bestimmten kurz zu bemessenden Frist vorbehalten.

Die Herren Bezirkspräsidenten ersuche ich hiernach, schleunigst die Kreisdirektoren und Bürgermeister mit Anweisung zu versehen.

Nachdem in sämtlichen Gemeinden des Bezirks die Jagdverpachtung stattgefunden hat, ist eine Nachweisung hierher vorzulegen, welche für jeden Kreis die nachfolgenden Angaben enthält:

---

[1]) vgl. Anlage 2. S. 67.

1. Die Gesamtgröße der bei der vorigen Verpachtung und der bei der neuen Verpachtung verpachteten Fläche.

2. Den Betrag des früheren und des jetzigen Erlöses.

3. Die Gesamtgröße der zur selbständigen Jagdausübung vorbehaltenen Flächen und die Zahl der Eigentümer derselben.

4. In welchen Gemeinden die Jagd im ganzen und in welchen sie in Losen verpachtet ist.

5. In welchen Gemeinden die Grundeigentümer den Jagdpachterlös der Gemeindekasse zugewendet haben.

Jagdverpachtungsprotokoll.

Geschehen . . . . den . . . . 190 .

Gegenwärtig:

Der Bürgermeister der Gemeinde . . . . . .
Die zwei Mitglieder des Gemeinderats

. . . .

Der Gemeinderechner . . . .

Nach der durch die beurkundeten Ausschreiben und die öffentlichen Blätter erlassenen Bekanntmachung ist die Verpachtung der Jagd in dem Bann der Gemeinde . . . . im Wege der öffentlichen Versteigerung unter folgenden Bedingungen heute abgehalten worden:

I. Allgemeine Pachtbedingungen.

Artikel 1.

Die Verpachtung der Jagd erfolgt für die Zeit vom 2. Februar 1907 bis zum Schlusse der Jagd im Jahre 1916.

Artikel 2.

Es wird weder für den Ertrag der Jagd noch für die angegebene Flächengröße des Jagdbezirks Gewähr geleistet.

Artikel 3.

(„Fassung I"). Die Versteigerung findet statt im Wege des Meistgebots. Der Zuschlag wird erteilt, nachdem drei nach einander angezündete Kerzen erloschen sind. Werden während des Abbrennens dieser drei Kerzen neue Gebote abgegeben, so wird der Zuschlag erst erteilt, nachdem eine neue Kerze angezündet und während des Abbrennens kein Uebergebot erfolgt ist.

(„Fassung II"). Die Versteigerung findet statt im Wege des Meistgebots. Ist die Gemeinde in mehrere Jagdbezirke geteilt, so wird zunächst die Jagd in den einzelnen Jagdbezirken und sodann die Jagd im gesamten Gemeindebanne ausgeboten. Der Zuschlag wird für jedes dieser Ausgebote erteilt, nachdem drei nacheinander angezündete Kerzen erloschen sind. Werden während des Abbrennens dieser drei Kerzen neue Gebote abgegeben, so wird der Zuschlag erst erteilt, nachdem eine neue Kerze angezündet und während des Abbrennens kein weiteres Gebot erfolgt ist.

Bezüglich der Verpachtung der Jagd in dem gesamten Gemeindebanne ist der Zuschlag nur dann als endgültig zu betrachten, wenn das Meistgebot den Gesamtbetrag der Angebote für die einzelnen Jagdbezirke um wenigstens 10 Prozent übersteigt. Ist dies nicht der Fall, so sind die bei der Versteigerung der einzelnen Jagdbezirke erteilten Zuschläge als endgültig zu betrachten.

Artikel 4.

Jedes Aufgebot muß mindestens 10 M. bei einem Anschlagspreise von weniger als 500 M., 20 M. bei einem Anschlagspreise von 500 bis 1000 M. und 30 M. bei einem Anschlagspreise von mehr als 1000 M. betragen.

Artikel 5.

Gebote notorisch zahlungsunfähiger Personen sind zurückzuweisen.

Werden übertrieben hohe Gebote abgegeben, so muß auf Erfordern des die Versteigerung leitenden Bürgermeisters sofort im Termin genügende Sicherheit geleistet werden, widrigenfalls die Gebote zurückgewiesen werden können.

Personen, welche nicht Reichsangehörige sind, kann der Zuschlag versagt werden. Ein solchen Personen erteilter Zuschlag wird erst nach Zustimmung der Aufsichtsbehörde wirksam.

Artikel 6.

Das Versteigerungsprotokoll wird auf Stempelpapier geschrieben und im Termin sofort von dem Bürgermeister, den beisitzenden beiden Mitgliedern des Gemeinderats und dem Gemeinderechner, wenn dieser anwesend ist, sowie von dem Jagdpächter oder dessen Bevollmächtigten unterzeichnet.

Dem Jagdpächter fallen die Stempel- und Verkehrssteuerabgaben sowie die Verkündigungs-, Ausrufungs- und sonstigen Kosten zur Last.

Artikel 7.

Kann der Zuschlag wegen ungenügender Gebote nicht erfolgen, so wird sofort in dem Termin von dem Bürgermeister ein anderweiter, mindestens auf acht Tage hinauszuschiebender Termin anberaumt; dieser neue Termin wird ohne Verzug in ortsüblicher Weise und im Kreisblatte bekannt gemacht.

Artikel 8.

Der Ansteigerer muß, sofern er nicht gemäß Artikel 15 dieser Bedingungen Mitpächter annimmt, innerhalb fünf Tagen nach dem Zuschlag einen von dem Gemeinderechner als zahlungsfähig anerkannten Bürgen stellen, welcher sich mit dem Pächter als Gesamtschuldner zur Erfüllung sämtlicher Lasten und Bedingungen des Pachtvertrags schriftlich zu verpflichten hat.

Wird genügende Bürgschaft in der angegebenen Zeit nicht übernommen, so wird der Zuschlag unwirksam, und es wird auf Gefahr und Kosten des Ansteigerers zu einer neuen Versteigerung geschritten. Der Ansteigerer hat insbesondere die Kosten der ersten Versteigerung zu tragen und haftet für den etwaigen Mindererlös bei der neuen Versteigerung; ein Anspruch auf den Mehrerlös steht ihm dagegen nicht zu.

Artikel 9.

Der Pachtzins wird alljährlich im voraus für ein Jahr, spätestens am 1. April an den Gemeinderechner bezahlt. Gleichzeitig ist der in Artikel 21 vorgesehene Zuschlag von 10 % des Pachtzinses zu zahlen.

Artikel 10.

Ein Nachlaß am Pachtzins findet nicht statt, auch wenn der Jagdertrag durch vorauszusehende oder nicht vorauszusehende Ereignisse verringert oder vernichtet worden sein sollte.

Jagdpächter, welchen die Erteilung des Jagdscheines verweigert wird, haben aus diesem Grunde keinen Anspruch auf Aufhebung des Pachtvertrags oder auf Erlaß oder Minderung des Pachtzinses.

Artikel 11.

Der Gemeinderat ist befugt, den Pachtvertrag ohne gerichtliche Dazwischenkunft durch einfache schriftliche Benachrichtigung aufzuheben, wenn der Pächter den fälligen Pachtzins nicht innerhalb eines Monats, nachdem er zur Zahlung aufgefordert ist, entrichtet, wenn er in anderer Beziehung gegen die Bedingungen des Pachtvertrages handelt, insbesondere wenn er es trotz wiederholter Aufforderung der Gemeindebehörde unterläßt, für die Abminderung eines übermäßig starken Wildstandes Sorge zu tragen und die zur Vertilgung des schädlichen Wildes erforderlichen Maßnahmen zu treffen, ferner, wenn ihm die Erteilung des Jagdscheines verweigert wird oder wenn er die Fähigkeit zur Erlangung des Jagdscheines verliert. Macht der Gemeinderat von dieser Befugnis Gebrauch, so kann der Pächter binnen zwei Wochen nach dem Empfang der Benachrichtigung beantragen, daß die Verhandlungen mit seiner Gegenerklärung der Gemeindeaufsichtsbehörde zur Prüfung und Entscheidung vorgelegt werden. Gegen die Entscheidung der Aufsichtsbehörde findet die Beschwerde an den Bezirkspräsidenten oder wenn dieser als Aufsichtsbehörde entschieden hat, an das Ministerium statt.

Bei der anderweiten Verpachtung der Jagd hat der Pächter keinen Anspruch auf einen etwaigen Mehrerlös, dagegen ist er für die Restdauer der Pachtzeit für den etwaigen Mindererlös haftbar.

Artikel 12.

Stirbt der Jagdpächter während der Dauer des Pachtvertrages, so gehen seine Rechte und Verbindlichkeiten aus dem Vertrag auf die Mitpächter über; sind solche nicht vorhanden, so erlischt der Pachtvertrag.

Artikel 13.

Der Jagdpächter kann die Rechte aus dem Pachtvertrage nur mit Zustimmung des Gemeinderats an andere abtreten. In jedem Falle bleiben der Pächter und der Bürge für die Erfüllung der sich aus dem Pachtvertrage ergebenden Pflichten bis zum Erlöschen des Vertrages samtverbindlich mit dem neuen Pächter haftbar.

Die Abtretung der Rechte aus dem Pachtvertrag an einen Ausländer ist nur mit Genehmigung der Aufsichtsbehörde zulässig.

Artikel 14.

Der Jagdpächter ist berechtigt und auf Verlangen der Gemeinde verpflichtet, die Jagd auch auf den Flächen, auf welchen sich der Eigentümer auf Grund des § 3 des Jagdgesetzes vom 7. Februar 1881 die selbständige Ausübung des Jagdrechts vorbehalten hat, gegen eine dem Pachtzins der verpachteten Teile des Gemeindebannes entsprechende zusätzliche Vergütung und unter den gegenwärtigen allgemeinen Pachtbedingungen zu übernehmen, wenn die Voraussetzung für die selbständige Jagdausübung während der Pachtperiode wegfällt.

Ist die Gemarkung in mehrere Jagdbezirke eingeteilt, so bleibt es nach Anhörung der Pächter der Beschlußfassung des Gemeinderats vorbehalten, welchem der Jagdbezirke die betreffenden Flächen zuzuteilen sind. Werden die Flächen von einem der verpachteten Jagdbezirke umschlossen, so sind sie diesem Jagdbezirk zuzuteilen.

Artikel 15.

Der Pächter kann in Jagdbezirken, die nicht mehr als 400 Hektar umfassen, zwei Mitpächter, in Jagdbezirken, die eine Größe von mehr als 400 Hektar haben, auf je weitere 100 Hektar einen weiteren Mitpächter annehmen. Die Mitpächter müssen sich zu allen Lasten und Pflichten, welche dem Pächter obliegen, als Gesamtschuldner mit letzterem verpflichten und dies durch Unterzeichnung des Versteigerungsprotokolls bekunden. Mit Zustimmung des Gemeinderats kann der Pächter die angenommenen Mitpächter durch andere ersetzen; letztere müssen alsdann alle Pflichten des Mitpächters, welche sie ersetzen, übernehmen. Die Annahme von Ausländern als Mitpächter bedarf der Zustimmung der Aufsichtsbehörde.

Der Pächter und die Mitpächter haben die Jagd auf dem gesamten Jagdbezirk auszuüben; es ist ihnen nicht gestattet, den Jagdbezirk nach Abschnitten unter sich zu teilen.

Artikel 16.

Die Ausübung der Jagd hat nach Maßgabe der gesetzlichen Bestimmungen und der erlassenen oder noch zu erlassenden Verordnungen der zuständigen Behörden zu erfolgen.

Artikel 17.

Dem Jagdpächter ist über die Bestimmungen der gesetzlichen Schonzeit hinaus verboten das Fangen und Erlegen

1. von Auer- und Birkhennen,
2. von Hirsch- und Wildkälbern, sowie Rehkitzen ohne besondere Erlaubnis des Kreisdirektors. Das Jungwild gilt als Kalb oder Kitz bis zum 2. Februar des auf die Geburt folgenden Jahres.

3. von weiblichem Rotwild in der Zeit vom 2. Februar bis einschließlich 15. Oktober,
4. von Rehgeißen vor dem 1. November ohne besondere Erlaubnis des Kreisdirektors. Im letzten Pachtjahre dürfen Rehgeißen überhaupt nur mit Erlaubnis des Kreisdirektors erlegt werden,
5. von Auer- und Birkhähnen außerhalb der Zeit vom 10. April bis 31. Mai,
6. von Schnepfen in der Zeit vom 15. April bis 30. Juni.

Zuwiderhandlungen ziehen für jedes Stück Wild in den Fällen 1, 2, 4, 5 und 6 eine Vertragsstrafe von 30 M., in dem Falle 3 eine solche von 60 M. nach sich. Die Vertragsstrafe ist vom Bürgermeister festzusetzen und erforderlichenfalles nach Maßgabe von § 69 der Gemeindeordnung beizutreiben.

Artikel 18.

Im letzten Pachtjahre darf auf nicht schädliches Wild auf denselben Grundstücken nur einmal eine Treibjagd abgehalten werden; weitere Treibjagden können nur mit Zustimmung des Gemeinderats und mit Erlaubnis des Kreisdirektors stattfinden.

Zuwiderhandlungen gegen die Bestimmungen dieses Artikels ziehen unbeschadet der Bestimmung in Artikel 17 eine Vertragsstrafe von 20 M. für jedes erlegte Stück Wild nach sich, doch soll der Gesamtbetrag der durch eine Treibjagd verwirkten Strafen die Summe von 300 M. nicht übersteigen.

Artikel 19.

Der Pächter hat die Pflicht, auf tunlichste Minderung des schädlichen Wildes, insbesondere des Schwarzwildes, hinzuwirken. Kommt er trotz an ihn ergangener Aufforderung dieser Verpflichtung nicht nach, so kann der Bürgermeister mit Zustimmung des Kreisdirektors die zuständigen Forstschutzbeamten anweisen, Schwarzwild auf ihren Reviergängen, auf der Pürsche und auf dem Anstande abzuschießen. Das so erlegte Wild ist dem Jagdpächter gegen Zahlung des für die verwalteten Staatswaldjagden festgesetzten Schießgeldes zu überweisen. Das Aussetzen von Kaninchen ist bei einer Vertragsstrafe von 300 M. für jedes Kaninchen verboten. Unter gleicher Voraussetzung ist bei überhandnehmender Kaninchenplage der Bürgermeister berechtigt, mit Zustimmung des Kreisdirektors, zuverlässigen Personen auf dem verpachteten Jagdgebiet das Abschießen, sowie den Fang der Kaninchen mit Netzen und Frettchen zu gestatten und die Kaninchen den Erlegern und Fängern zu überlassen.

Artikel 20.

Wird während der Pachtzeit in dem gepachteten Jagdbezirk ein Grundstück durch Rot-, Dam- oder Rehwild, durch Fasanen, oder durch Hasen und Kaninchen beschädigt, so ist der Jagdpächter verpflichtet, dem Verletzten den Schaden zu ersetzen. Die Ersatzpflicht erstreckt sich auf den Schaden, den die Tiere an den getrennten, aber noch nicht eingeernteten Erzeugnissen des Grundstücks anrichten. Diese Verpflichtung tritt jedoch nicht ein, wenn die Erzeugnisse ohne genügenden Grund nicht innerhalb der üblichen Frist nach erfolgter Trennung vom Boden eingeerntet worden sind.

Hat bei der Entstehung des Schadens ein Verschulden des Beschädigten mitgewirkt, so hängt die Verpflichtung zum Ersatz sowie der Umfang des zu leistenden Ersatzes von den Umständen, insbesondere davon ab, inwieweit der Schaden vorwiegend von dem einen oder dem anderen Teile verursacht worden ist. Ergeben insbesondere die Umstände, daß die Bodenerzeugnisse in der Absicht gezogen oder erheblich über die gewöhnliche Erntezeit hinaus auf dem Felde belassen sind, um Schadensersatz zu erzielen, so findet ein Ersatz des Schadens nicht statt.

Der Wildschaden, der an Gärten, Obstgärten, Baumschulen und einzelstehenden Bäumen angerichtet wird, ist nicht zu ersetzen, wenn die Herstellung von Schutzvorrichtungen unterblieben ist, die unter gewöhnlichen Umständen zur Abwendung des Schadens ausreichen.

Werden landwirtschaftliche Bodenerzeugnisse, deren voller Wert sich erst zur Zeit der Ernte bemessen läßt, vor diesem Zeitpunkt beschädigt, so ist der Schaden in demjenigen Umfang zu erstatten, in welchem er sich zur Zeit der Ernte darstellt.

Kann der Schaden nach den Grundsätzen einer ordentlichen Wirtschaft durch Wiederanbau des Grundstücks in demselben Jahr teilweise ausgeglichen werden, so tritt eine entsprechende Minderung des Schadensersatzanspruchs ein.

Artikel 21.

Für Schwarzwildschaden ist der Jagdpächter nicht haftbar, jedoch ist er verpflichtet, einen Zuschlag von zehn Prozent zu dem Pachtzins mit diesem an die Gemeindekasse zu zahlen.

Die Verpflichtung zum Ersatz des Schwarzwildschadens regelt sich nach § 26 u. ff. des Gesetzes, betreffend die Ausführung des Bürgerlichen Gesetzbuchs in Elsaß-Lothringen, vom 17. April 1899 und nach Maßgabe der Satzung der Wildschadensgenossenschaft.

Artikel 22.

Was die Feststellung derjenigen Wildschäden anlangt, für welche nach Art. 20 der Jagdpächter haftbar ist, so erfolgt sie, falls der Beschädigte und der Jagdpächter sich nicht über den erhobenen Ersatzanspruch ohne weiteres oder auf Grund von Gutachten besonderer von ihnen angenommener Sachverständigen einigen, durch einen Schätzer. Dieser Schätzer wird bei Beginn der Jagdpachtperiode für deren Dauer ernannt.

Wird über die Persönlichkeit des Schätzers zwischen dem Gemeinderat und den Pächtern der Gemeindejagd Einverständnis erzielt, so erfolgt die Ernennung des Schätzers durch den Bürgermeister. Sie bedarf der jederzeit widerruflichen Genehmigung der Gemeindeaufsichtsbehörde. Kommt zwischen dem Gemeinderat und dem Jagdpächter eine Einigung nicht zustande, so erfolgt die Ernennung des Schätzers durch die Gemeindeaufsichtsbehörde. Der Schätzer ist aus den Einwohnern einer benachbarten Gemeinde zu entnehmen.

Artikel 23.

Wer Ersatz für Wildschaden mit Ausnahme des Schadens, der durch Schwarzwild angerichtet ist, fordern will, hat den Anspruch bei dem Bürgermeister anzumelden.

Der Bürgermeister hat unverzüglich nach erfolgter Anmeldung zur Ermittlung und Schätzung des behaupteten Schadens und zur Herbeiführung einer gütlichen Einigung einen Termin an Ort und Stelle anzuberaumen und zu demselben den Antragsteller sowie den Jagdpächter und den Schätzer mittelst eingeschriebener Briefe zu laden. In der Ladung ist darauf hinzuweisen, daß auch im Falle des Nichterscheinens (Art. 24 Abs. 3) der Schaden ermittelt und abgeschätzt werde.

Jeder Beteiligte hat das Recht, zu beantragen, daß die Schätzung des Schadens erst in einem späteren, kurz vor der Ernte abzuhaltenden Termine erfolge. Diesem Antrage muß stattgegeben werden.

Artikel 24.

Über die Verhandlungen, zu welchen die Ermittelung und

Schätzung des Schadens Anlaß gibt, ist ein Protokoll zu errichten, worin zutreffendenfalls der Geldbetrag zu bestimmen ist, den der Ersatzpflichtige zu entrichten hat.

Das Protokoll ist von dem Schätzer zu unterschreiben. Es ist innerhalb einer Woche nach dem Termine auf dem Bürgermeisteramte zu hinterlegen.

Waren der Beschädigte oder der Jagdpächter im Termin nicht anwesend oder vertreten, so wird ihnen durch den Bürgermeister von dem Ergebnisse Kenntnis gegeben.

Der Jagdpächter ist verpflichtet, binnen einer Woche, nachdem er oder sein Vertreter von der Feststellung des Schadens durch den Schätzer Kenntnis erhalten hat, den festgesetzten Entschädigungsbetrag in die Gemeindekasse einzuzahlen, sofern er ihn nicht schon vorher an den Beschädigten gezahlt hat. Kommt der Jagdpächter dieser Verpflichtung nicht nach, so verfällt er in eine Vertragsstrafe in Höhe des durch den Schätzer festgestellten Entschädigungsbetrags.

Artikel 25.

Das Protokoll begründet Beweis für den Bestand und die Höhe des Schadens.

Wird nicht innerhalb einer Woche nach Ablauf der Hinterlegungsfrist von einem der Beteiligten bei dem Bürgermeister Widerspruch gegen die Abschätzung eingelegt und binnen einer weiteren Frist von zwei Wochen nach Einlegung des Widerspruchs Klage erhoben, so gilt der Schaden als endgültig festgestellt. Über die Einlegung des Widerspruchs ist auf Verlangen eine Bescheinigung zu erteilen.

Artikel 26.

Der Schätzer erhält auf Verlangen eine Entschädigung für den erforderlichen Zeitverlust im Betrag von 50 Pfennig für jede angefangene Stunde, mindestens aber zwei Mark.

Die von dem Schätzer zu beanspruchenden Gebühren und die aufgewendeten Kosten hat, wenn ein Schaden festgestellt wird, derjenige, welcher für den Schaden verantwortlich ist, entgegengesetztenfalles der Antragsteller zu tragen; doch können dieselben dem Beschädigten ganz oder teilweise auferlegt werden, wenn seine Ansprüche eine verhältnismäßig erhebliche Zuvielforderung enthalten.

Die Gemeinde hat, auch wenn kein Schaden festgesetzt ist, dem Schätzer vorbehaltlich des Rückgriffs gegen die kostenpflichtige

Partei, auf Verlangen die im Abs. 2 bezeichneten Beträge zu entrichten.

Artikel 27.

Der Jagdpächter, der nicht in dem Bezirke des Landgerichts wohnt, worin die verpachtende Gemeinde gelegen ist, hat einen in dem Landgerichtsbezirke wohnhaften Vertreter zu bestellen, der in seinem Namen dem Feststellungsverfahren beiwohnen und für ihn Vergleiche abschließen kann und an welchen die vorgeschriebenen Benachrichtigungen zu richten sind.

Von der Bestellung ist dem Bürgermeister Kenntnis zu geben. Ist die Bestellung unterblieben, so kann von der Zuziehung des Pächters zu den Verhandlungen über die Feststellung des Schadens abgesehen werden.

Artikel 28.

Der Pächter darf Jagdgästen, welche sich im Besitze von Jagdscheinen befinden, die Ausübung der Jagd nur in seiner Begleitung oder in Begleitung eines Mitpächters oder eines Privatjagdhüters (Artikel 29) gestatten.

Die Erteilung der Erlaubnis zur Ausübung der Jagd ohne Begleitung des Pächters, eines Mitpächters oder des Privatjagdhüters zieht eine von dem Pächter zu zahlende Vertragsstrafe von 20 M. nach sich. Der Pächter ist für das Zuwiderhandeln gegen die Pachtbedingungen von seiten der Mitpächter, Privatjagdhüter und Jagdgäste haftbar.

Artikel 29.

Der Pächter kann mit Erlaubnis des Kreisdirektors besondere Privatjagdhüter anstellen. Diese Erlaubnis kann nach Anhörung des Jagdpächters von dem Kreisdirektor zurückgezogen werden. Die Privatjagdhüter können auf Antrag des Jagdpächters ermächtigt werden, Schußwaffen zu tragen und ohne Beisein der Pächter zu jagen.

II. Besondere Pachtbedingungen.

. . . .

. . . .

. . . .

. . . .

. . . .

III. Beschreibung des zu verpachtenden Jagdbezirks.

(Wenn der Gemeindebann in mehrere Jagdbezirke geteilt ist, sind dieselben hintereinander aufzuführen und als erster, zweiter usw. Jagdbezirk zu bezeichnen sowie gesondert zu beschreiben.)

. . . .
. . . .
. . . .
. . . .
. . . .
. . . .
. . . .
. . . .
. . . .
. . . .

Nachdem die vorstehenden Bedingungen, sowie die Beschreibung der zu verpachtenden Jagd den anwesenden Pachtliebhabern verlesen worden, wurde mit der Steigerung begonnen.

Das höchste Gebot für den ersten Jagdbezirk erfolgte mit . . . . . . M. von seiten des Herrn . . . . wohnhaft zu . . . . welchem darauf die Jagd (vorläufig*) zugeschlagen wurde.

Herr . . . . bezeichnete als Mitpächter auf Grund des Art. 15 der Bedingungen die Herren . . . . .
. . . .

Unterschrieben zur Anerkennung:

Der Pächter	Der (die) Mitpächter
. . . .	. . . .
	. . . .

Das höchste Gebot für den zweiten Jagdbezirk erfolgte mit . . . . M. von seiten des Herrn . . . . wohnhaft zu . . . ., welchem darauf die Jagd (vorläufig*) zugeschlagen wurde.

Herr . . . . bezeichnete als Mitpächter auf

*) Das Wort „vorläufig" ist in denjenigen Gemeinden, in welchen die Jagd nur in einzelnen Jagdbezirken versteigert wird, zu streichen.

Grund des Art. 15 der Bedingungen die Herren . . . .
. . . .

Unterschrieben zur Anerkennung:

Der Pächter Der (die) Mitpächter

. . . .
. . . .

Das höchste Gebot für den dritten Jagdbezirk erfolgte mit . . . . M. von seiten des Herrn . . . . wohnhaft zu . . . ., welchem darauf die Jagd (vorläufig*) zugeschlagen wurde.

Herr . . . . bezeichnete als Mitpächter auf Grund des Art. 15 der Bedingungen die Herren . . . .
. . . .

Unterschrieben zur Anerkennung:

Der Pächter Der (die) Mitpächter

. . . .
. . . .

Von hier bis zum Schluß in denjenigen Gemeinden, in welchen die Jagd nur in einzelnen Jagdbezirken versteigert wird, zu streichen.

Nachdem auf diese Weise die Jagd in den einzelnen Jagdbezirken des Gemeindebannes vorläufig zur Verpachtung gelangt war, wurde die Versteigerung der Jagd in dem gesamten Gemeindebann vorgenommen.

Das höchste Gebot erfolgte mit . . . . . . M. von seiten des Herrn . . . . wohnhaft zu . . . . (Fassung I [1]). Da dieses Gebot den Gesamtbetrag der Angebote für die einzelnen Jagdbezirke um 10% übersteigt, so wurde dem Herrn . . . . die Jagd im gesamten Gemeindebanne zugeschlagen.

Herr . . . . bezeichnete als Mitpächter auf Grund des Art. 15 der Bedingungen die Herren . . . . .
. . . .

Unterschrieben zur Anerkennung:

Der Pächter Der (die) Mitpächter

. . . .
. . . .

[1]) Zu durchstreichen, falls Fassung II anwendbar.

(Fassung II[1]). Da dieses Gebot den Gesamtbetrag der Angebote für die einzelnen Jagdbezirke nicht um 10% übersteigt, so sind die bei der Verpachtung der Jagd in den einzelnen Jagdbezirken vorläufig erteilen Zuschläge als endgültig zu betrachten.

Der Bürgermeister Der Gemeinderechner

. . . .

Die Mitglieder des Gemeinderats

. . . .

. . . .

Anlage 2.

Bekanntmachung des Ministeriums, betreffend Neuverpachtung der Jagd durch die Gemeinden.

Vom 12. Juli 1888, Beilage zu Nr. 32 ABl.

I. Die Neuverpachtung ist dadurch einzuleiten, daß von den Gemeindebehörden festgestellt wird, welche Grundstücke des Gemeindebannes von der Verpachtung ausgeschlossen sind. Für diese Feststellung ist der § 1 des Gesetzes maßgebend. Ausgeschlossen von der Verpachtung sind demnach:

a) Die Grundstücke der Reichsmilitär- und der Reichseisenbahnverwaltung.

b) Die Staatsforsten, sowie die von dem Staate und anderen Eigentümern gemeinschaftlich besessenen Forsten.

c) Diejenigen Grundstücke, welche mit einer fortlaufenden Einfriedigung umgeben sind, die jede Verbindung mit den benachbarten Grundstücken hindert.

Demgemäß werden namentlich Gebäude und die zu denselben gehörigen umschlossenen Hofräume und Hausgärten von den Bestimmungen des Gesetzes nicht getroffen.

II. Sobald feststeht, welche Fläche des Gemeindebannes nach Maßgabe des § 1 der Verpachtung unterliegt, hat der Bürgermeister den Termin für die Beschlußfassung über die Verwendung des Pachterlöses anzuberaumen und denselben öffentlich bekannt zu geben (§ 6 Abs. 1). Für diese Bekanntgabe genügt öffentlicher Anschlag in der Gemeinde in der ortsüblichen Weise.

[1]) Zu durchstreichen, falls Fassung I anwendbar.

Weitere Veröffentlichung kann dem Ermessen der Gemeindebehörde überlassen werden.

Zur Beschlußfassung über die Verwendung des Pachterlöses sind, die im § 5 vorgesehenen Fälle ausgenommen, die beteiligten Eigentümer der den Bestimmungen des Gesetzes unterliegenden Grundfläche des Gemeindebannes berufen.

Jeder bei der Beschlußfassung Beteiligte kann sich in dem Termine durch einen Bevollmächtigten vertreten lassen. Für die Vollmacht genügt Beglaubigung der Unterschrift durch den Bürgermeister des Wohnorts. Der Bürgermeister führt den Vorsitz in dem Termin. Ueber die Verhandlung ist ein Protokoll aufzunehmen. In demselben muß bezeichnet werden:

a) Die Zahl der Eigentümer der dem Gesetz unterliegenden Grundfläche des Gemeindebannes,

b) Die Zahl der Eigentümer, welche nach § 5 bei der Beschlußfassung nicht mitwirken,

c) Die Gesamtgröße der dem Gesetz unterliegenden Grundfläche des Gemeindebannes,

d) Die Zahl der Eigentümer, welche für die Ueberlassung des Pachterlöses an die Gemeinde gestimmt haben,

e) Die Größe der von diesen zusammen besessenen Grundfläche.

Als Eigentümer gilt im Zweifel derjenige, welcher als solcher in der Katasterrolle eingetragen ist. Für die Größe der Grundstücke ist ebenfalls das Kataster maßgebend.

Von dem Bürgermeister ist ein Verzeichnis anzufertigen, in welchem sämtliche in Betracht kommende Grundeigentümer unter Beifügung der Gesamtgröße des von jedem besessenen Grundeigentums namentlich aufzuführen sind. Dieses Verzeichnis muß in dem Termine offen liegen. Diejenigen Grundeigentümer, welche für die Ueberlassung des Pachterlöses an die Gemeinde stimmen, haben dies durch Beisetzung ihrer Unterschrift auf das Verzeichnis an der Stelle, wo sie aufgeführt sind, zu beurkunden. Das Verzeichnis und etwa eingebrachte Vollmachten sind dem Protokolle beizufügen. In dasselbe sind ferner Einsprüche, welche sich auf das Verfahren beziehen, aufzunehmen.

Der Jagdpachterlös eines Gemeindebannes verbleibt der Gemeinde, sobald dies durch mindestens zwei Drittel der Beteiligten, welche zugleich mehr als zwei Drittel der den Bestimmungen des Gesetzes unterliegenden Grundfläche des Gemeindebannes besitzen, beschlossen wird. Dieser Beschluß behält für die ganze Dauer der Pachtzeit Gültigkeit.

Der im § 5 bezeichnete Grundbesitz, welchen eine Gemeinde in einem fremden Gemeindebanne hat, ist bei Berechnung der zwei Drittel der Grundfläche des Gemeindebannes der letzteren Gemeinde mit zu berücksichtigen.

III. Von dem Ergebnisse der Beschlußfassung hat der Bürgermeister diejenigen Grundeigentümer, auf welche der § 3 Anwendung findet, soweit ihm dieselben bekannt sind, alsbald schriftlich in Kenntnis zu setzen.

Für den Lauf der zehntägigen Frist für die Erklärung des Vorbehaltes der Jagd (§ 6 Abs. 2) ist die Zeit dieser Mitteilung jedoch ohne Bedeutung. Die Bürgermeister solcher Gemeinden, welche auf einem fremden Gemeindebann einen den Voraussetzungen des § 3 entsprechenden Grundbesitz haben, sind verpflichtet, sobald der Beschluß gefaßt ist, daß der Jagdpachterlös des letzteren Gemeindebannes in die Gemeindekasse fließen soll, den Gemeinderat schleunigst zur Beschlußfassung darüber zu veranlassen, ob die Gemeinde sich die selbständige Ausübung des Jagdrechtes jenes Grundbesitzes vorbehalten will.

Die bezügliche schriftliche Erklärung ist von dem Bürgermeister vor Ablauf der zehntägigen Frist dem Bürgermeister der Gemeinde, in welcher der Grundbesitz liegt, zuzustellen. Das vorbehaltene Jagdrecht ist durch Verpachtung auszuüben.

Die Jagd auf Grundstücken, welche die Gemeinde im eigenen Banne besitzt, ist auch dann, wenn auf diese Grundstücke die Bestimmungen des § 3 anwendbar sind, mit der Jagd auf dem Gemeindebann zu verpachten.

IV. Aus der Vorschrift des § 6, nach welcher, wenn sich die vorzubehaltenden Flächen in den Bann verschiedener Gemeinden erstrecken, die Erklärung des Vorbehaltes an den Bürgermeister jeder dieser Gemeinden zu richten ist, erhellt, daß es für die Frage, ob eine zusammenhängende Fläche von 25 bezw. 5 Hektaren vorliege, nicht darauf ankommt, ob die Grundstücke in demselben Gemeindebanne liegen.

V. Die Teilung eines Gemeindebannes in mehrere Jagdbezirke, deren jeder mindestens 200 Hektar umfaßt, ist statthaft.

Die Entscheidung darüber, ob der Bann in mehrere Jagdbezirke zu teilen sei, kann erst nach Ablauf der Frist stattfinden, welche im § 6 Abs. 2 zugunsten der Eigentümer vorgesehen ist, die sich die selbständige Ausübung des Jagdrechtes vorbehalten dürfen.

Anlage 3.

Lastenheft zu der Verpachtung der Jagd in Staatsforsten.

Allgemeine Bedingungen.

Artikel 1.

Die Verpachtung der Jagd erfolgt für die Zeit vom Anfang des 2. Februar 1907, beziehungsweise von dem auf den Ablauf des zur Zeit bestehenden Pachtverhältnisses folgenden Tage, bis zum Ablauf des 1. Februar 1916.

Artikel 2.

Es wird weder für den Ertrag der Jagd noch für die angegebene Flächengröße des Jagdbezirkes Gewähr geleistet.

Artikel 3.

Die Verpachtung erfolgt nach vorausgegangener öffentlicher Bekanntmachung im Wege öffentlicher Versteigerung.

Erfolgen annehmbare Gebote überhaupt nicht, so bestimmt der verpachtende Beamte sofort einen neuen Verpachtungstermin, zu welchem es dann weiterer öffentlicher Bekanntmachung nicht bedarf.

Der Zuschlag erfolgt im Termim nur vorläufig, vorbehaltlich der Entscheidung des Bezirkspräsidenten (Art. 6 Abs. 3). Jeder Bietende bleibt bis zur Entscheidung, jedoch nicht länger als 20 Tage, an das von ihm abgegebene Gebot auch dann gebunden, wenn durch einen anderen ein Uebergebot erfolgt ist.

Artikel 4.

Die Versteigerungen nach dem Meistgebote erfolgen in der Art, daß der vorläufige Zuschlag erst erteilt werden darf, wenn nach einem Gebote auf dreimaligen Aufruf ein Uebergebot nicht erfolgt ist.

Jedes Aufgebot muß mindestens 5 M. bei einem Anschlagspreis von weniger als 200 M., 10 M. von 200 bis 500 M., 20 M. von 500 bis 1000 M. und 30 M. von 1000 M. und darüber betragen.

Die Gebote beziehen sich auf ein Pachtjahr.

Artikel 5.

Werden bei einer Versteigerung mehrere Lose ausgeboten, und erfolgt nicht auf alle Lose ein Angebot, so können die versteigerten und unversteigerten Lose vereinigt ausgeboten werden. Das Angebot auf diese vereinigten Lose darf dann nicht geringer sein, als der Gesamtbetrag der versteigerten Lose nebst der Anschlagssumme der nicht versteigerten Lose.

Artikel 6.

Gebote offenkundig zahlungsunfähiger Personen werden nicht berücksichtigt. Ob ein Steigerer für zahlungsfähig zu erachten ist, darüber entscheidet der verpachtende Beamte.

Werden übertrieben hohe Angebote abgegeben, so muß auf Erfordern des die Verpachtung leitenden Beamten für solche sofort im Termine genügende Sicherheit geleistet werden, widrigenfalls die Gebote nicht berücksichtigt werden.

Der Bezirkspräsident ist befugt, entgegen dem vorläufigen Zuschlage (§ 3 Abs. 3), den endgültigen Zuschlag dem Zweit- oder Dritthöchstbietenden zu erteilen.

Ueber die Zulassung nicht deutscher Staatsangehöriger als Pächter oder Mitpächter wird die Entscheidung des Ministeriums vorbehalten.

Artikel 7.

Die Versteigerungsprotokolle werden auf freiem Papier niedergeschrieben und im Termine sofort von den versteigernden Beamten und den Steigerern oder deren Bevollmächtigten unterschrieben. Die Stempelabgabe wird mit der Verkehrssteuer erhoben.

Artikel 8.

Innerhalb 5 Tagen nach dem Zuschlage muß jeder Steigerer einen anerkannt zahlungsfähigen, auf die Einrede der Vorausklage verzichtenden, in Elsaß-Lothringen wohnenden Bürgen und Rückbürgen stellen, welche sich mit ihm als Gesamtschuldner zur Erfüllung sämtlicher Lasten und Bedingungen der Pacht zu verpflichten haben.

Stellt der Steigerer innerhalb der angegebenen Zeit solche Bürgschaft nicht, so gilt der Zuschlag als nicht erfolgt und wird auf Gefahr und Kosten des Steigerers zu einer neuen Versteigerung geschritten.

In diesem Falle hat der ursprüngliche Steigerer zu den Kosten der ersten Versteigerung $1\frac{1}{2}\%$ des von ihm gebotenen Pachtzinses eines Jahres zu zahlen und haftet außerdem für den etwaigen Mindererlös, ohne Anspruch auf den Mehrerlös zu haben.

Artikel 9.

Der Pachtzins ist in halbjährlichen Teilbeträgen im voraus am 1. April und 1. Oktober bei derjenigen Forstkasse zu zahlen, welche im Verpachtungsprotokolle bezeichnet ist.

Artikel 10.

Außer dem Pachtzinse hat der Steigerer den Stempel und die Verkehrssteuer für die Versteigerungsverhandlung zu bezahlen und als Beitrag zu den Kosten des Termins $1^1/_2\,\%$ von dem Jahresbetrage des Pachtzinses. Ferner hat derselbe, wenn der Schaden, welchen ein übermäßiger Wildstand den Waldpflanzen zufügt, besondere Vorkehrungen zur Verhütung von Beschädigungen durch Wild an Forstkulturen durch Beteeren der Pflanzen, Einzäunen kleinerer Kulturflächen usw. erforderlich macht und solche von dem Bezirkspräsidenten angeordnet werden, die dadurch entstehenden Kosten bis zum Betrage von 20 % des Jagdpachtzinses zu ersetzen.

Der Jagdpächter haftet für alle Ansprüche, welche wegen Schadens, den das im Jagdgebiete vorhandene Wild anrichtet, etwa von Dritten gegen die Landesverwaltung erhoben werden.

Artikel 11.

Ein Nachlaß an Pachtzins findet nicht statt, der Jagdertrag mag durch vorauszusehende oder nicht vorauszusehende Ereignisse verringert oder vernichtet worden sein.

Jagdpächter, welchen die Erteilung eines Jagdscheins verweigert oder welchen derselbe entzogen wird, haben deshalb keinen Anspruch auf Aufhebung der Pacht oder Erlaß am Pachtzins. Ebensowenig gibt eine durch den Forstbetrieb etwa veranlaßte Störung der Jagd dem Pächter einen Anspruch auf Nachlaß am Pachtzins oder auf sonstigen Schadensersatz.

Artikel 12.

Der Pächter kann höchstens 3 Mitpächter annehmen. Diese Mitpächter müssen sich zu allen Lasten und Pflichten, welche dem Pächter obliegen, als Gesamtschuldner des letzteren verpflichten und dies durch Unterzeichnung des Verpachtungsprotokolles bekunden. Mit Zustimmung des Bezirkspräsidenten können die angenommenen Mitpächter durch andere ersetzt werden; letztere müssen alsdann alle Pflichten des Mitpächters, welchen sie ersetzen, übernehmen.

Die Pächter und Mitpächter haben die Jagd gemeinschaftlich auszuüben, sofern nicht der Bezirkspräsident allgemein oder für einzelne Fälle Ausnahmen zuläßt. Es ist ihnen nicht gestattet, den Jagdbezirk nach Losen unter sich zu teilen.

Artikel 13.

Die Pächter und die Mitpächter dürfen Jagdgästen, welche sich im Besitze eines Jagdscheines befinden, die Ausübung der Jagd nur in Begleitung des Pächters oder eines Mitpächters gestatten, sofern nicht der Bezirkspräsident allgemein oder für einzelne Fälle Ausnahmen zuläßt; die Zuwiderhandlung zieht eine von den sämtlichen Pächtern und Mitpächtern samtverbindlich zu zahlende Vertragsstrafe von 20 Mark nach sich.

Die Pächter wie Mitpächter sind für alle Zuwiderhandlungen gegen die Pachtbedingungen von seiten der Personen, welche sie mit auf die Jagd nehmen, oder denen sie die Erlaubnis zum Alleinjagen geben, haftbar.

Artikel 14.

Der Jagdpächter kann die Rechte aus dem Jagdpachtvertrage nur mit Genehmigung des Bezirkspräsidenten an Andere abtreten. Abtretungen an Ausländer bedürfen der Genehmigung des Ministeriums. In jedem Falle bleiben der Pächter und die Bürgen für die Erfüllung der aus dem Pachtvertrage hervorgehenden Pflichten bis zum Erlöschen des Vertrages als Gesamtschuldner mit dem Unterpächter haftbar.

Artikel 15.

Der Pachtvertrag erlischt mit dem Tode des Pächters, sofern nicht Mitpächter vorhanden sind, welche alsdann ohne weiteres selbständig in die Pachtbedingungen eintreten. Stirbt der Pächter, ohne daß Mitpächter vorhanden sind, so haben die Erben noch den Pachtzins für das am Todestage laufende Pachthalbjahr zu bezahlen.

Artikel 16.

Der Pachtvertrag kann vom Bezirkspräsidenten mit Genehmigung des Ministeriums aufgelöst werden, wenn ein Pächter wiederholt gegen die Bestimmungen dieses Lastenheftes verstößt oder wenn ihm der Jagdschein versagt oder entzogen wird.

Artikel 17.

Wenn die Forstverwaltung auf Grund des § 7 des Gesetzes, betreffend die Ausübung des Jagdrechtes vom 7. Februar 1881 zugunsten eines zur Verpachtung gelangenden oder bereits verpachteten Jagdloses das Vorpachtsrecht für Enklaven geltend macht, so hat der Pächter die auf diese Teilflächen entfallenden Pachtzinsanteile selbst zu bestreiten, bezw. der Forstverwaltung bei Bezahlung des Pachtzinses zu ersetzen. Auch für den Wildschaden, welcher etwa auf diesen Enklaven entstehen sollte, haftet der Pächter.

Artikel 18.

Die Ausübung der Jagd hat in Gemäßheit der einschlagenden gesetzlichen Bestimmungen und der erlassenen oder noch zu erlassenden Verordnungen der zuständigen Behörden stattzufinden. Außerdem sind folgende Bestimmungen zu beachten:

1. Das Fangen und Erlegen von Hirsch- und Wildkälbern und Rehkitzen (als Kalb und Kitz gilt das junge Wild bis zum 2. Februar des auf seine Geburt folgenden Jahres), von weiblichem Rotwild und Rehgeißen und von Auer- und Birkhennen ist verboten und zwar bei einer Vertragsstrafe von 30 Mark für Rehkitzen, von 30 Mark für Hirsch- und Wildkälber sowie für Rehgeißen, von 60 Mark für weibliches Rotwild und von 10 Mark für Auer- und Birkhennen, unbeschadet der auf Grund des Gesetzes vom 2. Juli 1890 und der Verordnungen vom 16. Juli 1890 und 1. April 1893 für das Erlegen von Auer- oder Birkhennen eintretenden Strafe.

Auerhähne und Birkhähne dürfen außerhalb der Zeit vom 10. April bis 31. Mai, Waldschnepfen vom 1. April bis 30. Juni je einschließlich, bei Vermeidung einer Vertragsstrafe von 30 Mark für jede Zuwiderhandlung, nicht erlegt werden.

Auf Antrag des Jagdpächters kann der Bezirkspräsident jedoch den Abschuß von Rehgeißen und von weiblichem Rotwild gestatten.

2. Im **letzten** Pachtjahre dürfen Treibjagden jeder Art nur mit Genehmigung des Bezirkspräsidenten abgehalten werden, welcher auch endgültig entscheidet, was als Treibjagd anzusehen ist. Für jede Zuwiderhandlung gegen diese Vertragsbestimmung hat der Pächter eine Vertragsstrafe von 100 Mark zu entrichten.

3. Auf Rotwild darf nur mit der Kugel geschossen werden.

Für die Entrichtung der vorstehend ausbedungenen Vertragsstrafen ist der Jagdpächter haftbar, einerlei ob er selbst, ein Mitpächter oder ein Jagdgast die unter Vertragsstrafe gestellte Zuwiderhandlung begangen hat.

Artikel 19.

Die Pächter haben die ihnen auf Grund des § 5 des Jagdpolizeigesetzes vom 7. Mai 1883 behufs Abminderung eines übermäßigen Wildstandes etwa zugehenden Anweisungen pünktlich zu befolgen. Die Anweisungen können sich auch auf den Abschuß von Rehgeißen und von weiblichem Rotwild erstrecken.

Als übermäßiger Wildstand im Sinne des bezogenen Paragraphen ist es auch anzusehen, wenn das Wild sich in der Art vermehren sollte, daß es den Waldpflanzen erheblichen Schaden zufügt. Was als erheblicher Schaden anzusehen ist, entscheidet der Bezirkspräsident endgültig.

Kommen die Pächter den ihnen auf Grund des oben erwähnten § 5 des Jagdpolizeigesetzes erteilten Anweisungen nicht genügend nach, so ist der Bezirkspräsident befugt, die Forstbeamten mit dem nötigen Abschusse zu beauftragen. Vorhandenes Schwarzwild hat das Forstschutzpersonal während des ganzen Jahres auf seinen Revierbegängen, auf der Pirsch und auf dem Anstande abzuschießen.

Das erlegte Wild steht alsdann den Pächtern zu, wenn dieselben dem Forstschutzbeamten das für die verwaltete Staatswaldjagd vorgeschriebene Schußgeld und die für den Transport etwa entstehenden Kosten bezahlen. Weigern sich die Pächter zu dieser Zahlung, so wird das erlegte Wild für ihre Rechnung verkauft und der nach Abzug des Schußgeldes, der Transport-, Verkaufs- und sonstigen Kosten verbleibende Rest ihnen zugestellt.

Wenn im Jagdgebiete wilde Kaninchen vorhanden sind, so wird die Forstverwaltung die Vertilgung derselben mit allen gesetzlichen Mitteln betreiben. Dem Jagdpächter steht ein Anspruch auf die hierbei erlegten oder gefangenen Kaninchen nicht zu.

Artikel 20.

Die in §§ 2 und 5 des Jagdpolizeigesetzes den Grundeigentümern vorbehaltenen Befugnisse werden auf den verpachteten Jagdflächen von den Forstbeamten ausgeübt.

Artikel 21.

Wenn ein Stück Rot-, Reh-, Schwarzwild oder ein Wolf angeschossen ist und auf ein verwaltetes fiskalisches Jagdgebiet übertritt, so sind Pächter, Mitpächter oder die mit Erlaubnis derselben Jagenden verpflichtet, davon dem Oberförster des betreffenden Reviers binnen 12 Stunden schriftlich oder mündlich

Anzeige zu erstatten; die Oberförster werden verpflichtet werden, im umgekehrten Falle dem Pächter die gleiche Anzeige zu machen.

Artikel 22.

Mit der Aufsicht über die Jagd bleiben die Forstbeamten speziell betraut. Die Pächter können aber mit Genehmigung des Bezirkspräsidenten Privatjagdhüter anstellen. Diese Genehmigung kann von dem Bezirkspräsidenten indessen jederzeit zurückgezogen werden. Die Privatjagdhüter können auf Antrag des Jagdpächters ermächtigt werden, Schußwaffen zu tragen und ohne Beisein der Pächter zu jagen.

2. Jagdpolizei.

Einleitung.

Die jagdpolizeilichen Bestimmungen, die in Kraft waren, als Elsaß-Lothringen unter deutsche Verwaltung kam, sind in dem Gesetz vom 3. Mai 1844 enthalten. Wesentlich abgeändert wurden sie bereits durch die Einführung des Strafgesetzbuchs, das die unberechtigte Ausübung der Jagd als gemeines Vergehen und nicht mehr als Polizeivergehen auffaßt. Weiterhin beseitigte die Strafprozeßordnung die Vorschriften über das besondere Verfahren in allen Jagdstrafsachen, und endlich waren einige Bestimmungen mit dem Beginn der deutschen Verwaltung gegenstandslos geworden. Seitdem schließlich das Jagdgesetz vom 7. Februar 1881 die Ausübung der Jagd nicht mehr auf jeder auch noch so kleinen Parzelle, sondern nur auf größeren Jagdbezirken gestattet, drängte sich immer mehr und mehr die Notwendigkeit nach einer Reform der Jagdpolizeigesetzgebung auf.

Den vielfachen, auch vom Landesausschuß geäußerten, Wünschen trug die Regierung Rechnung und legte im Jahre 1883 (10. Session des Landesausschusses) den Entwurf eines Gesetzes betreffend die Jagdpolizei nebst Begründung (Vorlage Nr. 4) vor. Nach eingehender Beratung im Landesausschuß wurde der Entwurf im wesentlichen unverändert angenommen, am 7. Mai 1883 vollzogen und im Gesetzblatt von Elsaß-Lothringen 1883 S. 57 verkündet; in Kraft ist das Gesetz am 1. Juli 1883 getreten.

Abänderungen und Ergänzungen hat das Jagdpolizeigesetz zunächst durch das Reichsgesetz vom 22. März 1888 betreffend den Schutz von Vögeln und das dazugehörige elsaß-lothringische Ausführungsgesetz erfahren. Ferner hat das Feldpolizeistrafgesetz vom 9. Juli 1888 unter gewissen Umständen die Tauben für schädliches Wild erklärt (§ 24), das Gesetz vom 8. Mai 1889 hat die Schonzeit für Schnepfen, Trappen, wilde Schwäne und alles andere nicht als schädliches Wild erachtete Sumpf- und Wassergeflügel, mit Ausnahme der wilden Enten und Schwäne, bestimmt. Endlich ist unter dem 11. Juli 1884 eine gesetzliche Deklaration des Beginns und Endes der Schonzeit publiziert worden.

Gesetz betreffend die Jagdpolizei

vom 7. Mai 1883, Gesetzblatt S. 57.

Wir Wilhelm, von Gottes Gnaden Deutscher Kaiser, König von Preußen usw., verordnen im Namen des Reichs, für Elsaß-Lothringen, nach erfolgter Zustimmung des Bundesrates und des Landesausschusses, was folgt:

§ 1.

Die Ausübung der Jagd auf Grundstücken und Gewässern ist den Bestimmungen dieses Gesetzes unterworfen.

Die Verfolgung verwundeten Wildes in ein fremdes Jagdgebiet sowie das Aufnehmen des auf fremdem Jagdgebiet niedergefallenen Wildes (Jagdfolge) findet nur mit Erlaubnis des Jagdberechtigten statt.

[1]) § 1 E. Begründung S. 6. L.A. S. 201 ff. Komm. Ber. S. 450. L.A. S. 436—440, 484—487; 574.

Bem. 1. I. Das örtliche Geltungsgebiet des Jagdpolizeigesetzes erstreckt sich auf ganz Elsaß-Lothringen. So selbstverständlich auf den ersten Blick dieser Rechtssatz erscheinen mag, so notwendig ist es, ihn an die Spitze der Ausführungen zu stellen, weil nach materiellem Jagdrecht das Land in verschiedene Gebiete zerlegt und mithin die Möglichkeit eröffnet wird, auch den

---

[1]) Es bedeuten (ohne Zusatz): E = Entwurf eines Gesetzes betreffend die Jagdpolizei. Landesausschuß. X. Session 1883, Vorlage Nr. 4. Begründung = Begründung zu dem Entwurf eines Gesetzes betreffend die Jagdpolizei. L.A. = Landesausschuß-Verhandlungen. X. Session 1883. 2. Band. Sitzungsberichte. Komm. Ber. = Bericht der Spezialkommission Anlage 4 zum 18. Sitzungsbericht. 2. Band Sitzungsberichte S. 449 ff.

jagdpolizeilichen Vorschriften nur einen örtlich beschränkten Geltungsbezirk zuzuweisen. Ob also die Jagd ausgeübt wird von einem Pächter (§ 2 Jagdgesetz; „allgemeines Jagdgebiet") oder ob die Jagdausübung zusammenfällt mit dem Eigentum am Grundstück kraft Gesetzes wie in den Fällen des Abs. 2 § 1 des Jagdgesetzes oder kraft einer besonderen Erklärung § 3 Jagdgesetz („besondere Jagdgebiete"), bedingt keinen Unterschied: stets hat der Jagdausübende die Vorschriften des Jagdpolizeigesetzes zu beobachten, er muß beispielsweise im Besitz eines Jagdscheines sein (Ausnahme § 9 Abs. 3 Ziff. 1 dieses Gesetzes und Bem. 21 zu diesem Paragraph), er muß die Schonzeiten innehalten u. dergl. mehr.

In den Grenzgemeinden mit Baden (Art. 5 des Grenzvertrages vom 5. April 1840) welche jenseits der Hoheitsgrenze, also auf badischem Staatsgebiete, liegen, gelten die badischen jagdpolizeilichen Bestimmungen, während umgekehrt in den diesseits der Hoheitsgrenze, also auf elsaß-lothringischem Staatsgebiete, gelegenen Teilen badischer Gemeindegemarkungen die elsaß-lothringischen jagdpolizeilichen Vorschriften in Kraft sind. Z. Bd. 15 S. 23 ff.; 16 S. 193 ff. Min. Erl. v. 7. Januar 1882 (S. Bd. 7 S. 34). Vgl. Bem. 9 zu § 1 des Jagdgesetzes. Ueber die Gültigkeit badischer und elsaß-lothringischer Jagdscheine in den Grenzgemeinden vgl. Bem. 8 zu § 9 dieses Gesetzes. Bem. 2.

II. Die Ausübung der Jagd ist nur nach den Vorschriften des Jagdpolizeigesetzes zulässig. Die genaue Bestimmung des Begriffs „Ausübung der Jagd", die Spezialisierung der als Jagdausübung anzusehenden Handlungen, ist nicht bloß von Bedeutung, um die Grenzen ziehen zu können, innerhalb deren das Jagdpolizeigesetz gilt, sondern weil auch das Strafgesetzbuch diesen Begriff in § 292 verwendet.

1. Unter „Ausübung der Jagd" sind alle Maßnahmen zu verstehen, die auf die Aneignung jagdbarer Tiere abzielen. Die Vorschriften, die hierbei zu beachten sind, bestimmt das Jagdpolizeigesetz, während die Frage, **wer** zur Ausübung der Jagd berechtigt ist, das Jagdgesetz beantwortet. Aus der Fülle der Befugnisse, die zur Jagdausübung gehören, sind besonders erwähnenswert: Bem. 3.

a) das **Aufsuchen des Wildes** in der Absicht, es zu erlegen oder zu okkupieren: der Jäger geht schußbereit durch das Gelände, er läßt seinen Hund suchen;

b) das Verfolgen des Wildes in der Absicht, es zu erlegen oder zu okkupieren; ob das Tier erlegt, okkupiert wird, ist gleichgültig;

c) die Okkupation des Wildes in lebendem oder totem Zustande.

Bem. 4. 2. Nicht als Ausübung der Jagd gilt es, wenn Eigentümer, Besitzer, Pächter, schädliches Wild auf ihren Ländereien vertilgen (§ 2 dieses Gesetzes).

Bem. 5. 3. Zweifelhaft ist es, ob das Hegungsrecht unter den Begriff der Jagdausübung fällt. Die elsaß-lothringische Gesetzgebung enthält keinerlei Vorschriften, die dem Jagdberechtigten expressis verbis gestatten, das Gelände zu betreten, um Vorkehrungen zu treffen, die der Pflege des Wildes dienen (Anbringung von Salzlecken, Einrichtung von Brutstätten), die die Erlegung des Wildes erleichtern sollen (Errichtung von Jagdkanzeln, Dohnensteigen). Alle diese Maßnahmen sind als vorbereitende Handlungen des Okkupationsrechtes für zulässig zu erachten und müssen von dem Grundstückseigentümer geduldet werden, insoweit sie nicht das Chikaneverbot des § 226 Bürgerliches Gesetzbuch verletzen.

Bem. 6. Die Jagd kann nur an jagdbaren Tieren, die sich im Zustande natürlicher Freiheit befinden, ausgeübt werden. Welche Tiere hierzu zu rechnen sind, ist nicht ausdrücklich bestimmt; die landesgesetzlichen Vorschriften sind maßgebend.

Bem. 7. Abgesehen von den Fischen, sind nicht jagdbar die Tiere, „die nicht jagdmäßig und nicht zum Zwecke einer Verwertung erlegt zu werden pflegen, wie Mäuse, Fledermäuse, Ratten, Hamster, Insekten, Würmer" (Begründung); ihre Erlegung richtet sich mithin nicht nach den Vorschriften des Jagdpolizeigesetzes. Seit Erlaß des Vogelschutzgesetzes vom 22. März 1888 und des Ausführungsgesetzes vom 2. Juli 1890 sind ferner die meisten Vogelarten nicht mehr jagdbar, sondern genießen den Schutz des erstgedachten Gesetzes. Jagdbar sind nur noch:

a) Auergeflügel, Birk- und Haselwild, Rebhühner, Wachteln, Fasanen, alle Arten von Krammetsvögeln, Lerchen, Schnepfen, Trappen, Brachvögel, Wachtelkönige, Kraniche, wilde Schwäne, wilde Gänse und wilde Enten, sowie alles andere Sumpf- und Wassergeflügel mit Ausnahme der Störche und Eisvögel. § 1. G. v. 2. Juli 1890 (GBl. S. 47).

Berichtigung.

S. 80. Bem. 5. Zu streichen das Wort „Dohnensteigen".

S. 80. Bem. 7.

a) statt „Vogelschutzgesetzes vom 22. März 1888" „Vogelschutzgesetzes vom 30. Mai 1908".

b) hinter „Ausführungsgesetzes vom 2. Juli 1890" „und des Gesetzes vom 1. Juni 1909".

c) Buchstabe a: „Lerchen" streichen.

b) die auf Grund des § 2 des Jagdpolizeigesetzes in der V. v. 16. Juli 1890 (Anl. Nr. 3) bezeichneten Vögel.

c) die Vogelarten, welche das Ministerium gemäß § 2 Abs. 1 Ziff. 1 des Gesetzes vom 2. Juli 1890 (GBl. S. 47) von der Anwendbarkeit des Vogelschutzgesetzes ausschließt.

Daß die jagdbaren Tiere als menschliche Nahrung dienen, überhaupt im Einzelfalle für den Menschen nutzbar sind, ist nicht nötig; daher sind auch die Jungen von Jagdwild Gegenstand des Jagdrechtes. Nicht nur das lebende, sondern auch das infolge natürlichen Todes eingegangene („Fallwild") Wild ist jagdbar. Zweifelhaft ist, ob die abgeworfenen Wildstangen dem Aneignungsrecht des Jagdberechtigten unterliegen; mangels einer besonderen landesgesetzlichen Bestimmung ist die Frage zu verneinen (Olshausen, Kommentar zum St. G. B. Berlin 1906. Bem. 7 zu § 292). Bem. 8.

Die Unterscheidung von nützlichen und schädlichen jagdbaren Tieren, die sich aus § 2 des Jagdpolizeigesetzes ergibt, ist insofern von Bedeutung, als die Vernichtung der schädlichen Tiere neben dem Jagdberechtigten auch dem Eigentümer, Besitzer oder Pächter gestattet ist. Bem. 9.

Hohe, mittlere, niedere Jagd werden nicht unterschieden; auf jedem Grundstück kann jede Art von Wild erlegt werden. Bem. 10.

Ein Verbot, die Jagd an Sonn- und Feiertagen auszuüben, besteht nicht; alle diesbezüglichen Anträge wurden bei Beratung des Gesetzes abgelehnt (Bd. II S. 201—203; 206, 208; 449; 489—495; 574—586). Bem. 11.

III. Unter Jagdfolge versteht das Gesetz die Verfolgung verwundeten Wildes in ein fremdes Jagdgebiet oder das Aufnehmen des auf fremdem Jagdgebiete niedergefallenen Wildes. Das Verbot der Jagdfolge ist der französischen Gesetzgebung unbekannt gewesen; es ergibt sich für das moderne Recht aus der Aufhebung des Jagdrechtes an fremdem Grund und Boden. Im Wege freundnachbarlicher Uebereinkunft zwischen den Jagdberechtigten kann die Jagdfolge gestattet werden, andernfalls ist sie nach §§ 292 ff. Strafgesetzbuch strafbar, abgesehen von der zivilrechtlichen Haftung (Verletzung eines fremden Rechtes). Auch Art. 21 des Lastenheftes zu der Verpachtung der Jagd in Staatsforsten hindert nicht, die Jagdfolge zu gestatten. Bem. 12.

„Als eine Ausübung der Jagdfolge ist es anzusehen, wenn ein Jäger durch seine Hunde verwundetes Wild in ein fremdes

Jagdgebiet verfolgen oder gefallenes Wild dort aufnehmen läßt. Treten dagegen die Hunde ohne Zutun und gegen den Willen des Jägers in das benachbarte Jagdgebiet über, so liegt die Ausübung der Jagdfolge und unberechtigtes Jagen nicht vor. Der Jäger ist aber in diesem Falle nach § 14 Nummer 2 des Gesetzes verpflichtet, alles zu tun, um seine Hunde von dem Aufsuchen und Verfolgen von Wild auf dem benachbarten fremden Jagdgebiet abzuhalten. Kommt er dieser Verpflichtung nicht nach, so unterliegt er der Strafe, welche in § 14 festgesetzt ist. Ist es erforderlich, daß der Jäger, um der bezeichneten Verpflichtung nachzukommen, selbst das fremde Jagdgebiet betritt, so muß er zunächst seine Jagdausrüstung ablegen, da nach § 368 Nr. 10 des Strafgesetzbuchs mit Geldstrafe bis zu 60 M. oder mit Haft bis zu 14 Tagen bestraft wird, wer ohne Genehmigung des Jagdberechtigten oder ohne sonstige Befugnis auf einem fremden Jagdgebiete außerhalb des öffentlichen zum gemeinen Gebrauch bestimmten Weges, wenn auch nicht jagend, doch zur Jagd ausgerüstet, betroffen wird". Instruktion zu § 1 Abs. 2.

Bem. 13. Ob der Jagdberechtigte Wild herausverlangen kann, das er angeschossen hat, welches aber auf fremdem Jagdgebiet verendet ist, ist zweifelhaft. Für die Bejahung der Frage spricht die Erwägung, daß bereits die tödliche Verwundung Aneignungshandlung ist. So auch Kisch, Elsaß-Lothr. Privatrecht. S. 612 Anm. 3. Z. Bd. 14. S. 518.

§ 2.

Als Ausübung der Jagd gilt es nicht, wenn Eigentümer, Besitzer oder Pächter schädliches Wild auf ihren Ländereien vertilgen.

Das Ministerium bestimmt:

1. welches Wild als schädliches zu erachten ist;
2. mit welchen Mitteln und unter welchen Bedingungen dasselbe vertilgt werden darf.

§ 2 E. Begründung S. 6—7. L.A. S. 204; Komm.Ber. S. 450; L.A. S. 502—504; 574—586.

Bem. 1. I. Nicht als Jagdausübung faßt das Gesetz das Recht auf, schädliches Wild vertilgen zu dürfen. Diese Befugnis be=

steht neben dem Rechte des Jagdberechtigten als eine Art Selbsthülfe, Notwehr gegen die Gefahren und Nachteile, die die schädlichen Tiere (animaux malfaisants ou nuisibles) verursachen.

1. Das Recht steht dem Eigentümer, mithin auch dem Nießbraucher, dem Besitzer und Pächter zu. Der Jagdberechtigte (Jagdpächter) hat schon kraft seines ausschließlichen Jagdrechtes die Befugnis, jedes in seinem Jagdbezirke befindliche Wild zu töten, naturgemäß auch das schädliche Wild, ohne daß es hierfür noch einer ausdrücklichen Bestimmung bedürfte. Ueber das Recht der Fischereiberechtigten vgl. Bem. 22. Bem. 2.

2. Da das Recht zur Vertilgung schädlicher Tiere keine Jagdausübung ist, so bedarf der Eigentümer usw. hierzu **keines Jagdscheines**. Bem. 3.

3. Der Ausübung des Rechtes sind **zeitlich** keine Grenzen gezogen; es kann während des ganzen Jahres, auch während der Schonzeit, betätigt werden. Bem. 4.

In örtlicher Beziehung ist es aber auf die Vertilgung derjenigen Tiere beschränkt, die sich **auf den eigenen Ländereien** befinden. Wird das Recht auf fremden Ländereien ohne Erlaubnis des Eigentümers ausgeübt, so ist die Strafnorm des § 12 Ziffer 2 überschritten, da alsdann die Vertilgung nicht auf „erlaubte Weise" geschah. Ob aber das Gebiet, auf dem die Tiere vertilgt werden, zu einem verpachteten Jagdbezirk gehört, ob auf ihm die Jagd selbständig ausgeübt werden darf, ob es zu den Grundstücken, die § 1 Abs. 2 des Jagdgesetzes aufzählt, zu rechnen ist, ist unerheblich. Mit anderen Worten: das Recht, schädliche Tiere zu vertilgen, hat **jeder Eigentümer** usw. auf seinem Grundbesitz. Bem. 5.

4. Nur die **Tiere**, welche durch die in der Bem. 10 erwähnten Verordnung für **schädlich** erklärt sind, sind Objekt dieses durch das Gesetz besonders anerkannten Rechtes. Tiere, die schädlich, aber **nicht jagdbar** sind — wie Mäuse, Fledermäuse, Hamster, Insekten — fallen gar nicht unter die Bestimmungen der Jagdpolizei, können demnach zu jeder Zeit und **auf jede Weise** von dem Eigentümer usw. gefangen, vernichtet werden (Instruktion zu § 2). Bem. 6.

5. Die Vertilgung darf nur mit den **gestatteten Mitteln** und unter den etwa besonders vorgeschriebenen Bedingungen erfolgen. Bem. 7.

Bem. 8. 6. Die schädlichen Tiere werden durch die Vertilgung des Eigentümers usw. dessen Eigentum kraft Aneignung. Der Jagdberechtigte hat weder einen Anspruch auf Herausgabe noch auf Werterſatz. So auch § 8 des Fischereigesetzes vom 2. Juli 1891 (GBl. S. 69).

Bem. 9. 7. Jede Vertilgung auf unerlaubte Weise ist strafbar nach § 12 Ziffer 1 und § 16 dieses Gesetzes.

8. Ueber eine vorübergehende Erweiterung der Rechte der Grundstückseigentümer zum Abschießen schädlichen Wildes vgl. § 5 dieses Gesetzes und Bem. 7 hierzu.

Bem. 10. II. Das schädliche Wild, die Mittel und Bedingungen, unter welchen es vertilgt werden darf, sind bezeichnet in der Verordnung des Ministeriums, betreffend das schädliche Wild vom 16. Juli 1890 (GBl. S. 49). Aufgehoben sind Abs. 2 § 1 und § 5 (Staare) durch die V. v. 4. Juli 1899 (GBl. S. 105).

Auf Grund des § 2 des Gesetzes betreffend die Jagdpolizei vom 7. Mai 1883 (GBl. S. 57) wird hierdurch bestimmt was folgt:

§ 1. Zum schädlichen Wilde, welches Eigentümer, Besitzer oder Pächter nach Maßgabe dieser Verordnung auf ihren Ländereien vertilgen dürfen, gehören:

1. Wölfe, Schwarzwild, Wildkatzen, Füchse, Iltisse, Marder, Wiesel, Fischottern, Eichhörnchen, Kaninchen und Dächse;

2. die Tagraubvögel mit Ausnahme der Turmfalken, die Uhus, Würger (Neuntöter), Kreuzschnäbel,[1]) Sperlinge (Haus- und Feldsperlinge), Kernbeißer, die rabenartigen Vögel (Kolkraben, Rabenkrähen, Nebelkrähen, Saatkrähen, Dohlen, Elstern, Eichelhäher, Nuß- oder Tannenhäher), die Wildtauben (Ringeltauben, Hohltauben, Turteltauben), Wasserhühner (Rohr- und Bleßhühner), Reiher (eigentliche Reiher, Nachtreiher oder Rohrdommeln), Säger (Sägetaucher, Tauchergänse), alle nicht im Binnenlande brütenden Möven, die Kormorane und Taucher (Eistaucher und Haubentaucher).

[1]) Vgl. Bem. 3 zu § 8 des Vogelschutzgesetzes vom 22. März 1888.

Den Wildkatzen sind gleichzustellen Hauskatzen, die die Gewohnheit, in das Haus zurückzukehren, verloren haben. Die Tötung einer Hauskatze, die gewohnheitsgemäß in das Haus zurückkehrt, ist gegebenenfalls eine schadensersatzpflichtige Handlung. Z. Bd. 18. S. 518. Bem. 11.

Der Vertilgung der wilden Kaninchen, die stellenweise großen Schaden anrichten, wendet die Landesverwaltung seit Jahren ihre größte Aufmerksamkeit zu (Min. Erl. v. 23. Dezember 1898 IA 12387, v. 1. August 1899 IA 5156, v. 13. Juli 1903 IA 6980, 7870). Als Vertilgungsmittel werden anempfohlen: das Erlegen mit Schießgewehr, Fangen in Tellereisen, mittelst Frettwieseln und Netzen, das Ausgraben und Ausräuchern der Baue. Richten die Kaninchen auf Grundstücken der Gemeinden und öffentlichen Anstalten Schaden an, so sind vor allem die Forstschutzbeamten mit der Vertilgung zu beauftragen. Als Entschädigung für ihre Mühe sind ihnen die erlegten Kaninchen unentgeltlich zu überlassen. Bem. 12.

§ 2. Die Vertilgung des im ersten Absatz des § 1 unter Ziffer 1 bezeichneten Wildes darf stattfinden unter Anwendung von Fängen, Gruben und Fallen, sowie durch Aufgraben und Ausräuchern der Baue, unter Beobachtung der Vorschriften in § 367 Nummer 8 und 12 des Reichsstrafgesetzbuches.

Zur Vertilgung von Kaninchen ist auch der Gebrauch von Netzen und Frettwieseln gestattet.

Das Aufstellen von Wolfs-, Fuchs- und Dachseisen im Wald und im offenen Feld darf nur mit Erlaubnis des Kreisdirektors bezw. des Polizeidirektors stattfinden. Die Erlaubnis ist von den einzelnen Eigentümern, Besitzern oder Pächtern unter möglichst genauer Bezeichnung der Oertlichkeiten, wo die Eisen gestellt werden sollen, zu beantragen.

§ 367 Nr. 8 und 12 des Strafgesetzbuchs lauten: Bem. 13.
Mit Geldstrafe bis zu 150 M. oder mit Haft wird bestraft:
8. Wer ohne polizeiliche Erlaubnis an bewohnten oder von Menschen besuchten Orten Selbstgeschosse, Schlageisen oder Fuß-

angeln legt, oder an solchen Orten mit Feuergewehr oder andern Schießwerkzeugen schießt oder Feuerwerkskörper abbrennt;

12. Wer auf öffentlichen Straßen, Wegen oder Plätzen, auf Höfen, in Häusern und überhaupt an Orten, an welchen Menschen verkehren, Brunnen, Keller, Gruben, Oeffnungen oder Abhänge dergestalt unverdeckt oder unverwahrt läßt, daß daraus Gefahr für Andere entstehen kann.

Bem. 14. Die Mitnahme von Hunden an Kaninchenbaue braucht nicht strafbar zu sein, wenn der Hund nicht als Mittel zur Vertilgung der Kaninchen dient. Z. Bd. 12. S. 73.

§ 3. Die Vertilgung der im ersten Absatze des § 1 unter Ziffer 2 bezeichneten Vögel kann erfolgen unter Anwendung von Fangkörben, Fangnetzen und Pfahleisen, sowie durch Zerstören der Eier und Nester.

§ 4. Sind die in den §§ 2 und 3 zugelassenen Vertilgungsmittel nach Lage des Falles für nicht ausreichend zu erachten, so kann der Kreisdirektor bezw. der Polizeidirektor einzelnen Eigentümern, Besitzern oder Pächtern für ihre Person oder für ihre Beauftragten die Anwendung von Schußwaffen auf ihren Ländereien zum Zweck der Vertilgung erlauben.

Bem. 15. „Die Anträge auf Erteilung der Erlaubnis zum Aufstellen von Eisen, sowie zur Anwendung von Schußwaffen sind bei dem Bürgermeister anzubringen, welcher dieselben mit berichtlicher Aeußerung dem Kreisdirektor vorzulegen hat. Sofern dem Polizeidirektor die Entscheidung zusteht, sind die Anträge direkt bei ihm zu stellen.

Will der Eigentümer, Besitzer oder Pächter die Vertilgung von schädlichem Wild mit Schußwaffen nicht in eigener Person, sondern durch Beauftragte vornehmen, so hat der Kreisdirektor, bezw. Polizeidirektor, um etwaigen Mißbrauch zu verhüten, in jedem Falle zunächst zu prüfen, ob ein Bedürfnis zur Gestattung des Gebrauchs von Schußwaffen durch Beauftragte vorliegt. Diese Prüfung ist namentlich dann angezeigt, wenn der Beauftragte nicht zur Familie oder Hausgenossenschaft des Eigentümers gehört oder nicht in dessen Diensten steht. Ist die Bedürfnisfrage zu verneinen, so ist die Erlaubnis zum Gebrauch von Schußwaffen durch Beauftragte zu versagen. Wird die Erlaubnis erteilt, so ist in dem auszustellenden Erlaubnisschein sowohl der Name des Antragstellers als auch der Name des Beauftragten anzugeben.

Bei Bestimmung der Zeit, für welche die Erlaubnis zur Anwendung von Schußwaffen zu geben ist, ist das Bedürfnis in jedem einzelnen Falle maßgebend." Instruktion zu § 2.

§ 6. Personen, welchen nach den Bestimmungen der §§ 10 und 11 Nummer 3 des Jagdpolizeigesetzes die Ausstellung eines Jagdscheines versagt werden muß oder versagt werden kann, darf die Anwendung von Schußwaffen zum Zwecke der Vertilgung des schädlichen Wildes nicht gestattet werden.

Die Erlaubnis ist schriftlich und nur auf bestimmte Zeit zu erteilen. Der Erlaubnisschein muß den Namen desjenigen, für den er erteilt ist, und die Bezeichnung des Wildes enthalten, dessen Vertilgung bezweckt wird.

Die Anwendung von Schußwaffen während der Nachtzeit (§ 7 des Jagdpolizeigesetzes) ist nicht gestattet, wenn die Erlaubnis sich nicht ausdrücklich auch auf die Nachtzeit erstreckt.

Wer auf Grund der erteilten Erlaubnis schädlichem Wild mit der Schußwaffe nachstellt, muß den Erlaubnisschein bei sich führen.

Die hinsichtlich der Ausstellung von Jagdscheinen an Ausländer erlassenen Bestimmungen finden auf die Erteilung von Erlaubnisscheinen zum Abschuß des schädlichen Wildes auf ihren Ländereien keine Anwendung. Min. Erl. v. 18. November 1905. I A 14239. Bem. 16.

§ 7. Wird die Erlaubnis zum Gebrauch von Schußwaffen an Eigentümer, Besitzer und Pächter oder deren Beauftragte oder die Erlaubnis zum Aufstellen von Wolfs-,

Fuchs- und Dachseisen an dieselben erteilt, so hat der Kreisdirektor bezw. der Polizeidirektor dem Jagdberechtigten alsbald hiervon Mitteilung zu machen.

§ 8. Die §§ 1 bis einschließlich 5 der Verordnung des Ministeriums betreffend die Jagdpolizei, vom 20. Juni 1883 (Gesetzbl. S. 65) sind aufgehoben.

Bem. 17. III. Als schädliches Wild können unter Umständen die Tauben gelten. Es bestimmt nämlich Art. 24 des Feldpolizeistrafgesetzes vom 9. Juli 1888 (GBl. S. 73), aufrechterhalten durch Art. 130 des Einführungsgesetzes zum Bürgerlichen Gesetzbuch:

„Mit Geldstrafe bis zu 10 M. oder mit Haft bis zu 3 Tagen wird bestraft, wer:

2. Tauben zur Saat- oder Erntezeit innerhalb des durch die Ortspolizei bestimmten und öffentlich bekannt gemachten Termins nicht eingeschlossen hält.

Tauben, welche der Vorschrift unter Nr. 2 zuwider auf einem fremden Grundstücke betroffen werden, gelten als schädliches Wild im Sinne des § 2 des Jagdpolizeigesetzes vom 7. Mai 1883."

Eine nähere Ausführung dieser gesetzlichen Bestimmung enthält die Verordnung des Ministeriums, betr. die Jagdpolizei vom 31. Dezember 1888 (GBl. 1889 S. 1) [Anlage Nr. 3]:

„Auf Grund des § 2 des Jagdpolizeigesetzes vom 7. Mai 1883 in Verbindung mit § 24 Nr. 2 des Feldpolizeistrafgesetzes vom 9. Juli 1888 wird hierdurch bestimmt, was folgt:

Tauben, welche zur Saat- oder Erntezeit dem von der Ortspolizei gemachten Verbote zuwider nicht eingeschlossen gehalten werden, dürfen von dem Eigentümer, Besitzer oder Pächter der Grundstücke, auf welchen sie getroffen werden, mit den in § 3 der Verordnung des Ministeriums vom [20. Juni 1883. GBl. S. 65] 16. Juli 1890. GBl. S. 49 bezeichneten Mitteln vertilgt werden. Die Anwendung von Schußwaffen zu dem angegebenen Zwecke ist von dem Kreisdirektor oder dem Polizeidirektor gemäß § 4 der erwähnten Verordnung nur unter der Voraussetzung zu gestatten, daß die Tauben scharenweise in ein Grundstück einfallen.

Tauben, von welchen den Umständen nach anzunehmen ist, daß es Brieftauben sind, sollen geschont werden."

Tauben gelten während der Zeit, in der sie eingeschlossen gehalten werden müssen (Taubensperre), nicht nur als schädliches Wild, das von dem Eigentümer, Besitzer oder Pächter vertilgt werden kann, sondern sie können auch von dem Jagdberechtigten erlegt werden (vgl. Art. 2 Dekret v. 18. August 1789). Z. Bd. 17. S. 70. Bem. 18.

Das Recht der kleinen Taubenhalter und Taubenschläge ist beseitigt durch Art. 2. Dekret vom 4. August 1789. Bem. 19.

IV. Die Rechtsverhältnisse an Brieftauben regelt das Reichsgesetz vom 28. Mai 1894 betreffend den Schutz der Brieftauben und den Brieftaubenverkehr im Kriege (RGBl. S. 463). Bem. 20.

§ 1.

„Die Vorschriften der Landesgesetze, nach welchen das Recht, Tauben zu halten, beschränkt ist, und nach welchen im Freien betroffene Tauben der freien Zueignung oder der Tötung unterliegen, finden auf Militärbrieftauben keine Anwendung.

Dasselbe gilt von landesgesetzlichen Vorschriften, nach welchen Tauben, die in ein fremdes Taubenhaus übergehen, dem Eigentümer des letzteren gehören.

§ 2.

Insoweit auf Grund landesgesetzlicher Bestimmungen Sperrzeiten für den Taubenflug bestehen, finden dieselben auf die Reiseflüge der Militärbrieftauben keine Anwendung. Die Sperrzeiten dürfen für Militärbrieftauben nur einen zusammenhängenden Zeitraum von höchstens je zehn Tagen im Frühjahr und Herbst umfassen. Sind längere als zehntägige Sperrzeiten eingeführt, so gelten für Militärbrieftauben immer nur die ersten zehn Tage.

§ 3.

Als Militärbrieftauben im Sinne dieses Gesetzes gelten Brieftauben, welche der Militär(Marine-)Verwaltung gehören oder derselben gemäß den von ihr erlassenen Vorschriften zur Verfügung gestellt und welche mit dem vorgeschriebenen Stempel versehen sind.

Privatpersonen gehörige Militärbrieftauben genießen den Schutz dieses Gesetzes erst dann, wenn in ortsüblicher Weise bekannt gemacht worden ist, daß der Züchter seine Tauben der Militärverwaltung zur Verfügung gestellt hat.

§ 5.

Für den Fall eines Krieges kann durch Kaiserliche Verordnung bestimmt werden, daß alle gesetzlichen Vorschriften, welche das Töten und Einfangen fremder Tauben gestatten, für das Reichsgebiet oder einzelne Teile desselben außer Kraft treten, sowie daß die Verwendung von Tauben zur Beförderung von Nachrichten ohne Genehmigung der Militärbehörde mit Gefängnis bis zu drei Monaten zu bestrafen ist."

Bem. 21. Landesgesetzliche Vorschriften im Sinne der § 1, 2 bestehen in Elsaß-Lothringen — abgesehen von § 24 des Feldpolizeistrafgesetzes (oben Bem. 17) — nicht. Militärbrieftauben sind daher niemals schädliches Wild.

Bem. 22. V. Eine Ergänzung der vorliegenden Paragraphen enthält § 8 des Fischereigesetzes vom 2. Juli 1891 (GBl S. 69) insofern, als es auch den „Fischereiberechtigten gestattet, ohne Rücksicht auf jagdpolizeiliche Bestimmungen die dem Fischbestande schädlichen Tiere, welche sich an oder in ihren Fischwassern aufhalten, ohne Anwendung von Schußwaffen zu fangen oder zu erlegen und für sich zu behalten.

Welche Tiere als dem Fischbestand schädlich zu erachten sind, bestimmt das Ministerium."

Als dem Fischbestande schädlich erachtet die Verordnung vom 5. September 1899 (ABl. S. 106): Fischottern, Wasserhühner (Rohr- und Bleßhühner), Reiher (eigentliche Reiher, Nachtreiher oder Rohrdommeln), Kormorane, Säger (Sägetaucher und Tauchergänse) und Taucher (Eistaucher und Haubentaucher).

§ 3.

In der Zeit vom 2. Februar bis 23. August ist das Wild mit der Jagd zu verschonen. Von dieser Bestimmung sind ausgenommen Schwarzwild, Hirsche, Rehböcke, Auer- und Birkhähne, Strich- und Zugvögel, Kaninchen und schädliches Wild (§ 2). Das Jagen mit Hunden auf vorstehend genannte Wildgattungen, mit Ausnahme der Auer- und Birkhähne,

Strich- und Zugvögel, in der Zeit vom 2. Februar bis 23. August ist untersagt.

Der Rehbock ist vom 2. Februar bis Ende Mai mit der Jagd zu verschonen.

Wasser- und Sumpfgeflügel, mit Ausnahme der wilden Gänse und Fischreiher, sowie sonstige Strich- und Zugvögel sind vom 1. April bis Ende Juni mit der Jagd zu verschonen.

Das Ministerium ist ermächtigt, bei außerordentlichen Verhältnissen die Feldjagd in einzelnen Landstrichen für einen Zeitraum von längstens 14 Tagen über den Schluß der Schonzeit hinaus zu untersagen.

Das Ausnehmen der Jungen von Federwild, welches Schonzeit hat, ist untersagt, das Ausnehmen von Eiern ist nur insoweit gestattet, als Eier, welche im Freien gelegt sind, von dem Jagdberechtigten in Besitz genommen werden, um sie ausbrüten zu lassen.

E § 3. Erläuterungen S. 7. L. A. S. 204. Komm Ber. S. 450 f. L. A. S. 504—506; 586—588.

I. Die gesetzlich bestimmten **Schonzeiten** haben absoluten Charakter; sie **gelten für die Jagd auf allen in** Elsaß-Lothringen gelegenen **Grundstücken** ohne jede Ausnahme. Daher darf die Jagd auch auf denjenigen Grundstücken, die § 1 Abs. 2 des Jagdgesetzes erwähnt, insbesondere auf Grundstücken, welche mit einer fortlaufenden Einfriedigung umgeben sind, die jede Verbindung mit den benachbarten Grundstücken hindert, während der Schonzeit nicht ausgeübt werden. Bem. 1.

II. Man unterscheidet **allgemeine** und **besondere Schonzeiten**.

1. Nach dem im ersten Satze des vorliegenden Paragraphen zum Ausdruck gekommenen Grundsatz ist, insoweit nicht besondere Schonzeiten bestimmt sind, die **allgemeine Schonzeit** des Wildes die Zeit vom 2. **Februar** bis 23. **August**. „Bei Bestimmung der Schonzeit hat das Gesetz sich an die badische Gesetzgebung angeschlossen in Anbetracht der zwischen Baden und Elsaß-Lothringen bestehenden Homogenität der Zivil- und Jagd- Bem. 2

gesetzgebung, der Gleichheit der klimatischen und topographischen Verhältnisse und der engen wechselseitigen Jagdbeziehungen, sowie wegen der Bedürfnisse des Wildmarktes" (Erläuterungen).

Die genaue Festlegung des Beginns und des Endes der Schonzeit ist erfolgt in dem Gesetz, betreffend Deklaration zum Jagdpolizeigesetz vom 7. Mai 1883, vom 11. Juli 1884[1]) (GBl. S. 103):

„Zur Erläuterung der Vorschriften in § 3 des Jagdpolizeigesetzes vom 7. Mai 1883, Gesetzbl. S. 57, nach welchem in der Zeit vom 2. Februar bis 23. August das Wild mit der Jagd zu verschonen ist und das Jagen mit Hunden untersagt ist, wird hierdurch bestimmt:

Die bezeichnete Frist beginnt mit Anfang des 2. Februar und endigt mit Ablauf des 22. August".

Bem. 3. Während der allgemeinen Schonzeit ist nicht nur die Jagd verboten, sondern es ist auch die Jagd mit Hunden auf Wild, das keine Schonzeit hat (Bem. 10) untersagt; denn das Durchstreifen der Wälder mit Hunden während der Schonzeit des übrigen Wildes könnte zur Beunruhigung des Wildes Veranlassung geben. Das Mitnehmen von Hunden an der Leine und das Aufsuchen von angeschossenem Wild durch Schweißhunde ist jedoch gestattet (Instruktion zu § 3 Abs. 1). Das Verbot des Jagens mit Hunden findet keine Anwendung auf die in Gemäßheit des § 5 dieses Gesetzes vorgenommene Vertilgung des Wildes (Bem. 7, 8 zu § 5). Ueber die Möglichkeit, die Ausübung der Jagd mit Laufhunden auch für eine längere Zeit zu verbieten, siehe Bem. 5 zu § 7 dieses Gesetzes.

2. Besondere Schonzeiten sind bestimmt:

Bem. 4. a) für den Rehbock für die Zeit vom 2. Februar bis Ende Mai.

Bem. 5. b) für Wasser- und Sumpfgeflügel, mit Ausnahme der wilden Gänse und Fischreiher, sowie sonstige Strich- und Zugvögel, für die Zeit vom 1. April bis 30. Juni.

Bem. 6. c) Ferner hat das Gesetz vom 8. Mai 1889, betr. die Abänderung des Gesetzes über die Jagdpolizei vom 7. Mai 1883[2]) (GBl. S. 55) bestimmt:

---

[1]) Landes-Ausschuß-Verhandlungen XI. Session. Bd. II, S. 489; 664 ff.
[2]) Landes-Ausschuß-Verhandlungen XVI. Session S. 423 ff. 438.

„Mit der Jagd zu verschonen sind: Schnepfen, Trappen, wilde Schwäne und alles andere nicht als schädliches Wild (§ 2 des Gesetzes, betreffend die Jagdpolizei, vom 7. Mai 1883) erachtete Sumpf- und Wassergeflügel, mit Ausnahme der wilden Gänse und wilden Enten, vom 1. Mai bis 30. Juni einschließlich, wilde Enten vom 1. April bis 30. Juni einschließlich".

d) Ueber die Schonzeit bestimmter Vogelarten vgl. den Abschnitt über „Vogelschutz".

III. Eine Verlängerung der allgemeinen und der besonderen Schonzeiten ist zulässig, nicht jedoch ihre Verkürzung. Das Ministerium ist ermächtigt, bei außerordentlichen Verhältnissen die Feldjagd in einzelnen Landstrichen für einen Zeitraum von längstens 14 Tagen über den Schluß der Schonzeit hinaus zu untersagen. Ueber die Bedeutung dieser verlängerten „Schonzeit" für das Verkehrsverbot vgl. Bem. 2 zu § 4. Bem. 7.

IV. Die Nichteinhaltung der Schonzeit ist strafbar nach § 13 Ziff. 2, § 16 dieses Gesetzes. Bem. 8.

Ueber das Verkehrsverbot während der Schonzeit vgl. § 4.

V. Ueber die Bestimmungen der gesetzlichen Schonzeit hinaus ist dem Jagdpächter durch Artikel 17 der Allgemeinen Pachtbedingungen verboten das Jagen und Erlegen: Bem. 9.

1. von Auer- und Birkhennen,

2. von Hirsch- und Wildkälbern, sowie Rehkitzen ohne besondere Erlaubnis des Kreisdirektors. Das Jungwild gilt als Kalb oder Kitz bis zum 2. Februar des auf die Geburt folgenden Jahres,

3. von weiblichem Rotwild in der Zeit vom 2. Februar bis einschließlich 15. Oktober,

4. von Rehgeißen vor dem 1. November ohne besondere Erlaubnis des Kreisdirektors. Im letzten Pachtjahr dürfen Rehgeißen überhaupt nur mit Erlaubnis des Kreisdirektors erlegt werden,

5. von Auer- und Birkhähnen außerhalb der Zeit vom 10. April bis 31. Mai,

6. von Schnepfen in der Zeit vom 15. April bis 30. Juni.

Zuwiderhandlungen ziehen für jedes Stück Wild in den Fällen 1, 2, 4, 5 und 6 eine Vertragsstrafe von 30 Mk., in dem Falle 3 eine solche von 60 Mk. nach sich. Die Vertragsstrafe ist vom Bürgermeister festzusetzen und erforderlichenfalls nach Maßgabe des § 69 der Gemeindeordnung beizutreiben.

Bem. 10. VI. **Keine Schonzeit haben:** das schädliche Wild im Sinne des § 1 der Verordnung vom 16. Juli 1890 (vgl. Anlage Nr. 2), Hirsche, d. h. männliches Rot- und Damwild (Min. Erl. v. 14. September 1883 (A. Bl. S. 326), Auerhähne, wilde Gänse.

Bem. 11. VII. Die Schonzeiten in Elsaß-Lothringen sind hiernach, wie folgt, festgesetzt (Huber, S. 74):

Helle Farbe: Jagdzeit. Schwarze Farbe: Schonzeit.	Januar	Februar	März	April	Mai	Juni	Juli	August	September	Oktober	November	Dezember
Schädliches Wild (§ 1 der Verordnung vom 16. Juli 1890): Schwarzwild, Füchse, Dächse, Kaninchen, Tagraubvögel mit Ausnahme der Turmfalken 2c.												
Männliches Rot- u. Damwild.												
Weibl. Rot- u. Damwild, Wildkälber weibl. Rehwild, Rehkitzen, Hasen.		1. ■	■	■	■	■	■	■ 23.				
Rehbock.		1. ■	■	■	■							
Auerhähne, wilde Gänse.												
Fasanen, Rebhühner, Haselwild.		1. ■	■	■	■	■	■	■ 23.				
Auerhennen, Birkwild.	■	■	■	■	■	■	■	■	■	■	■	■
Schnepfen, Trappen, wilde Schwäne.					■	■						
Wilde Enten.				■	■	■						
Lerchen.	■	■	■	■	■	■	■	■	■ 15.			1. ■
Krammetsvögel.	■	■	■	■	■	■	■	■	■ 21.			

Das Jagen mit Hunden auf Hirsche, Rehböcke und schädliches Wild in der Zeit vom 2. Februar bis 23. August ist untersagt.

Das Jagen auf Fasanenhennen und Rebhühner ist auch außerhalb der Schonzeit untersagt, so lange der Boden mit Schnee bedeckt ist.

Bem. 12. VIII. Das Ausnehmen der Jungen von Federwild, das Schonzeit hat, ist untersagt; das Ausnehmen von Eiern ist nur insoweit gestattet, als Eier, welche im Freien gelegt sind, von dem Jagdberechtigten in Besitz genommen werden, um sie ausbrüten zu lassen. Die Strafbestimmung enthält § 368 Ziff. 11 Strafgesetzbuch.

§ 4.

Es ist verboten, während der Schonzeit, vom vierzehnten Tage nach Eintritt derselben an, Wild, welches zu schonen ist, feilzubieten, zu verkaufen, zu kaufen, zu transportieren oder zum Verkauf umherzutragen. Dieses Verbot findet keine Anwendung auf den von der Behörde angeordneten Transport

Berichtigung.

S. 94. Bem. 11. Tabelle: Lerchen sind nicht mehr jagdbar, infolgedessen ist die betreffende Rubrik „schwarz" einzuzeichnen.

S. 95. Abs. 1 ist ergänzt durch das Gesetz vom 17. Juni 1908 (G.Bl. S. 41); vgl. Anhang S. 175.

in Elsaß-Lothringen eine Schonzeit besteht; besteht keine Schonzeit (wie beispielsweise für Renntiere), so ist der Verkehr frei von allen Beschränkungen.

2. Nur von einem bestimmten Tage seit Beginn der Schonzeit an ist das Wild verkehrsunfähig. Unter Schonzeit ist die in § 3 dieses Gesetzes ein für allemale bestimmte Zeit zu verstehen; nicht als Schonzeit hat die Zeit zu gelten, für die das Ministerium unter besonderen Umständen die Feldjagd über die gesetzliche Schonzeit hinaus verbieten kann (§ 3 Abs. 4 dieses Gesetzes, Instruktion zu § 3). Bem. 2.

3. Das Verbot beginnt — anders wie nach Art. 4 des Bem. 3.

Gesetzes vom 3. Mai 1844 — erst vom Anfang des vierzehnten Tages an nach Eintritt der Schonzeit, während welcher die betreffende Wildgattung nach § 3 des Gesetzes geschont werden muß. Das Verbot endigt mit dem Ablauf des Tages, an dem die Schonzeit aufhört. Also ist beispielsweise ein Rehbock vom 1. Juni an wieder verkehrsfähig.

Bem. 4. 4. Die Verkehrsunfähigkeit zeigt sich darin, daß verboten ist:

a) das Feilbieten des Wildes. Feilgeboten wird eine Ware, wenn sie bereit gestellt, zugänglich gemacht wird; das bloße Angebot, Wild zu liefern oder die Erfüllung der übernommenen Lieferungspflicht durch Zusendung des Wildes ist kein Feilbieten. Das Kammergericht (Deutsche Juristen-Zeitung Bd. V. S. 505) hat in der Uebersendung von Wild an eine Wildhandlung zum kommissionsweisen Verkauf kein Feilbieten erblickt, weil der Uebersender nicht beabsichtigt, daß der Kommissionär ihm eine Offerte mache, sondern weil er im Auftrag des Uebersenders Dritten die Ware offerieren soll.

Als Feilbieten ist auch das Offerieren von Wild auf Speisekarten aufzufassen. Ders. Ans. Huber S. 77 Bem. 6.

Bem. 5. b) das Verkaufen und Kaufen des Wildes.

Das Verbot des Kaufens ist eine exzeptionelle Bestimmung, die andere Jagdpolizeigesetze nicht kennen. Nach reichsländischem Recht macht sich daher der Gast, der in einer Wirtschaft während der Schonzeit Wild genießt, strafbar; derselben Ansicht Huber S. 77 Bem. 6. Sehr zweifelhaft ist es, ob Wildkonserven, Wildpasteten während der Schonzeit dem Verkehrsverbote unterliegen. Dagegen spricht die Erwägung, daß derartige Speisen mit so vielen anderen Ingredienzien vermischt sind, daß das Wild einen verhältnismäßig nebensächlichen Bestandteil bildet. Anderer Ansicht Huber S. 77 Bem. 6. Vgl. Coermann, Die Strafgesetze Elsaß-Lothringens, S. 35 Bem. 6.

Bem. 6. c) das Transportieren des Wildes. Da jedes Transportieren während der Verbotszeit untersagt ist, so ist das Verbot überschritten:

wenn das Wild Elsaß-Lothringen nur als Durchgangsland passiert (Geflügel aus Italien, das nach Preußen bestimmt ist), jedoch muß das Wild in Elsaß-Lothringen Schonzeit haben;

Bem. 7. wenn der Transport des Wildes außerhalb Elsaß-Lothringens begonnen hat, selbst wenn für das Wild am Absendungsort keine Schonzeit bestand. Z. Bd. 11. S. 524; 12. S. 83.

Ob ein Transport von Wild, das während der Schonzeit verunglückt, also nicht durch Menschenhand erlegt ist („Fallwild"), strafbar sei, ist bestritten. In einer früheren Entscheidung des Oberlandesgerichtes von Colmar vom 13. Juli 1883 (Huber, S. 80 ff.) wird die Strafbarkeit verneint, da hier dem Zwecke des Gesetzes (Unterdrückung der Wilderei) nicht zuwidergehandelt werde, dagegen wird sie — mit Recht — bejaht in einer Entscheidung vom 9. Dezember 1902: „es ist mit Bestimmtheit anzunehmen, daß, wenn nach dem Willen des Gesetzgebers nur der Transport rechtswidrig erworbenen Wildes zur Schonzeit unter Strafe gestellt werden sollte, dieser Wille im Gesetze selbst zum Ausdruck gebracht worden wäre. Denn es ist in den Beratungen des Gesetzes auf die Härte, welche durch das unbedingte Transportverbot im einzelnen Falle, insbesondere beim Transport rechtmäßig erworbenen Fallwildes, herbeigeführt werden kann, ausdrücklich hingewiesen und gleichwohl — wegen der praktischen Notwendigkeit eines wirksamen Jagdschutzes — von einer Ausnahmebestimmung abgesehen worden, nachdem der Regierungsvertreter auf den Schlußsatz des Abs. 1 cit. § 4 (wonach das Verbot auf den von der Behörde angeordneten Transport von Wild keine Anwendung findet) und auf die hierdurch gegebene Möglichkeit, Härten im Einzelfall zu vermeiden, aufmerksam gemacht hatte ... Sicher aber ist, daß Regierung und Landesausschuß von der Annahme ausgingen, daß der zum Gesetz gewordene Entwurf des cit. § 4 auf den Transport rechtmäßig erworbenen Fallwildes Anwendung zu finden habe. Der dahingehende dem Wortlaut entsprechende Wille des Gesetzgebers kann also einem Zweifel nicht unterliegen". Bem. 8.

d) das Umhertragen des Wildes zwecks Verkaufs. Bem. 9.

5. Die Ueberschreitung des Verbotes ist strafbar nach § 13 Abs. 1 Ziffer 3 dieses Gesetzes; außerdem ist auf die Einziehung des Wildes zu erkennen ohne Unterschied, ob dasselbe dem Verurteilten gehört oder nicht. Bem. 10.

6. Für die Beschlagnahme von Wild ist die allgemeine Verfügung des Oberstaatsanwalts vom 16. April 1887 (ABl. S. 86. Anlage Nr. 6) maßgebend. Bem. 11.

7. In zivilrechtlicher Hinsicht ist das Verbot insofern von Bedeutung, als jedes Rechtsgeschäft, das gegen das Verbot verstößt, nichtig ist (§ 134 BGB.). Unter Umständen ist der Empfänger zur Herausgabe verpflichtet § 817 BGB. Bem. 12.

Bem. 13. II. Das Verbot berührt nicht einen Transport oder Verkauf von Wild, welchen die Behörde anordnet, beispielsweise wenn die Voraussetzungen des § 5 erfüllt sind, oder wenn der Oberförster den Transport und Verkauf von Wild, das während der Schonzeit in administrierten Jagden verendet aufgefunden wird, gestattet.
Bem. 14. Ferner kann der Kreisdirektor während der Schonzeit das Einfangen und den Transport von lebendem Wild zu dem Zweck gestatten, dasselbe zu erhalten oder seine Vermehrung zu befördern. Hierdurch soll der „Betrieb von Fasanerien, das Aussetzen einzelner Wildarten in Wildparks oder auf sonstigen Jagdgebieten und die Beschützung des durch Hochwasser, Schnee u. dergl. bedrohten Wildes" ermöglicht werden.

§ 5.

Wenn wegen übermäßiger Vermehrung des Wildes oder aus sonstigen Gründen außergewöhnlicher Wildschaden zu befürchten ist, hat der Kreisdirektor auf Antrag der beschädigten Grundbesitzer und nach vorheriger Prüfung des Bedürfnisses, auch während der Schonzeit, dem Jagdberechtigten die Abminderung aufzugeben. Kommt der Jagdberechtigte dieser Aufforderung innerhalb der gesetzten Frist nicht oder nicht genügend nach, so ist der Bezirkspräsident befugt, die erforderlichen Maßregeln zu treffen. Er kann insbesondere den Grundbesitzern mit örtlicher und zeitlicher Beschränkung die Erlaubnis erteilen, das Wild bei Betreten ihrer Grundstücke mit den für die Ausübung der Jagd gestatteten Mitteln zu vertilgen, und geeigneten Falls Polizeijagden anordnen. Polizeijagden auf Hasen und Rehe sind nicht zulässig.

Das in Folge solcher Maßnahmen erlegte Wild ist, nach näherer Anordnung des Bezirkspräsidenten, dem Jagdberechtigten zur Verfügung zu stellen und zu dessen Gunsten zu verkaufen. Die Kosten einer Polizeijagd trägt der Jagdberechtigte insoweit, als dieselben den Wert des erlegten Wildes nicht übersteigen.

Die Verwertung des auf seine Anordnung während der Schonzeit erlegten Wildes regelt der Bezirkspräsident in sinngemäßer Anwendung der vorstehenden Bestimmungen.

§ 5 E. Begründung S. 1, 10. L.A. S. 206; Komm. Ber. S. 451; L.A. S. 507—508; 590.

I. Der vorliegende Paragraph hat den Zweck, die Grundbesitzer gegen Wildschaden zu schützen, den sie durch Ausübung der ihnen in § 2 dieses Gesetzes verliehenen Befugnisse nicht abzuwenden vermögen. Die zivilrechtlichen Ersatzansprüche, welche unter Umständen den Grundbesitzern nach eingetretenen Wildschäden gegenüber den Jagdberechtigten zustehen, werden durch die Bestimmungen des Jagdpolizeigesetzes nicht berührt. Instruktion zu § 5. Bem. 1.

II. Die Abminderung des Wildes ist anzuordnen, wenn: Bem. 2.

1. ein außergewöhnlicher Wildschaden durch übermäßige Vermehrung des jagdbaren oder des schädlichen Wildes oder aus sonstigen Gründen zu befürchten ist. Beispielsweise genügt es, wenn ein Rudel Rotwild, welches in der Nähe des Feldes seinen Stand nimmt, einen außergewöhnlichen Wildschaden verursachen kann, ohne daß sich das Wild übermäßig vermehrt haben muß (Instruktion zu § 5).

2. ein Antrag von den beschädigten Grundbesitzern gestellt wird, der bis zur Durchführung der Maßnahmen aufrecht erhalten bleibt. Wird der Antrag zurückgenommen, so entfällt auch die Möglichkeit, die weiteren Anordnungen zu treffen. Von Amtswegen kann also nicht eingeschritten werden. Bem. 3.

3. die Prüfung der näheren Umstände die Abminderung als ratsam erscheinen läßt. Ob ein außergewöhnlicher Wildschaden zu befürchten ist, hat der Kreisdirektor nach Anhörung des zuständigen Oberförsters und, soweit er es für angezeigt erachtet, auch des Jagdberechtigten, eingehend zu prüfen. Bem. 4.

III. Sind diese Voraussetzungen erfüllt, so kann:

1. der Kreisdirektor auch während der Schonzeit dem Jagdberechtigten die Abminderung innerhalb einer bestimmten Frist aufgeben. Die Frist muß so bemessen werden, daß der Jagdberechtigte bei gutem Willen imstande ist, das Wild abschießen zu können. Gegen die Verfügung des Kreisdirektors ist Beschwerde an den Bezirkspräsidenten zulässig; aufschiebenden Erfolg hat die Beschwerde nicht. Bem. 5.

2. Kommt der Jagdberechtigte der Aufforderung nicht recht- Bem. 6.

zeitig oder nicht genügend nach, so muß der Kreisdirektor dem Bezirkspräsidenten Bericht erstatten, der alsdann die erforderlichen Maßnahmen zu treffen hat. Dieser kann:

Bem. 7. a) den Grundbesitzern mit örtlicher und zeitlicher Beschränkung gestatten, das Wild beim Betreten ihrer Grundstücke mit den für die Ausübung der Jagd gestatteten Mitteln zu vertilgen. Auch während der allgemeinen Schonzeit ist unter diesen Umständen die Jagd mit Hunden zulässig. Instruktion zu § 3. Die örtlichen und zeitlichen Beschränkungen (auf Tage, bestimmte Tageszeiten) sind nach Lage des einzelnen Falles zu treffen. Ueber die sonstigen Rechte der Grundstückseigentümer zur Vertilgung des schädlichen Wildes, vgl. § 2 dieses Gesetzes.

Bem. 8. b) unter ganz besonderen Umständen Polizeijagden anordnen. Die Polizeijagd wird ausgeführt von Personen, die der Bezirkspräsident bestimmt, gewöhnlich von Forstschutzbeamten, die hierzu keines Jagdscheines bedürfen (§ 9 Abs. 3 Ziffer 2). Werden andere Personen ausgewählt, so müssen sie im Besitz eines Jagdscheines sein, weil eine generelle Ausnahme für Polizeijagden nicht besteht. Bei der Polizeijagd dürfen alle zur Vertilgung des Wildes geeigneten, vom Bezirkspräsidenten bestimmten Mittel verwendet werden, vgl. Bem. 9 zu § 7. Die Verordnung vom 16. Juli 1890 (vgl. Bem. 10 zu § 2) kommt hierbei nicht in Betracht; ebenso kann auch die Jagd mit Hunden während der allgemeinen Schonzeit gestattet werden. Instruktion zu § 3.

Bem. 9. Die Polizeijagden sind auf alle Tiere mit Ausnahme der Hasen und Rehe zulässig, da sie nur einen verhältnismäßig geringen Schaden anrichten.

Bem. 10. Die Kosten einer Polizeijagd hat der Jagdberechtigte insoweit zu tragen, als sie den Wert des erlegten Wildes nicht übersteigen. Sind die Kosten höher, so sind die Mehrkosten auf die Landeskasse zu übernehmen, sind sie geringer, so ist der Ueberschuß dem Jagdberechtigten zu überweisen (Instruktion zu § 5).

Bem. 11. 3. Das Wild, das infolge der von dem Kreisdirektor oder dem Bezirkspräsidenten getroffenen Anordnungen erlegt wird, ist Eigentum des Jagdberechtigten, daher ihm zunächst durch den Bezirkspräsidenten zur Verfügung zu stellen oder zu seinen Gunsten zu verkaufen. Ist eine Polizeijagd abgehalten worden und lehnt der Jagdberechtigte die Annahme des hierbei getöteten

Wildes ab, so hat der Bezirkspräsident den Wert des Wildes feststellen zu lassen und seinen Verkauf anzuordnen. In diesem Falle finden die Verbote des § 4 keine Anwendung, das Wild ist verkehrsfähig.

IV. Unabhängig von diesen durch das Jagdpolizeigesetz zuge- Bem. 12. lassenen Maßnahmen legt Art. 19 der Allgemeinen Jagdpachtbedingungen jedem Pächter die Verpflichtung auf, auf tunlichste Minderung des schädlichen Wildes, insbesondere des Schwarzwildes, hinzuwirken. Kommt der Pächter trotz an ihn ergangener Aufforderung dieser Verpflichtung nicht nach, so kann der Bürgermeister mit Zustimmung des Kreisdirektors die zuständigen Forstschutzbeamten anweisen, Schwarzwild auf ihren Reviergängen, auf der Pürsche und auf dem Anstande abzuschießen. Das so erlegte Wild ist dem Jagdpächter gegen Zahlung des für die verwalteten Staatswaldjagden festgesetzten Schießgeldes zu überweisen.

Ebenso verbietet derselbe Artikel das Aussetzen von Kaninchen Bem. 13. bei einer Vertragsstrafe von 300 Mk. für jedes Kaninchen. Bei überhandnehmender Kaninchenplage ist der Bürgermeister berechtigt, mit Zustimmung des Kreisdirektors zuverlässigen Personen auf dem verpachteten Jagdgebiet das Abschießen sowie den Fang der Kaninchen mit Netzen und Frettchen zu gestatten und die Kaninchen den Erlegern und Fängern zu überlassen. Ueber die Vertilgung der Kaninchen vgl. ferner Bem. 12 zu § 2 dieses Gesetzes.

§ 6.

Das Ministerium bestimmt, welche Vögel als nützliche zu erachten und welche Maßnahmen zu treffen sind, um deren Vertilgung zu verhüten oder deren Vermehrung zu befördern. Hierbei kann insbesondere die Jagd auf die als nützlich bezeichneten Vögel untersagt oder beschränkt werden, auch wenn sie nach § 3 statthaft wäre.

§ 6 E. Begründung S. 1, 10. L.A. S. 201; Komm. Ber. S. 452; L.A. S. 509; 590.

Der § 6 ist aufgehoben durch § 3 des Gesetzes zur Aus- Bem. 1. führung des Gesetzes betreffend den Schutz von Vögeln vom 22. März 1888, vom 2. Juli 1890 (GBl. S. 47).

§ 7.

Die Ausübung der Feldjagd zur Nachtzeit ist verboten. Als Nachtzeit gilt der Zeitraum, welcher eine Stunde nach Sonnenuntergang beginnt und eine Stunde vor Sonnenaufgang endet.

Die Ausübung der Jagd mit Laufhunden (Bracken) kann für bestimmte Zeiten und Gegenden durch das Ministerium nach Anhörung des Bezirkstages verboten werden.

Der Gebrauch von Schlingen ist nur bei der Jagd auf Krammetsvögel erlaubt.

Andere, nicht zur regelmäßigen Ausübung der Jagd dienende Jagdmittel und Jagdgeräte kann das Ministerium verbieten.

§ 7 E. Begründung S. 2, 7. L. A. S. 204, 208. Komm. Ber. S. 452—453. L. A. S. 509—513; 590—593; 603—606.

Bem. 1. I. „Von einer Bestimmung der erlaubten Arten der Jagd, wie solche in dem Gesetze von 1844 gegeben war, wurde in dem Jagdpolizeigesetze vom 7. Mai 1883 abgesehen. Es erschien zweckmäßig und hinreichend, nur diejenigen Jagdmittel und Geräte zu bezeichnen, welche unbedingt verboten sein sollen oder durch das Ministerium verboten werden können. Zu gewissen Zeiten und in bestimmten Gegenden kann die Jagd mit Laufhunden, besonders mit Rücksicht auf das zu schonende Wild, schädlich sein. Dieselbe muß daher bei dieser Voraussetzung verboten werden können. Der Gebrauch von Schlingen ist nur bei der Jagd auf Krammetsvögel erforderlich und weidmännisch. Hinsichtlich der sonstigen Jagd ist die Schlinge auch schon deshalb zu verbieten, um der Wilddieberei möglichst entgegenzuwirken" (Begründung).

II. **Unbedingt verboten ist:**

Bem. 2. 1. die Ausübung der **Feldjagd zur Nachtzeit**. Ein Uebelstand, bei Nacht zu jagen, und zwar mit Rücksicht auf den Wechsel des Wildes zur Nachtzeit, stellt sich hauptsächlich dann heraus, wenn die Feld- und Waldjagd geteilt sind. Als Nachtzeit gilt der Zeitraum, der eine Stunde nach Sonnenuntergang beginnt und eine Stunde vor Sonnenaufgang endet, also die Zeit der Dunkelheit. Die Strafbestimmungen sprechen §§ 13 Ziff. 2 und § 16 dieses Gesetzes aus.

Berichtigung.

S. 103. Bem. 3. Die Worte „abgesehen bei der Jagd auf Krammetsvögel" sind zu streichen.
Bem. 4 fällt weg.

S. 104. Bem. 7a. Die Worte „ausgenommen bei dem Krammetsvogelfang" sind zu streichen.

S. 104. § 8. Nach dem Vogelschutzgesetz vom 30. Mai 1908 erstreckt sich das Verbot auch auf Krammetsvögel.

Daher fallen weg die Worte in:
Bem. 1: „mit Ausnahme von Krammetsvögeln".
Bem. 3 ganz.

In der 28. Session des Landesausschusses (1901) wurde ein Antrag Pierson und Genossen eingebracht, welcher unter Abänderung des § 7 bestimmt habe wollte: „Vom 23. August bis 1. Februar ist die Ausübung der Feldjagd auf dem Anstande zwischen Sonnenuntergang und Sonnenaufgang verboten. Ausgenommen von diesem Verbote ist die Jagd auf Wildenten und Schnepfen an stehenden und fließenden Gewässern". Der Antrag ist unerledigt geblieben. Verhandlungen des Landesausschusses S. 478—479; 475.

2. der **Gebrauch von Schlingen**, abgesehen bei der Jagd auf Krammetsvögel. Als Gebrauch von Schlingen bei der Jagdausübung ist erst das Aufstellen aufzufassen; solange die Schlingen in der Hand gehalten und zur Aufstellung geeignete Plätze gesucht werden, ist eine Vorbereitungshandlung gegeben. Anderer Ansicht RG. Bd. VIII S. 378. Bem. 3.

Der **Krammetsvogelfang** ist von dem Reichsgesetz betr. den Schutz von Vögeln vom 22. März 1888 (RGBl. S. 111) § 8 nur in der Zeit vom 21. September bis 31. Dezember je einschließlich gestattet. Die Berechtigten, welche in Ausübung des Krammetsvogelfangs außer den eigentlichen Krammetsvögeln auch andere nach dem Reichsgesetz geschützte Vögel unbeabsichtigt mitfangen, bleiben straflos. Vgl. Bem. 3 zu § 8 des Vogelschutzgesetzes. Bem. 4.

III. **Durch das Ministerium kann verboten werden:**

1. die **Ausübung der Jagd mit Laufhunden** (Bracken) für bestimmte Zeiten und Gegenden nach Anhörung des Bezirkstages. Von der Befugnis ist Gebrauch gemacht durch die V. v. 23. Februar 1905 (ABl. S. 95): Bem. 5.

„Die Ausübung der Jagd mit Laufhunden (hochbeinigen Bracken) wird, soweit sie nicht bereits auf Grund von § 3 Abs. 1 des Gesetzes vom 7. Mai 1883 untersagt ist, im ganzen Bezirk Unter-Elsaß auf die Dauer von 3 Jahren verboten. Diese Verordnung tritt am 1. April 1905 in Kraft".

Unter **Bracke** ist wohl nicht die Bracke im technischen Sinne, sondern ein gewöhnlicher, schwach mittelgroßer Hund zu verstehen, welcher auf frischer Wildfährte laut jagt und das Wild dem Jäger zutreibt. Teckel, Teckelbastarde und Hühnerhunde gehören nicht zu den Bracken. — Die Strafbestimmungen enthält §§ 13 Ziff. 1, 16 dieses Gesetzes. Bem. 6.

2. alle nicht zur regelmäßigen Ausübung der Jagd dienenden Bem. 7.

Jagdmittel und Jagdgeräte. Jagdgeräte sind leblose Dinge, die nach ihrer Beschaffenheit an sich zur Verwendung bei der Jagd geeignet und dazu auch dauernd bestimmt sind. Olshausen, Bem. 3d zu § 295 Strafgesetzbuch.

Verboten sind:

a) der Gebrauch von Schlingen, ausgenommen bei dem Krammetsvogelfang (oben Bem. 3, 4),

b) der Gebrauch von Laufhunden (oben Bem. 5),

Bem. 8. c) der Gebrauch von Gift durch die Verordnung vom 4. Februar 1899 (A.Bl. S. 17):

„Die Verwendung von Gift als Jagdmittel ist verboten. Die Kreis- und Polizeidirektoren sind befugt, ausnahmsweise in einzelnen Fällen die Verwendung von Gift als Jagdmittel zu gestatten."

Die Strafvorschriften enthalten die § 12 Ziff. 1 und 3, § 16 dieses Gesetzes; über die Einziehung der verbotenen Mittel und Geräte vgl. Bem. 2ff. zu § 12 dieses Gesetzes.

Bem. 9. IV. Bei Polizeijagden (§ 5) kann von der Beobachtung der die Jagdausübung einschränkenden Bestimmungen abgesehen werden.

§ 8.

Mit Ausnahme von Krammetsvögeln darf Wild, welches in Schlingen gefangen ist, nicht feilgeboten, verkauft, transportiert oder zum Verkauf umhergetragen werden. Den Wirten und Händlern ist verboten, derartiges Wild anzukaufen.

§ 8 E. Begründung S. 10. L.A. S. 204; Komm. Ber. S. 453; L.A.S. 513; 606—607.

Bem. 1. I. „Behufs Unterdrückung des verbotenen Schlingenstellens erscheint ein Verbot, in Schlingen gefangenes Wild — mit Ausnahme von Krammetsvögeln — in den Verkehr zu bringen, notwendig. Ein solches wird daher vorgeschlagen, um auch in denjenigen Fällen vorgehen zu können, in welchen die Anwendung der Bestimmungen über verbotenes Schlingenstellen, bezw. über Begünstigung und Hehlerei (§§ 257 ff. St. G. B.) ausgeschlossen ist". Begründung.

Bem. 2. II. Das Verbot des vorliegenden Paragraphen deckt sich inhaltlich nicht mit dem des § 4. Es erstreckt sich — im Gegensatze zu dem Verbote des § 4 — nicht auf jede Art von Wild, sondern nur auf Wild, das in Schlingen gefangen ist; nach beiden Verboten ist das Feilbieten, Verkaufen, Transportieren, zum Verkauf umhertragen (vgl. Bem. 4 ff. zu § 4) untersagt; § 4 verbietet ferner jedes Kaufen innerhalb bestimmter Zeit, während § 8 nur das Ankaufen von in Schlingen gefangenem Wild durch Wirte und Händler verhindern will. Daher ist es nicht untersagt und auch nicht strafbar, wenn jemand, der nicht Wirt oder Händler ist, ein in Schlingen gefangenes Wild kauft, vorausgesetzt, daß es nicht zwischen dem 14. Tage nach Eintritt der Schonzeit und dem Jagdbeginn (Verbot des § 4) gekauft wird. Das Verbot des § 8 ist zeitlich unbeschränkt (wie das Verbot des § 4), es gilt immer.

Nur die Krammetsvögel sind von dem Verbote ausgenommen, sie können mit Schlingen gefangen werden. Bem. 4 zu § 7. Bem. 3.

III. Die Zuwiderhandlung gegen das Verbot ist strafbar nach § 13 Ziffer 4; § 16. Ueber Einziehung des Wildes ist § 13 Abs. 2 dieses Gesetzes zu vergleichen. Bem. 4.

IV. Das in Schlingen gefangene Wild ist, wenn keine Bestrafung erfolgt, dem Jagdberechtigten, und zwar in administrierten Jagden dem Oberförster zur Verrechnung als Fallwild, sonst dem Jagdausübungsberechtigten zu überlassen. Ein Weiterverkauf des Wildes darf unter keinen Umständen stattfinden. Bem. 5.

§ 9.

Die Ausübung der Jagd ist nur nach Lösung eines Jagdscheines gestattet. Der Jagdschein wird für die Zeit vom 2. Februar bis zum 1. Februar des folgenden Jahres ausgestellt und ist für das ganze Land gültig.

Für Jagdgäste können auf Antrag des Jagdberechtigten Zusatzjagdscheine auf einen Zeitraum von 8 Tagen ausgestellt werden. Diese Scheine sind nur für den Jagdbezirk des Jagdberechtigten gültig.

Eines Jagdscheines bedürfen nicht:

1. Personen, welche die Jagd auf Grundstücken ausüben,

die an eine Wohnung anstoßen und mit einer ununterbrochenen, jede Verbindung mit den benachbarten Grundstücken aufhebenden Einfriedigung umgeben sind;

2. Forstschutzbeamte, welche in Ausübung des Dienstes nach Weisung ihrer Vorgesetzten auf administrierten Jagden innerhalb ihres Oberförstereibezirks oder auf Polizeijagden Wild abschießen.

Der Jäger hat den Jagdschein bei Ausübung der Jagd mit sich zu führen.

Der Jagdschein ist bei dem Bürgermeister nachzusuchen. Die Ausstellung erfolgt durch den Kreisdirektor, beziehungsweise durch den Polizeidirektor.

Für Ausstellung des Jagdscheines ist eine Gebühr von 20 Mark, für Ausstellung jedes Zusatzjagdscheines eine Gebühr von 5 Mark zu entrichten. Von der Gebühr werden 2/5 der Gemeindekasse derjenigen Gemeinde überwiesen, in welcher der Schein nachgesucht worden ist. Der Rest der Gebühr fließt in die Landeskasse.

§ 9 E. Begründung S. 8, 10, L.A. S. 208; Komm. Ber. S. 453; L.A. S. 513—516; 607.

Bem. 1. I. 1. Wer das Recht zur Jagdausübung hat, darf tatsächlich erst jagen, wenn er im Besitz eines Jagdscheines sich befindet. Der Jagdschein ist, wie die Angelkarten, Fischerkarten, ein polizeiliches Ausweispapier: er stellt fest, daß seitens der Polizei Bedenken gegen die Ausübung der Jagd durch den Inhaber des Jagdscheines nicht bestehen. Da die Ausstellung der Jagdscheine nur nach Prüfung der persönlichen Verhältnisse des Jagdberechtigten erfolgt, hat der Jagdschein eine präventive Wirkung: er hält ungeeignete Elemente von der Jagd fern. Im Gegensatze zu den Angel- und Fischerkarten wird der Jagdschein nur nach Entrichtung einer verhältnismäßig hohen Gebühr erteilt; infolgedessen hat er auch eine prohibitive Wirkung: er schränkt die Zahl der Jagdausübenden ein.

Bem. 2. 2. Der Besitz eines Jagdscheines berechtigt nur dann zur Ausübung der Jagd, wenn der Inhaber des Scheines nach den Vorschriften des Jagdgesetzes befugt ist, zu jagen. Daher entbindet der Besitz des Jagdscheines nicht von dem Nachweise der Berechtigung zur Jagdausübung auf dem Gebiete, auf dem tatsächlich gejagt wird.

3. Das Gesetz kennt zwei Arten von Jagdscheinen: den des Jagdberechtigten und den Zusatzjagdschein des Jagdgastes. Der Jagdschein wird vom 2. Februar bis zum 1. Februar des folgenden Jahres ausgestellt und hat Gültigkeit für das ganze Land. Der Zusatzjagdschein wird auf die Dauer von acht Tagen ausgestellt und hat Gültigkeit für den Jagdbezirk des Jagdberechtigten. Die Gebühr für Ausstellung eines Jagdscheines beträgt 24 M., für Ausstellung eines Zusatzjagdscheines 6 M.; Jagdscheine können wiederholt, Zusatzjagdscheine nur einmal ausgefertigt werden. Weitere Unterschiede bestehen zwischen Jagd- und Zusatzjagdscheinen nicht. Wo das Gesetz von Jagdscheinen spricht, sind die Zusatzjagdscheine mitgemeint, sofern nicht ausdrücklich die Bestimmungen nur für diesen oder nur für jenen gelten sollen. Bem. 3.

Über die Erlaubnisscheine zum Abschuß schädlichen Wildes vgl. Bem. 16 zu § 2 dieses Gesetzes.

4. Jeder, der jagt, bedarf eines Jagd- (Zusatzjagd-) Scheines, abgesehen von den beiden im Abs. 3 des § 9 genannten Gruppen von Personen, die ohne im Besitz eines Jagdscheines zu sein, jagen können. Bem. 4.

5. Zu jeder Ausübung der Jagd ist der Besitz des Jagdscheines erforderlich. Ausübung der Jagd (vgl. Bem. 3 zu § 1) ist auch Legen von Gift, Aufstellen von Fallen, Aussetzen von Frettchen. Die Teilnehmer einer Parforcejagd üben die Jagd aus; wenn dabei aber auf eingefangene und wieder ausgesetzte Tiere „gejagt“ wird, so liegt keine Jagdausübung vor, weil die Tiere nicht mehr herrenlos sind. Überhaupt ist nur dann die Lösung eines Jagdscheines nötig, wenn jagdbares Wild gejagt wird, nicht dagegen, wenn nicht jagdbare Tiere verfolgt oder erlegt werden sollen. Bem. 5.

Nicht als Ausübung der Jagd gilt das Recht der Eigentümer, Besitzer oder Pächter, schädliches Wild auf ihren Ländereien vertilgen zu dürfen. (§ 2 Jagdpolizeigesetz); daher bedürfen sie hierzu keines Jagdscheines. Bem. 6.

Fraglich ist es, ob Treiber und ähnliche zur Jagdausübung zugezogene Hilfspersonen eines Jagdscheines bedürfen. Nach Bem. 7.

dem Geiste des Gesetzes ist unter Ausübung der Jagd im Sinne der vorliegenden Bestimmung die Betätigung des Willens, am Wild Besitz zu ergreifen und es zu erlegen, zu verstehen. Der Treiber hilft dem Jagdberechtigten, indem er ihm das Wild zutreibt, ohne gewöhnlich die Absicht zu haben, das Wild sich aneignen zu wollen. Mithin braucht er keinen Jagdschein zu lösen. Derselben Ansicht Huber S. 93 Bem. 6. Coermann, Die Strafgesetze Elsaß-Lothringens S. 36 Bem. 5. Das preußische Jagdschutzgesetz vom 31. Juli 1895 bestimmt in § 2 ausdrücklich, daß zu Treiberdiensten kein Jagdschein erforderlich ist.

Bem. 8. 6. Die badischen Jagdscheine haben auf Grund eines mit Frankreich im Jahre 1858 abgeschlossenen Uebereinkommens (Sammlung der Präfekturakten des Niederrheins 1858 S. 163; Huber, S. 92) für die Ausübung der Jagd auf dem zum badischen Staatsgebiete gehörigen, aber über die Hoheitsgrenzen hinausragenden Gemarkungen Gültigkeit, wenn sie mit einem Visum der reichsländischen Behörden versehen sind; umgekehrt müssen auch die elsaß-lothringischen Jagdscheine in Baden visitiert werden, um zur Ausübung der Jagd auf den zum elsaß-lothringischen Staatsgebiete gehörenden, aber über die Hoheitsgrenze hinausragenden Gemarkungen zu berechtigen. Vgl. Bem. 2 zu § 1 dieses Gesetzes.

Bem. 9. 7. Die Ausübung der Jagd, ohne daß der vorgeschriebene Jagdschein gelöst ist, ist strafbar nach § 14 Ziffer 1 dieses Gesetzes, vgl. die Bemerkungen hierzu.

Bem. 10. 8. Der Jagdschein, Zusatzjagdschein ist bei Ausübung der Jagd mit sich zu führen, andernfalls Bestrafung nach § 15 dieses Gesetzes eintreten kann. Vgl. Bemerkungen zu § 15.

Bem. 11. 9. Die Gebühr für Ausstellung eines Jagdscheines hat das Jagdpolizeigesetz auf 20 Mk., für die Ausstellung eines Zusatzjagdscheines auf 5 Mk. festgesetzt. Jedoch bestimmt das Gesetz, betreffend die Gewährung von Beihülfen an Landwirte, welchen durch Schwarzwild Schaden verursacht worden ist, vom 9. Juli 1888 (GBl. S. 89) § 1:

„Die Gebühr, welche nach § 9 Abs. 6 des Gesetzes, betr. die Jagdpolizei, vom 7. Mai 1883 (Gesetzbl. S. 57) für die Ausstellung von Jagdscheinen zu entrichten ist, wird bezüglich derjenigen Jagdscheine, deren Gültigkeit nach dem 1. Februar 1889 beginnt, um eine Zuschlagsgebühr erhöht, welche für die Ausstellung eines Jagdscheines vier Mark, für die Ausstellung eines Zusatzjagdscheines eine Mark beträgt".

Hiernach ist für die Lösung eines Jagdscheines 24 Mk., für die eines Zusatzjagdscheines 6 Mk. zu entrichten.

Von der Gebühr werden $^{2}/_{5}$ der Gemeindekasse derjenigen Gemeinde überwiesen, in welcher der Schein nachgesucht worden ist. Der Rest der Gebühr fließt in die Landeskasse. Ueber die Verrechnung vgl. §§ 5—8 der V. v. 22. Januar 1889 (Anlage Nr. 9). Bem. 12.

10. Wer einen Jagdschein (Zusatzjagdschein) lösen will, hat zunächst die gesetzlichen Gebühren bei dem Gemeinderechner einzuzahlen und alsdann ein schriftliches Gesuch um Erteilung des Scheines auf vorschriftsmäßigem Stempelpapier unter Anschluß einer Quittung des Gemeinderechners über die Einzahlung der Gebühr bei dem Bürgermeister einzureichen. Das Gesuch kann bei dem Bürgermeister jeder Gemeinde in Elsaß-Lothringen angebracht werden. Die Einzahlung der Gebühr hat bei dem Rechner derjenigen Gemeinde zu erfolgen, in welcher die Erteilung des Scheines nachgesucht wird. Bem. 13.

Der Bürgermeister hat das Gesuch nebst Quittung mit einem Bericht dem Kreis(Polizei)direktor vorzulegen. § 3 V. v. 22. Januar 1889.

11. Ueber die stempelmäßige Behandlung von Bescheinigungen zum Zwecke der Erteilung eines Jagdscheines [Heimatscheines oder Passes] bemerkt eine Verf. des Direktors der Verkehrssteuern vom 22. März 1899 (Amtsblatt des Direktors der Verkehrssteuern 1900 S. 26): Bem. 14.

„Die Beibringung von Bescheinigungen darüber, daß bei einem Gesuchsteller keine der Eigenschaften vorliegt, wegen deren die Erteilung eines Jagdscheines verweigert werden kann oder muß, ist nicht als notwendige Anlage zu den Gesuchen vorgeschrieben; es ist vielmehr Sache der Behörde, sich über das Vorhandensein der Voraussetzungen zur Erteilung der Jagdscheine selbst zu vergewissern. Verlangt die Behörde hierüber Auskunft seitens des Bürgermeisters, sei es in jedem einzelnen Falle, sei es durch allgemeine Anordnung in der Weise, daß der Bürgermeister bei Vorlage der Gesuche sich über die Voraussetzungen zu äußern hat, so ist diese Aeußerung stempelfrei, auch wenn sie in der Form einer Bescheinigung ausgestellt ist. An der Stempelfreiheit der in Form einer Bescheinigung erteilten Auskunft wird auch dadurch nichts geändert, daß der Gesuchsteller den Bürgermeister etwa noch besonders ersucht, bei Weitergabe des Gesuchs sich über die Voraussetzung zur Erfüllung desselben zu äußern.

Dagegen liegt kein Anlaß vor, allgemein alle Bescheinigungen, welche die Erlangung eines Jagdscheines bezwecken, stempelfrei zu behandeln. Bringt der Gesuchsteller von anderen Behörden Bescheinigungen dieser Art bei, im Interesse der Beschleunigung oder aus sonstigen Gründen, so unterliegen diese der allgemeinen Stempelpflicht. Als Grundsatz wird daher anzunehmen sein, daß Bescheinigungen dieser Art, welche von dem Bürgermeister ausgehen, bei dem das Gesuch eingereicht wird, stempelfrei ausgestellt werden können, Bescheinigungen anderer Behörden, welche dem Gesuchsteller erteilt und von diesem dem Gesuch beigelegt werden, aber stempelpflichtig sind."

Bem. 15. 12. Die Entscheidung, ob dem Gesuch stattgegeben wird oder nicht, steht den Kreisdirektoren, in Metz dem Polizeidirektor, in Straßburg dem Polizeipräsidenten, zu. Wird dem Gesuch stattgegeben, so ist der ausgefertigte Jagdschein dem Gesuchsteller zu übersenden und gleichzeitig der Bürgermeister hiervon zu benachrichtigen mit dem Auftrage, dem Gemeinderechner behufs definitiver Verrechnung des der Gemeindekasse zugute kommenden Anteils an der Gebühr Einnahmeanweisung zu erteilen. Wird das Gesuch zurückgewiesen, so muß der Gemeinderechner wegen Rückzahlung des für den Jagdschein eingezahlten Betrages an den Gesuchsteller mit Anweisung versehen werden § 4 V. v. 22. Januar 1889 (Anlage Nr. 9).

Bem. 16. 13. Die Jagdscheine werden unter Benützung eines bestimmten Formulars auf den Namen des Berechtigten ausgestellt. Zur besseren und leichteren Kontrolle wechselt ihre Farbe in der Weise, daß für die Zeit vom 1. Juli 1883 bis 1. Februar 1884 rote, im nächsten Jahre gelbe, in dem dritten grüne, im vierten wieder rote Scheine usw. ausgegeben werden; die Zusatzjagdscheine sind immer weiß. Instruktion zu § 9.

Bem. 17. 14. Jeder Jagdschein wird stets für die Zeit vom 2. Februar bis zum 1. Februar des folgenden Jahres ausgestellt, ohne Rücksicht darauf, wann das Gesuch um Ausstellung bei dem Bürgermeister eingeht. Sämtliche Jagdscheine laufen daher am 1. Februar jeden Jahres ab. Die Gebühr ist immer in ihrem vollen Umfange zu entrichten, auch wenn der Jagdschein wegen späterer Ausstellung nur in einem Teile des Jagdjahres benutzt werden kann. Instruktion zu § 9. Der Jagdschein hat Gültigkeit für das ganze Land, berechtigt also formal zur Ausübung der Jagd in ganz Elsaß-Lothringen. Für die Ausübung der Jagd in den badischen Grenzgemeinden vgl. Bem. 8.

15. Der Zusatzjagdschein wird auf die Dauer von acht Tagen für Jagdgäste ausgefertigt; der erforderliche Antrag um Ausstellung ist von dem Jagdberechtigten zu stellen. Nur der Jagdgast, also derjenige, der den Jagdberechtigten begleitet, aber nicht selbständig ohne Begleitung jagen darf, hat einen Zusatzjagdschein zu lösen. Unzulässig ist die Ausfertigung eines Zusatzjagdscheines für den im Sinne des Jagdgesetzes zur Ausübung der Jagd Berechtigten. Der Zusatzjagdschein hat Gültigkeit für den Jagdbezirk des Jagdberechtigten. Bem. 18.

16. Für die Ausstellung der Jagdscheine, die Aufbewahrung der Formulare und die Annahme und Verrechnung der Gebühren für die Jagdscheine ist die Ministerial-Verordnung vom 22. Januar 1889 (ABl. S. 22) maßgebend (Anlage Nr. 9). Bem. 19.

17. Ueber die wiederholte Ausfertigung von Jagdscheinen trifft die Ministerial-Verordnung vom 21. Dezember 1889 (ABl. 1890 S. 1) Anweisung (Anlage Nr. 10). Bem. 20.

II. Bei Ausübung der Jagd bedürfen eines Jagdscheines nicht:

1. die Personen, auf deren Grundbesitz gemäß § 1 Abs. 2 Ziffer 2 des Jagdgesetzes seine Vorschriften keine Anwendung finden, deren Jagdrecht durch die Gemeinde also nicht verpachtet wird. Wenn auch der Wortlaut des § 1 Abs. 2 Ziffer 2 nicht mit dem des vorliegenden Paragraphen übereinstimmt — § 1 spricht von Grundstücken, welche mit einer fortlaufenden Einfriedigung umgeben sind, die jede Verbindung mit den benachbarten Grundstücken hindert, der vorliegende Paragraph von Grundstücken, die mit einer ununterbrochenen, jede Verbindung mit den benachbarten Grundstücken aufhebenden Einfriedigung umgeben sind — so kann kein Zweifel über die Identität der in Betracht kommenden Grundstücke bestehen. Um von der Lösung eines Jagdscheines befreit zu sein, ist es nötig, daß das Grundstück an eine Wohnung anstößt. Ist dieses Erfordernis nicht erfüllt, so bedarf der Jagdberechtigte eines Jagdscheines. Bem. 21.

Bem. 22. Ein Grundstück stößt an eine Wohnung an, wenn es unmittelbar mit ihr zusammenhängt. Zweifelhaft erscheint es, ob der Zusammenhang durch eine öffentliche Straße, einen Wasserlauf, eine Eisenbahn gestört wird. Die Frage ist zu verneinen, da öffentliche Straßen usw. als Unterbrechungen des räumlichen Zusammenhanges in jagdrechtlicher Hinsicht nicht angesehen werden. Liegt daher eine Wohnung auf der einen Seite der Straße, Eisenbahn usw. und das eingefriedigte Grundstück auf der anderen Seite, so bedarf der Eigentümer ebensowenig eines Jagdscheines, als wenn die Straße, Eisenbahn seinen Grundbesitz nicht durchschneidet. Anderer Ansicht Huber S. 93 Bem. 8.

Bem. 23. Bestritten ist ferner, was eine „Wohnung" ist. Nur ein zum Wohnen bestimmtes, wenn auch zeitweilig nicht benütztes Gebäude wird als Wohnung zu gelten haben. Mithin ist eine Jagdhütte, die zum Uebernachten eingerichtet ist, eine Wohnung; Werkstätten, Fabrikräumlichkeiten dagegen nicht.

Ueber den Begriff „ununterbrochene Verbindung" vgl. Bemerkung 21, 22 zu § 1 Jagdgesetz.

Bem. 24. Ohne Jagdschein darf dann gejagt werden, wenn sich die ganze Jagdhandlung auf dem Grundstück abspielt. Der Jäger muß seinen Standort auf ihm haben und kann nur Wild erlegen, das sich auf dem Grundstück befindet. Schießt der Jäger auf Vögel und sucht sie mit Hunden außerhalb der Einfriedigung, so ist er strafbar. Huber, S. 94 und dort Zitierte.

Bem. 25. 2. Forstschutzbeamte, welche in Ausübung des Dienstes nach Weisung ihrer Vorgesetzten auf administrierten Jagden innerhalb ihres Oberförstereibezirks oder auf Polizeijagden Wild abschießen.

Bem. 26. Zu den Forstschutzbeamten gehören die nach dem Regulativ vom 21. März 1887 beschäftigten Reservejäger (Min. Erl. v. 30. Oktober 1888 I A 12175); ferner die Gemeindeförster.

Bem. 27. Forstlehrlinge müssen bei der Jagdausübung auf administrierten Jagden im Besitz eines Jagdscheines sein.

Bem. 28. Nach dem Entwurf sollten bei Polizeijagden Personen zugezogen werden können, die nicht im Besitz eines Jagdscheines sind. Von der Kommission wurde diese Bestimmung gestrichen, weil sie es für notwendig hielt, daß bei Polizeijagden nur Forstschutzbeamte oder sachkundige mit Jagdscheinen versehene Jäger zugezogen würden.

Vorbemerkungen zu §§ 10 und 11.

1. Die Ausstellung des Jagdscheines (Zusatzjagdscheines) muß in den Fällen des § 10, kann in den Fällen des § 11 verweigert werden. Sind die Voraussetzungen des § 10 erfüllt, so darf der Schein nicht erteilt werden, während er, wenn auch einer oder mehrere der Tatbestände des § 10 gegeben sind, nach freiem Ermessen verweigert oder ausgestellt werden kann. Bei der Entscheidung sind die gesamten in Betracht kommenden Verhältnisse des Gesuchstellers, sein Leumund, die Art der strafbaren Handlung, die Höhe der erkannten Strafe usw. zu berücksichtigen. Bem. 1.

2. Ob die Voraussetzungen zur Verweigerung des Jagdscheines (Zusatzjagdscheines) gegeben sind, hat der Kreis(Polizei)direktor in erster Linie an Hand des Berichtes des Bürgermeisters zu prüfen. Er kann aber auch andere Behörden um Auskunft ersuchen. In allen Fällen, in welchen der Gesuchsteller nicht in demselben Stadt- oder Landkreise wohnt, in welchem er das Gesuch angebracht hat, ist der Kreis(Polizei)direktor des Wohnortes darüber zu hören, ob mit Bezug auf die Bestimmungen der §§ 10, 11 der Jagdschein verweigert werden muß oder kann. Min. Erl. v. 6. September 1890. I A 8244. Bem. 2.

3. Die Versagung eines Jagdscheines kann sich immer nur auf ein Jahr, die eines Zusatzjagdscheines auf einen Fall erstrecken. Bem. 3.

4. Der ablehnende Bescheid braucht nicht tatsächlich und rechtlich begründet zu werden. Gegen die Versagung ist materielle Beschwerde an den Bezirkspräsidenten, gegen dessen Entscheidung Beschwerde an das Ministerium zulässig. Beide Instanzen können den Kreis(Polizei)direktor anweisen, den Jagdschein (Zusatzjagdschein) auszustellen oder die Ausstellung zu verweigern. Bem. 4.

5. Ist der Jagdschein (Zusatzjagdschein) ausgestellt worden, obwohl einer der Umstände gegeben war, der seine Erteilung ausschließt oder hätte ausschließen können oder treten die Umstände erst nach der Erteilung ein oder kommen erst dann zur Kenntnis des Kreis(Polizei)direktors, so ist der Schein, wenn die Bedingungen des § 10 erfüllt sind, für ungültig zu erklären und einzuziehen; sind die Voraussetzungen des § 11 gegeben, so ist es dem Ermessen des Kreis(Polizei)direktors überlassen, ob er den Schein nachträglich kassieren will. Erfahren andere Behörden (beispielsweise die Gerichte) von einem zu Unrecht ausgestellten Jagdschein, so haben sie dem zuständigen Kreis(Polizei)- Bem. 5.

direktor Mitteilung zu machen, damit er die erforderlichen Maßnahmen treffen kann. Zur Einziehung ist nur der Kreis(Polizei)-direktor befugt, der ihn ausgestellt hat. Vgl. die Entscheidung des preußischen Oberverwaltungsgerichtes in Bd. 39. S. 283. Die Gebühr wird niemals zurückgezahlt.

§ 10.

Der Jagdschein darf nicht erteilt werden:

1. Minderjährigen unter 16 Jahren und solchen Personen, von denen eine unvorsichtige Führung des Schießgewehrs oder eine Gefährdung der öffentlichen Sicherheit zu besorgen ist;
2. Personen, welche sich nicht im Besitz der Ehrenrechte befinden, oder welche unter Polizeiaufsicht stehen.

Minderjährigen, welche das 16. Lebensjahr vollendet haben, kann ein Jagdschein erteilt werden, sofern ihr gesetzlicher Vertreter oder Kurator darum nachsucht.

Der erteilte Jagdschein ist für ungültig zu erklären und einzuziehen, wenn einer der Umstände, welche die Erteilung des Jagdscheines ausschließen, erst nach der Erteilung eintritt oder zur Kenntnis der Behörde kommt.

§ 10 E. Begründung S. 8, 10; L. A. S. 208; Komm. Ber. S. 453; L. A. S. 517; 607, 608.

Bem. 1. Zu Ziffer 1: 1. Für Minderjährige zwischen dem vollendeten 16. Lebensjahre und dem Eintritt der Volljährigkeit ist der Antrag auf Erteilung eines Jagdscheines von dem gesetzlichen Vertreter oder Pfleger zu stellen. Ein Kurator für Minderjährige ist dem geltenden Rechte unbekannt.

Bem. 2. 2. Eine Prüfung durch Sachverständige, ob der Gesuchsteller eine hinreichende Geschicklichkeit in der Handhabung des Gewehrs besitzt, darf nicht vorgenommen werden. Der Gesuchsteller kann sich aber freiwillig einer derartigen Prüfung unterziehen. Einem Taubstummen wird regelmäßig der Jagdschein verweigert werden können.

Bem. 3. 3. Unter „öffentlicher Sicherheit“ ist die Sicherheit des

Staatsbürgers vor gewaltsamen und widerrechtlichen Angriffen auf die Person, ihre Ehre, Gesundheit, ihr Leben, ihre Rechte, ihr Vermögen zu verstehen (Entschdg. des preuß. Oberverwaltungsgerichtes Bd. 11 S. 295). Eine Gefährdung der öffentlichen Sicherheit ist von dem preußischen Oberverwaltungsgericht angenommen worden: bei Trunkenbolden, bei Neigung zu Gewalttätigkeiten, bei wiederholter Bestrafung wegen öffentlicher Beleidigung von Beamten, wenn jemand das geladene Gewehr an einem Orte, der Kindern zugänglich ist, stehen läßt (Dalcke, Das preußische Jagdrecht. 4. Auflage. S. 72 Anm. 21).

Zu Ziffer 2. Ueber die Aberkennung der bürgerlichen Ehrenrechte sind die §§ 32—34 des Strafgesetzbuchs, über die Stellung unter Polizeiaufsicht die §§ 38 und 39 des Strafgesetzbuchs zu vergleichen. Nur für die Zeit, für die die bürgerlichen Ehrenrechte aberkannt sind oder für die die Polizeiaufsicht verhängt ist, muß, über diese Zeit hinaus kann (auf Grund des § 11) die Erteilung des Jagdscheines versagt werden. Bem. 4.

§ 11.

Die Erteilung des Jagdscheines kann verweigert werden:

1 Personen, welche nicht Angehörige des Deutschen Reichs sind;

2 Personen, welche die Mittel zu ihrem Unterhalt nicht nachzuweisen vermögen;

3 Personen, welche wegen Widerstandes gegen die Staatsgewalt, Diebstahls, Unterschlagung, Raub, Erpressung, Hehlerei, Betrugs, Contrebande oder Zolldefraudation, Bettelns oder Landstreichens, Forstdiebstahls, unberechtigten Jagens oder Zuwiderhandlung gegen § 12 dieses Gesetzes rechtskräftig verurteilt sind, von dem Tage der Rechtskraft des Urteils an bis zum Ablauf von fünf Jahren, seitdem die erkannte Strafe verbüßt, erlassen oder verjährt ist.

Bei Bestrafungen wegen Contrebande oder Zolldefraudation kann jedoch der Jagdschein nur dann verweigert werden, wenn auf Freiheitsstrafe erkannt worden ist.

Der erteilte Jagdschein kann für ungültig erklärt und eingezogen werden, wenn einer der Umstände, wegen deren die Erteilung des Jagdscheines verweigert werden kann, erst nach der Erteilung eintritt oder zur Kenntnis der Behörde kommt.

§ 11 E. Begründung S. 8, 10; L. A. S. 208; Komm. Ber. S. 453; L. A. S. 517; 607, 608.

Bem. 1. I. Zu Ziffer 1: Ausländern (Angehörigen außerdeutscher Staaten) darf der Jagdschein und Zusatzjagdschein nur mit ministerieller Genehmigung erteilt werden. Min. Erl. v. 31. Mai 1890.

Bem. 2. II. Zu Ziffer 3: Bezüglich der einzelnen strafbaren Handlungen sind zu vergleichen: Widerstand gegen die Staatsgewalt §§ 110 ff., Diebstahl, Unterschlagung §§ 242 ff., Raub, Erpressung §§ 249 ff., Hehlerei §§ 258 ff., Betrug §§ 263, Betteln § 361 Ziffer 4, Landstreichen § 361 Ziffer 3 Strafgesetzbuch: unberechtigtes Jagen §§ 13, 14, 15 und Zuwiderhandlungen gegen § 12 des Jagdpolizeigesetzes; Forstdiebstahl § 10 des Forststrafgesetzes.

Bem. 3. Unter Contrebande versteht man die Verletzung eines Einfuhr-, Ausfuhr-, Durchfuhr-Verbotes. Zolldefraudation ist die Hinterziehung schuldiger Zollgefälle. Bei Bestrafung wegen Contrebande oder Zolldefraudation darf der Jagdschein nur dann verweigert werden, wenn auf Freiheitsstrafe erkannt worden ist.

Wegen einer auf Grund der angeführten Gesetze erfolgten Bestrafung kann der Jagdschein nur bis zum Ablaufe von fünf Jahren, seitdem die erkannte Strafe verbüßt, erlassen oder verjährt ist, versagt werden.

Bem. 4. III. Gemeindeförstern kann auf Einspruch des Oberförsters der Jagdschein versagt werden.

Vorbemerkungen zu §§ 12—16.

Bem. 1. 1. Bei Prüfung der grundlegenden Frage nach der Rechtsgültigkeit der in den §§ 12—16 aufgestellten Strafnormen ist von Art. II des Einführungsgesetzes zum Strafgesetzbuch vom 30. August 1871 (GBl. S. 255) auszugehen, der nur für die Materien, die nicht Gegenstand des Strafgesetzbuchs sind, landesgesetzliche Bestimmungen in Kraft läßt. Das Strafgesetzbuch hat in den §§ 292—295, 368 Ziff. 10 lediglich die Verletzung des subjektiven Jagdrechtes, die Wilderei, erschöpfend geregelt und somit den Bundesstaaten die Kompetenz genommen, ergänzende Bestimmungen zu diesen Vorschriften zu erlassen. Dagegen sind von der Reichsgesetzgebung bisher alle Zuwiderhandlungen gegen jagdpolizeiliche Bestimmungen, gegen Gebote, die dem materiell Jagdberechtigten aus polizeilichen Gründen auferlegt sind, unerwähnt gelassen. Daher können die reichsrechtlichen Vorschriften über die Wilderei durch landesrechtliche Vorschriften über den Jagdfrevel, das ordnungswidrige Jagen, ergänzt werden.

Dieses tiefgreifenden Unterschiedes zwischen dem reichsrechtlichen und dem landesrechtlichen Jagdstrafrecht sind die gesetzgebenden Faktoren bei Erlaß des reichsländlichen Jagdpolizeigesetzes sich bewußt geblieben; sie haben die der Landesgesetzgebung gezogenen Grenzen nicht überschritten. Mithin kann die Rechtsgültigkeit der in den §§ 12—16 enthaltenen Strafbestimmungen nicht in Zweifel gezogen werden.

2. Bei der Auslegung, die der erwähnte Art. II des Einführungsgesetzes zum Strafgesetzbuch gefunden hat, ist es zweifelhaft geworden, ob die Landesgesetzgebung auf dem ihr überlassenen Gebiete völlig frei oder ob sie an die Bestimmungen des allgemeinen Teiles des Strafgesetzbuchs gebunden ist. Es ist mit Freuden zu begrüßen, daß das reichsländische Jagdpolizeigesetz dadurch den angedeuteten Schwierigkeiten aus dem Wege gegangen ist, daß es überhaupt keine Vorschriften über Materien enthält, welche in dem allgemeinen Teile geregelt sind. Infolgedessen finden die Bestimmungen des Strafgesetzbuchs über Versuch, Teilnahme, Strafmündigkeit, Konkurrenz, Verjährung usw. auf das landesrechtliche Jagdstrafrecht Anwendung. Bem. 2.

3. In die Dreiteilung aller strafbaren Handlungen (§ 1 StGB.) gliedern sich die Verletzungen der jagdpolizeilichen Bestimmungen als Uebertretungen ein: wird die Rückfallsstrafe (§ 16 dieses Gesetzes) verhängt, so sind sie Vergehen (Argument § 140 Abs. 2 Ziff. 2 Strafprozeßordnung). Daher sind die diesbezüglichen Sondervorschriften des Strafgesetzbuchs zu beachten: der Mindestbetrag der Geldstrafe ist eine Mark (§ 27), bei Umwandlung der erkannten Geldstrafe ist der Betrag von einer bis zu fünfzehn Mark einer eintägigen Freiheitsstrafe gleich zu achten (§ 29), gegen einen nicht voll Strafmündigen kann in besonders leichten Fällen auf Verweis erkannt werden (§ 57 Ziffer 4), der Versuch ist straflos (§ 43), ebenso die Beihilfe (§ 49), die Verjährung der Strafverfolgung tritt in drei Monaten (§ 67), die der Strafvollstreckung in zwei Jahren (§ 70) ein. Bem. 3.

Bem. 4. 4. Das Strafverfahren regelt die Strafprozeß-Ordnung. Hiernach entscheiden in erster Instanz die Schöffengerichte (§ 27 Ziffer 1 GVG.), sofern nicht ohne Zuziehung von Schöffen gemäß § 211 StPO. verhandelt wird oder die Festsetzung der Strafe durch Strafbefehl erfolgt (§ 447 StPO.). Ueber die Berufung gegen das Urteil des Schöffengerichts erkennt die Strafkammer (§ 76 GVG.), über die Revision gegen das Urteil der Strafkammer das Oberlandesgericht (123 GVG.).

Bem. 5. 5. Zur Anzeige von Zuwiderhandlungen gegen die jagdpolizeilichen Vorschriften und gegen die auf die unberechtigte Ausübung der Jagd bezüglichen Bestimmungen des Strafgesetzbuchs sind nach der Instruktion zu den §§ 12 ff. verpflichtet:

1. die Bürgermeister und deren Beigeordnete, die Polizeikommissare, die Gendarmen, die Forstschutzbeamten und die Feldschutzbeamten;

2. die mit Wahrnehmung der Fischerei-, Wasser- und Wege-Polizei beauftragten Beamten, die Steueraufseher, die Zollbeamten, die Oktroibeamten und Ortspolizeibediensteten (Schutzmänner, Polizeidiener).

Die unter 2 genannten Beamten haben insbesondere Zuwiderhandlungen gegen das Verbot des Transports, Verkaufs usw. von Wild zur Schonzeit und von mit Schlingen gefangenem Wild (§§ 4 und 8 des Gesetzes) zur Anzeige zu bringen. Die Anzeigepflicht der genannten Beamten bleibt auch für den Fall bestehen, daß für den betreffenden Jagdbezirk ein Privatjagdhüter angestellt ist.

Bem. 6. 6. Zu Hülfsbeamten der Staatsanwaltschaft im Sinne des § 153 GVG. sind die Forst- und Feldschutzbeamten hinsichtlich der strafbaren Handlungen gegen die Jagdgesetze erklärt (V. des Reichskanzlers v. 13. Juni 1879 GBl. S. 61). Die Privatjadgdhüter sind hiernach keine Hilfsbeamten, ebenso auch nicht die Oberförster. V. v. 14. Juli 1884 (ABl. S. 179).

Bem. 7. 7. Aus dem Schweigen des Gesetzes könnte gefolgert werden, daß die in den §§ 12 ff. normierten Delikte nur vorsätzlich, nicht auch fahrlässig begangen werden können. Da die Jagdfrevel rein polizeilicher Natur sind, so ist nach herrschender Rechtslehre und Rechtsprechung Vorsatz nur insoweit notwendig, als es der Tatbestand unbedingt verlangt. So ist beispielsweise für die Uebertretung des § 13 Ziff. 2 („wer unbefugt auf Wild während der Schonzeit jagt") Vorsatz insofern erforderlich, als die Handlung des Jagens den Willen, zu jagen voraussetzt. Der Erfolg — das Erlegen des der Schonzeit unterstellten Wildes — braucht aber nicht ausdrücklich gewollt zu sein; es genügt, daß er durch Fahrlässigkeit verschuldet ist Z. Bd. 28. S. 606.

§ 12.

Mit Geldstrafe bis 100 Mk. oder mit Haft bis 3 Wochen wird bestraft:

1. wer unter Anwendung verbotener Jagdmittel oder Jagdgeräte die Jagd ausübt;
2. wer als Eigentümer, Besitzer oder Pächter schädliches Wild auf unerlaubte Weise (§ 2) vertilgt;
3. wer verbotene Jagdgeräte unbefugt besitzt.

Neben der Geldstrafe oder Haft ist auf Einziehung der verbotenen Mittel und Geräte zu erkennen, ohne Unterschied, ob sie dem Verurteilten gehören oder nicht.

§ 12 E. Begr. S. 9 L.A. S. 204. Komm. Ber. S. 453; L.A. S. 517—518; 608.

Zu Ziffer 1: Welche Jagdmittel und Jagdgeräte verboten sind, siehe in Bem. 7 ff. zu § 7 dieses Gesetzes.

Zu Ziffer 2: vgl. Bemerkungen zu § 2 dieses Gesetzes.

Zu Ziffer 3: Strafbar ist schon das unbefugte Besitzen verbotener Jagdgeräte, ohne Rücksicht darauf, ob die Jagdgeräte tatsächlich gebraucht wurden oder werden sollten. Bem. 1.

Zu Abs. 2:

1. Die Einziehung verbotener Mittel und Geräte steht nicht in dem Ermessen des Gerichts, sondern sie muß ausgesprochen werden. Bem. 2.

2. Die Einziehung hat ohne Rücksicht darauf, wem die Mittel oder Geräte gehören, zu erfolgen. Die Einziehung ist keine Strafe, also auch bei Idealkonkurrenz mit einem strengeren Gesetze auszusprechen. Bem. 3.

Ueber Rückfall vgl. § 16 dieses Gesetzes.

§ 13.

Mit Geldstrafe bis 60 Mk. oder mit Haft bis zu 14 Tagen wird bestraft:

1. wer den in Gemäßheit dieses Gesetzes erlassenen Verordnungen zuwiderhandelt, sofern nicht andere Strafbestimmungen Platz greifen;
2. wer unbefugt auf Wild während der Schonzeit jagt oder die Feldjagd ausübt, während dieselbe gemäß § 3 Absatz 4 oder § 7 Absatz 1 untersagt ist;
3. wer dem Verbote des § 4 zuwiderhandelt;
4. wer dem Verbote des § 8 zuwiderhandelt.

In den Fällen der Nummern 3 und 4 ist neben der Geldstrafe oder Haft auf Einziehung des Wildes zu erkennen, ohne Unterschied, ob dasselbe dem Verurteilten gehört oder nicht.

§ 13 E. Begründung S. 11. L. A. S. 204. Komm. Ber. S. 454; L. A. S. 518—520; 608—609.

Über das Verfahren bei Einziehung des Wildes vgl. Bem. 11 zu § 4, über Rückfall § 16 dieses Gesetzes. Ueber Verwertung von in Schlingen gefangenem Wilde, wenn keine Bestrafung erfolgt, Bem. 5 zu § 8.

§ 14.

Mit Geldstrafe bis 60 Mk. wird bestraft:

1. wer die Jagd ausübt, ohne daß der vorgeschriebene Jagdschein für ihn gelöst ist;
2. wer es unterläßt, Laufhunde oder andere Hunde, welche unter seiner Aufsicht stehen, davon abzuhalten, auf fremdem Jagdgebiete ohne Genehmigung des Jagdberechtigten Wild aufzusuchen oder zu verfolgen.

Im Falle der Bestrafung auf Grund der Nummer 1 ist die Gebühr für Ausstellung des Jagdscheines (§ 9) nachzuzahlen.

§ 14 E. Begründung S. 11 L. A. S. 204. Komm. Ber. S. 554—555; L. A. S. 523—534; 609—613.

I. Zu Ziffer 1.

1. Der vorgeschriebene Jagdschein, Zusatzjagdschein, muß auf den Namen desjenigen lauten, der ihn bei sich führt. Wer einen fremden Jagdschein bei sich führt, der besitzt keinen vorgeschriebenen und verfällt daher der Strafe. Bem. 1.

2. Bei unberechtigtem Jagen (§§ 292, 293) ohne Jagdschein liegt keine Idealkonkurrenz vor, „denn das Polizeidelikt des Jagens ohne Jagdschein kann nur der Jagdberechtigte, nicht der Wilderer begehen“. So Binding, Lehrbuch, Bd I. S. 328; ander. Ans. RG. Bd. XXII. S. 234, Olshausen, Bem. 13 b zu § 292 und Coermann, Die Strafgesetze Elsaß-Lothringens S. 37 Bem. 1. Bem. 2.

3. Im Falle der Verurteilung ist die Gebühr für Ausstellung des Jagdscheines nachzuzahlen, ohne daß es hierzu eines besonderen richterlichen Ausspruchs bedürfte. Die Mitteilung über die Fälligkeit der Gebühr hat durch die Gerichtsschreiber gleichzeitig mit Einweisung der Geldstrafe und direkt an das Verkehrssteueramt, welchem die erkannte Strafe eingewiesen wird, zu erfolgen. Min. Verf. v. 6. Januar 1885. S. Bd. X. S. 24. Bem. 3.

4. Das Gesetz spricht hier wie öfters nur von Jagdscheinen, ohne die Zusatzjagdscheine zu erwähnen. Aus dieser mangelhaften redaktionellen Fassung folgt aber nicht, daß stets die Gebühr für den Jagdschein, niemals die für den Zusatzjagdschein nachzuzahlen ist. Ergibt die Beweisaufnahme, daß für einen Jagdgast der vorgeschriebene Jagdschein nicht gelöst worden ist, so sind nur 6 Mk. nachträglich zu entrichten. Nachzuzahlen ist also nur die in concreto erforderliche Gebühr. Anderer Ansicht, Huber S. 108 Bem. 6 ohne Begründung. Bem. 4.

5. Die Nachzahlung der Jagdscheinsgebühr ist keine Straffolge, sondern die nachträgliche Entrichtung einer dem Staate zustehenden Abgabe; anderer Ansicht, Halley, Bem. 3 zu § 14. Infolgedessen ist ihre Umwandlung in eine Geldstrafe unmöglich. Die Begnadigung hat keinen Einfluß auf sie, vielmehr müßte die Gemeinde, insoweit sie ihr zusteht, auf die Abgabe der Gebühr verzichten. Hat der Angeklagte mehrfache Übertretungen des § 14 Ziffer 1 begangen, so ist die Gebühr nur dann mehrfach geschuldet, wenn die einzelnen Uebertretungen in verschiedene Pachtjahre fallen. Durch Nachzahlung der Gebühr entsteht für den Verurteilten ein Anspruch auf Ausstellung eines Jagdscheines, sofern nicht die Bestimmungen der §§ 10, 11 Platz greifen: andernfalls müßte der Verurteilte, um einen Jagdschein zu er- Bem. 5.

halten, nochmals die Gebühr entrichten. Von der Gebühr fließen $^{3}/_{5}$ in die Kasse der Gemeinde, in der der Angeklagte seinen letzten Wohnsitz oder Aufenthaltsort hat. Derselben Ansicht wohl Huber. S. 108 Bem. 6. Anderer Ansicht Halley Bem. 3 zu § 14.

Bem. 6. II. Zu Ziffer 2. „Die Klagen über das Umherstreifen von Hunden in fremden Jagdbezirken sind häufig. Durch die vorgeschlagene Bestimmung soll ein Mittel zur Abhilfe gegeben und dabei eine Belästigung von Spaziergängern, welche harmlose Hunde mit sich führen, vermieden werden. Wer in fremdem Jagdgebiet seinen Hund zum Aufsuchen und Verfolgen von Wild antreibt, begeht das Vergehen des unberechtigten Jagens." (Begründung.)

Vorschriften, daß die in dem Jagdgebiet aufsichtslos umherlaufenden Hunde von dem Jagdberechtigten oder dessen Aufsehern getötet werden können, bestehen abgesehen von den Bestimmungen über Notwehr und Notstand nicht.

Die Bestrafung setzt Verschulden voraus, dieses liegt vor, wenn der Verpflichtete nicht sein Möglichstes getan hat, um das Ueberjagen zu verhindern. Z. Bd. 9. S. 413; Bd. 30. S. 425.

§ 15.

Mit Geldstrafe bis zu 5 Mk. wird bestraft, wer jagt, ohne den Jagdschein bei sich zu führen.

§ 15 E. Begründung S. 5. Komm. Ber. S. 455; L. A. S. 534—535; 613.

Bem. 1. 1. Nur wer jagt, muß den Jagd (Zusatzjagd)-schein bei sich tragen. Wer erst zur Jagd geht oder schon von ihr heimkehrt, braucht ihn nicht bei sich zu führen. Entscheidung des Reichsgerichts vom 29. Mai 1902 (Deutsche Juristen-Zeitung. S. 310). Das Nachhauseschaffen der Jagdbeute außerhalb des Jagdgebietes gehört nicht mehr zur Jagd und erfordert daher auch nicht das Beisichführen des Jagdscheines. Kammergericht v. 13. Mai 1897 (Schultz-Seherr-Thoß, Die Jagd. Berlin 1904. S. 46). Wenn vor Beginn der Treibjagd die Platznummern verteilt werden und die Jäger erst im Begriff sind, sich auf die angewiesenen Plätze zu begeben, so kann jeder Beteiligte, der keinen Jagdschein bei sich führt, noch straflos von der Jagd zurücktreten oder den vergessenen Jagdschein holen lassen. Kammerger. v. 13. Mai 1897 (Deutsche Juristen-Zeitung S. 149).

Bei **jedem** Jagen ist der Schein bei sich zu führen, also auch beim Fuchsgraben, bei der Jagd mit Frettchen, mit Netzen usw. Vgl. Bem. 3ff. zu § 1 dieses Gesetzes. Bem. 2.

2. Die Kontrolle über die Rechtmäßigkeit des Jagdscheines ist nicht an die Voraussetzung gebunden, daß tatsächlich von dem Jagdschein Gebrauch gemacht wird. Ist Grund zur Annahme vorhanden, daß der Jagdschein zu Unrecht erteilt oder ungültig ist, so braucht die zur Prüfung zuständige Behörde (Bem. 4) nicht zu warten, bis sie den Inhaber bei einem zur Jagdausübung zu rechnenden Akte betrifft. Vielmehr kann sie auch von Jemandem, der sich augenblicklich nicht in Ausübung der Jagd befindet, die Vorlegung des Jagdscheines verlangen. Entscheidung des Reichsgerichts vom 16. Oktober 1900 (Deutsche Juristen-Zeitung S. 166). Bem. 3.

Nur ein **zuständiger Beamter** kann verlangen, daß ihm der Schein vorgezeigt wird. Welche Beamten zuständig sind, siehe in Vorbemerkung 5 zu §§ 12—16. Forstschutzbeamte sind auch außerhalb ihrer Schutzbezirke zuständig. Z. Bd. 28. S. 176. Bem. 4.

Dem „Nicht bei sich führen" steht das **Nichtvorzeigen** des Jagdscheines gleich. Daher ist derjenige strafbar, der, obwohl er den Schein bei sich führte, ihn nicht vorzeigte. Die Strafbarkeit wird nicht durch den später geführten Beweis, daß der Täter wirklich einen Schein bei sich hatte, aufgehoben. Reichsgericht. Bd. 25 S. 429; Z. Bd. 28 S. 175, Bd. 30. S. 426. Ueber **Rückfallsstrafe** vgl. Bem. 1 zu § 16 dieses Gesetzes. Bem. 5.

§ 16.

Im Rückfall kann die in den §§ 12, 13 und 14 angedrohte Geldstrafe bis auf das Doppelte des Höchstbetrages erhöht werden.

Im Rückfalle befindet sich, wer, nachdem er wegen Zuwiderhandlung gegen dieses Gesetz rechtskräftig verurteilt ist, innerhalb zwei Jahren von Neuem eine solche Zuwiderhandlung begeht.

§ 16 E. Komm.Ber. S. 455; L.A. S. 535; S. 613.

1. Im Rückfall befindet sich, wer wegen Zuwiderhandlung gegen das Jagdpolizeigesetz verurteilt ist. Als erste strafbare Bem. 1.

Handlung kommt nicht nur eine Uebertretung der §§ 12—14 in Betracht, sondern es genügt eine Bestrafung nach § 15. Es muß aber zu der Bestrafung nach § 15 eine Uebertretung der §§ 12—14 hinzukommen, da auf die Rückfallsstrafe nur wegen Uebertretungen des § 15 nicht erkannt werden kann.

Bem. 2. 2. Die zweite Zuwiderhandlung gegen das Jagdpolizeigesetz muß innerhalb zwei Jahren seit dem Beginn der Rechtskraft des ersten Urteils begangen sein. Es kommt also für das zweite Delikt auf den Zeitpunkt der Begehung, nicht auf den der Verurteilung an. Ob die erste Strafe verbüßt ist, ist für die Rückfallsschärfung unerheblich; die Begnadigung hebt die Folgen der Verurteilung nicht auf.

Bem. 3. 3. Im Rückfall erhöht sich die Strafe des § 12 bis auf 200 M., des § 13 und § 14 bis auf 120 M. Eine Erhöhung der Haftstrafe ist nicht vorgesehen. Mithin kann niemals auf eine längere Freiheitsstrafe als auf 3 Wochen Haft erkannt werden.

Bem. 4. 4. Die Erhöhung der Geldstrafe im Rückfall ist nicht obligatorisch, sondern in das Ermessen des Gerichts gestellt.

§ 17.

Die wegen Zuwiderhandlungen gegen die Bestimmungen dieses Gesetzes erkannten Geldstrafen fließen in den gemeinsamen Fonds und sind wie die übrigen Einnahmen dieses Fonds nach Maßgabe der hierüber bestehenden Vorschriften (Ordonnanz vom 30. Dezember 1823; Dekret vom 25. Juni 1852) zu verwenden.

§ 17 E. Begründung S. 11. Komm. Ber. S. 455. L. A. S. 535; 617.

Bem. 1. Die Ordonnanz vom 30. Dezember 1823 lautet (auszugsweise):

Art. 4. Die Geldstrafen in Sachen der Feld- und Gemeindepolizei gehören ausschließlich den Gemeinden, in welchen die Zuwiderhandlungen begangen wurden.

Art. 5. Die Geldstrafen in Zuchtpolizeisachen sind an die Kasse der Finanzeinnehmer abzuführen, welche behufs Verwendung wie über die vereinigten Gemeindeeinkünfte einen gesonderten Einnahmeposten zugunsten der Gemeinden eröffnen.

Art. 6. Der Ertrag der Geldstrafen bildet einen gemeinsamen Fonds, der bis zum Belaufe eines Drittels zugunsten der

Findel- und verlassenen Kinder und für die zwei andern Drittel zugunsten der am meisten bedürftigten Gemeinden zu verwenden ist.

Nach dem vorliegenden Paragraphen fließen die Strafgelder nicht mehr, wie dies bisher der Fall war, den Gemeinden direkt zu; dieselben werden vielmehr in den sogenannten gemeinsamen Fonds vereinigt und als Bestandteile dieses Fonds in Gemäßheit der bestehenden Vorschriften zugunsten der Gemeinden verwendet. Bem. 2.

Auch die bisher geltende Bestimmung, daß dem Anzeiger ein Teil der erkannten Strafe als Belohnung zufallen soll, ist durch das Gesetz beseitigt. Der als Zeuge zu vernehmende Anzeiger soll auch gegen den bloßen Verdacht geschützt sein, daß ein Geldinteresse auf seine Anzeige von Einfluß sein könnte (Instruktion zu § 17).

§ 18.

Mit dem Tage des Inkrafttretens dieses Gesetzes sind alle bisherigen, bezüglich der Jagdpolizei erlassenen Bestimmungen, mit Ausnahme des § 11 Absatz 2 und 3 des Gesetzes vom 7. Februar 1881, aufgehoben.

Im Sinne des § 10 des Gesetzes vom 7. Februar 1881 wird als Tag des Jagdschlusses im Jahre 1889 der 1. Februar festgesetzt.

§ 18E. Begründung S. 11. Komm.Ber. S. 455. L.A. S. 535; 617.

„Infolge der Bestimmung in § 18 Abs. 1 sind mit dem 1. Juli insbesondere auch alle von den Bezirkspräsidenten bezw. von den früheren französischen Präfekten gegebenen jagdpolizeilichen Vorschriften aufgehoben." Instruktion zu § 18. Bem. 1.

§ 19.

Dieses Gesetz tritt mit dem 1. Juli 1883 in Kraft.

Die zur Ausführung desselben erforderlichen Anordnungen werden durch das Ministerium erlassen.

§ 19E. Komm. Ber. S. 455; L.A. S. 536; 617.

Die Regierung hat sich bereit erklärt, die von ihr zur Ausführung des Gesetzes zu erlassenden Verordnungen im Gesetz- Bem. 1.

blatt für Elsaß-Lothringen zu veröffentlichen (Komm. Ber. S. 455).

Bisher sind im Gesetzblatt veröffentlicht:

1. Verordnung des Ministeriums betreffend das schädliche Wild vom 16. Juli 1890. G.Bl. S. 49 (Anlage Nr. 2).

2. Verordnung des Ministeriums betreffend die Jagdpolizei vom 31. Dezember 1888. G.Bl. 1889 S. 1. (Anlage Nr. 3).

Urkundlich unter Unserer Höchsteigenhändigen Unterschrift und beigedrucktem kaiserlichen Insiegel.

Gegeben Berlin, den 7. Mai 1883.

Wilhelm.

(L. S.) Freiherr von Manteuffel.

Anlagen zum Jagdpolizeigesetz.

Anlage 1.

Instruktion zur Ausführung des Jagdpolizeigesetzes vom 7. Mai 1883.

Vom 3. Juli 1883, ABl. S. 213.

Mit dem 1. Juli d. Js. ist das Gesetz vom 7. Mai 1883, betreffend die Jagdpolizei, in Kraft getreten. Um eine gleichmäßige Handhabung dieses Gesetzes zu fördern, bemerke ich zu den einzelnen Bestimmungen desselben, was folgt:

Zu § 1.

Das Jagdpolizeigesetz hat ein Recht der Jagdfolge nicht anerkannt. Nach Abs. 2 des § 1 ist vielmehr die Verfolgung verwundeten Wildes in ein fremdes Jagdgebiet und das Aufnehmen des auf fremdem Jagdgebiet niedergefallenen Wildes nur mit Erlaubnis des Jagdberechtigten zulässig. Wer ohne diese Erlaubnis die Jagdfolge ausübt, macht sich des Vergehens des unberechtigten Jagens schuldig und unterliegt den Bestimmungen der § 292 u. ff. des Strafgesetzbuchs. Als eine Ausübung der Jagdfolge ist es insbesondere auch anzusehen, wenn ein Jäger durch seine Hunde verwundetes Wild in ein fremdes Jagdgebiet verfolgen oder gefallenes Wild dort aufnehmen läßt. Treten dagegen die Hunde ohne Zutun und gegen den Willen des Jägers in das benachbarte Jagdgebiet über, so liegt die Ausübung der Jagdfolge und unberechtigtes Jagen nicht vor. Der Jäger ist aber in diesem Falle nach § 14 Nr. 2 des Gesetzes verpflichtet, alles zu tun, um seine Hunde von dem Aufsuchen und Verfolgen von Wild auf dem benachbarten fremden Jagdgebiet abzuhalten. Kommt er dieser Verpflichtung nicht nach, so unterliegt er der Strafe, welche im § 14 festgesetzt ist. Ist es erforderlich, daß der Jäger, um der bezeichneten Verpflichtung nachzukommen, selbst das fremde Jagdgebiet betritt, so muß er zunächst seine Jagdausrüstung ablegen, da nach § 368 Nr. 10 des Strafgesetzbuches mit Geldstrafe bis zu 60 Mark oder mit Haft bis zu 14 Tagen bestraft wird, wer ohne Genehmigung des Jagdberechtigten oder ohne sonstige Befugnis auf einem fremden Jagdgebiete außerhalb des öffentlichen zum gemeinen Jagdgebiete außerhalb des öffentlichen zum gemeinen Gebrauch bestimmten Weges, wenn auch nicht jagend, doch zur Jagd ausgerüstet, betroffen wird.

Zu § 2.

§ 2 hat im wesentlichen das bisherige Recht der Eigentümer, Besitzer oder Pächter, schädliches Wild auf ihren Ländereien zu vertilgen, beibehalten. Die im Art. 9 des Gesetzes vom 3. Mai 1844 anerkannte Befugnis der Grundbesitzer, die sogenannten bêtes fauves, während dieselben auf ihren Ländereien Schaden anrichten, unter Anwendung von Schußwaffen zu töten, ist dagegen als besonderes Recht in das Gesetz nicht aufgenommen worden. Die Bestimmungen im § 5 Abs. 1 des Gesetzes gewährt den Grundbesitzern in der fraglichen Richtung Schutz.

Die Bestimmung darüber, welches Wild als schädliches zu erachten ist, und mit welchen Mitteln und unter welchen Bedingungen dasselbe von den Eigentümern, Besitzern oder Pächtern vertilgt werden darf, sind in der von dem Ministerium unter dem 16. Juli 1890 erlassenen Verordnung, betreffend das schädliche Wild (GBl. 1890 S. 49) gegeben.

In dem § 2 dieser Verordnung ist hinsichtlich der Anwendung von Fängen, Gruben und Fallen usw. auf die Vorschriften in § 367 Nr. 8 und 12 des Strafgesetzbuchs hingewiesen. Dieselben bestimmen, daß mit Geldstrafe bis zu 150 M. oder mit Haft bestraft wird, wer ohne polizeiliche Erlaubnis am bewohnten oder von Menschen besuchten Orten Selbstgeschosse, Schlageisen oder Fußangeln legt (Nr. 8), oder wer auf öffentlichen Straßen, Wegen oder Plätzen, auf Höfen, in Häusern und überhaupt an Orten, an welchen Menschen verkehren, Brunnen, Keller, Gruben, Oeffnungen oder Abhänge dergestalt unverdeckt oder unverwahrt läßt, daß daraus Gefahr für andere entstehen kann (Nr. 12).

Wenn der Kreisdirektor bezw. Polizeidirektor in Gemäßheit des § 2 der Verordnung das Aufstellen von Wolfs-, Fuchs- und Dachseisen im Walde und im offenen Feld erlaubt, so hat er bei den dem Jagdberechtigten zu machenden Mitteilungen (§ 5 der Verordnung) zugleich möglichst genau die Oertlichkeiten anzugeben, wo die Eisen gestellt werden sollen.

Die Anträge auf Erteilung der Erlaubnis zum Aufstellen von Eisen sowie zur Anwendung von Schußwaffen (§ 4 der Verordnung) sind bei dem Bürgermeister anzubringen, welcher dieselben mit berichtlicher Aeußerung dem Kreisdirektor vorzulegen hat.

Sofern der Polizeidirektor zu entscheiden hat, sind die Anträge direkt bei diesem zu stellen.

Will der Eigentümer, Besitzer oder Pächter die Vertilgung von schädlichem Wild mit Schußwaffen nicht in eigener Person, sondern durch Beauftragte vornehmen, so hat der Kreisdirektor bezw. Polizeidirektor, um etwaigen Mißbrauch zu verhüten, in jedem Falle zunächst zu prüfen, ob ein Bedürfnis zur Gestattung des Gebrauchs von Schußwaffen durch Beauftragte vorliegt. Diese Prüfung ist namentlich dann angezeigt, wenn der Beauftragte nicht zur Familie oder Hausgenossenschaft des Eigentümers gehört oder nicht in dessen Diensten steht. Ist die Bedürfnisfrage zu verneinen, so ist die Erlaubnis zum Gebrauch von Schußwaffen durch Beauftragte zu versagen. Wird die Erlaubnis erteilt, so ist in dem auszustellenden Erlaubnisschein sowohl der Name des Antragstellers als auch der Name des Beauftragten anzugeben.

Bei Bestimmung der Zeit, für welche die Erlaubnis zur Anwendung von Schußwaffen zu geben ist, ist das Bedürfnis in jedem einzelnen Falle maßgebend.

Die Anwendung von Schußwaffen zur Nachtzeit ist nur dann

zu gestatten, wenn die Vertilgung des Wildes nach Lage des Falles mit Erfolg nur während der Nacht geschehen kann, und wenn die Befürchtung eines Mißbrauches der Erlaubnis ausgeschlossen ist.

Im übrigen ist noch zu bemerken, daß die Verordnung vom 20. Juni 1883[1]) sich auf die Bezeichnung des schädlichen Wildes beschränkt. Schädliche Tiere, welche nicht jagdbar sind, z. B. Mäuse, Fledermäuse, Hamster, Insekten fallen überhaupt nicht unter die Bestimmungen des Jagdrechts. Die Befugnis des Eigentümers, Besitzers oder Pächters, derartige Tiere zu fangen und zu vertilgen, wird demgemäß durch das Jagdpolizeigesetz nicht berührt. Selbstverständlich ist endlich nach wie vor jedermann befugt, einen Angriff, welcher seitens irgend eines Tieres auf seine Person oder sein Eigentum erfolgt, mit den zur Verteidigung geeigneten Mitteln abzuwehren.

Zu § 3.

Nach § 3 Abs. 1 des Jagdpolizeigesetzes ist das Jagen mit Hunden auf die daselbst bezeichneten Wildgattungen in der Zeit vom 2. Februar bis 23. August untersagt. Wie sich aus den bezüglichen Verhandlungen des Landesausschusses ergibt, findet dieses Verbot keine Anwendung auf die in Gemäßheit des § 5 des Gesetzes vorgenommene Vertilgung des Wildes; auch steht dasselbe dem Mitnehmen von Hunden an der Leine und dem Aufsuchen von angeschossenem Wild durch Schweißhunde nicht entgegen. Die Uebertretung des in Rede stehenden Verbots ist durch die Bestimmung § 12 Nr. 1 des Gesetzes mit Strafe bedroht.

Wenn das Ministerium auf Grund der im vierten Absatze des Paragraphen enthaltenen Bestimmung die Feldjagd über den Schluß der Schonzeit hinaus untersagt, so stellt dies keine Verlängerung der Schonzeit dar. Auf das während der Dauer der Untersagung erlegte Wild findet daher das Verbot des § 4 bezüglich des Verkaufs und Transports des Wildes keine Anwendung.

Rehgeißen können ebenso wie alles andere Wild in der Zeit vom 23. August bis 2. Februar geschossen werden. Zur Erhaltung eines guten Rehstandes ist jedoch darauf zu halten, daß bei den Jagdverpachtungen durch die Gemeinden, wie bisher, in das Lastenheft die Bestimmung aufgenommen wird, daß der Abschuß von Rehgeißen bei einer Konventionalstrafe verboten oder

[1]) V. v. 16. Juli 1890. Anlage 2.

nur mit spezieller Genehmigung zulässig ist. Die Festsetzung einer Konventionalstrafe ist erforderlich, weil Zuwiderhandlungen gegen die Bedingungen der von dem Staat und den Gemeinden abgeschlossenen Jagdpachtverträge einer gesetzlichen Strafbestimmung nicht mehr unterliegen.

Die Eigentümer, Besitzer oder Pächter von Grundstücken, welche an eine Wohnung anstoßen und vollständig eingefriedigt sind, waren nach dem bisher geltenden Rechte befugt, auch während der Schonzeit auf den fraglichen Grundstücken Wild zu erlegen. § 3 des Jagdpolizeigesetzes hat diese Befugnis nicht anerkannt; dieselbe ist daher beseitigt.

Zu § 4.

Das Verbot des Verkaufes und Transportes von Wild während der Schonzeit unterscheidet sich von der gleichen Bestimmung des Art. 4 des Gesetzes vom 3. Mai 1844 dadurch, daß das Verbot vom vierzehnten Tage nach Eintritt der Schonzeit an, d. h. vom 16. Februar ab beginnt. Das Verbot bezieht sich nur auf die Zeit, während welcher die betreffende Wildgattung nach § 3 des Gesetzes geschont werden muß. Rehböcke können daher vom 1. Juni an, Wasser- und Sumpfgeflügel sowie sonstige Strich- und Zugvögel vom 1. Juli an transportiert und verkauft werden.

Das bei Zuwiderhandlungen gegen die Verbotsbestimmung des § 4 beschlagnahmte Wild ist nicht mehr, wie bisher, an die nächste Wohltätigkeitsanstalt abzuliefern, dasselbe steht vielmehr nach Maßgabe der §§ 94 bis 111 der Strafprozeßordnung zur Verfügung der Gerichtsbehörden (Gericht bezw. Staatsanwaltschaft). Den letzteren steht es daher auch allein zu, beschlagnahmtes Wild, welches dem Verderben ausgesetzt ist, zur Verwertung zu bringen. Erkennt demnächst das Gericht auf Einziehung (§ 13 des Gesetzes), so verfällt das Wild bezw. der Erlös aus dem Verkaufe desselben der Staatskasse.

Nach dem zweiten Absatze des Paragraphen kann der Kreisdirektor das Einfangen und den Transport von lebendem Wild während der Schonzeit zu dem Zwecke gestatten, das Wild zu erhalten oder dessen Vermehrung zu befördern. Diese Bestimmung soll insbesondere den Betrieb von Fasanerien, das Aussetzen einzelner Wildarten in Wildparks oder auf sonstigen Jagdgebieten und die Beschützung des durch Hochwasser, Schnee usw. bedrohten Wildes ermöglichen.

Zu § 5.

Dieser Paragraph handelt von den bei übermäßiger Vermehrung des Wildes zu ergreifenden Maßnahmen. Er hat den Zweck, den Grundbesitzern auch gegen solchen Wildschaden Schutz zu gewähren, den sie durch Ausübung der in § 2 des Gesetzes vorgesehenen Befugnisse nicht abzuwenden vermögen. Die zivilrechtlichen Ersatzansprüche, welche unter Umständen den Grundbesitzern nach eingetretenem Wildschaden gegen den Jagdberechtigten zustehen, werden durch die in Rede stehende Bestimmung des Jagdpolizeigesetzes nicht berührt.

Das Vorgehen der Verwaltungsbehörden nach Maßgabe des § 5 ist dadurch bedingt, daß seitens der beschädigten Grundbesitzer ein Antrag gestellt ist, und daß nach der vorgenommenen Prüfung ein außergewöhnlicher Wildschaden wegen übermäßiger Vermehrung des Wildes oder aus sonstigen Gründen zu befürchten ist. Zur Erläuterung des Ausdrucks „aus sonstigen Gründen" wird beispielsweise bemerkt, daß ein Rudel Rotwild, welches in der Nähe der Felder seinen Stand nimmt, einen außergewöhnlichen Wildschaden verursachen kann, ohne daß eine übermäßige Vermehrung des Wildes vorliegt.

Zum Zwecke der Prüfung der Bedürfnisfrage hat der Kreisdirektor den betreffenden Oberförster und, soweit er dies für angezeigt erachtet, auch den Jagdberechtigten über den gestellten Antrag zu hören.

Wird dem Jagdberechtigten die Abminderung aufgegeben, so ist die zur Ausführung derselben zu setzende Frist so zu bemessen, daß der Jagdberechtigte bei gutem Willen imstande ist, die Abminderung während der gestellten Frist vorzunehmen. Etwaigen Versuchen, eine Verzögerung der Sache zuungunsten der Grundbesitzer herbeizuführen, ist mit aller Entschiedenheit entgegenzutreten.

Kommt der Jagdberechtigte der Aufforderung zur Abminderung nicht genügend nach, so ist in der Regel den Grundbesitzern die Erlaubnis zur Vertilgung des ihre Grundstücke betretenden Wildes zu geben. Polizeijagden werden nur unter besonderen Umständen anzuordnen sein.

Die an die Erlaubnis für die Grundbesitzer zu knüpfenden örtlichen und zeitlichen Beschränkungen sind nach Maßgabe des Bedürfnisses in dem einzelnen Falle zu bemessen. Das von den Grundbesitzern erlegte Wild ist nach den von dem Bezirkspräsidenten zu treffenden näheren Anordnungen dem Jagdberechtigten zur Verfügung zu stellen oder zu dessen Gunsten zu verkaufen.

Die Kosten einer Polizeijagd hat der Jagdberechtigte insoweit zu tragen, als dieselben den Wert des erlegten Wildes nicht übersteigen. Das bei Polizeijagden erlegte Wild ist in der Regel zunächst dem Jagdberechtigten zur Verfügung zu stellen. Nimmt derselbe das Wild an, so ist der Wert des letzteren von der Behörde festzustellen. Lehnt der Jagdberechtigte die Annahme des Wildes ab, so ordnet die Behörde den Verkauf an. Sind die Kosten der Polizeijagd höher wie der Wert des erlegten Wildes, so sind die Mehrkosten auf die Landeskasse zu übernehmen, sind die Kosten dagegen geringer, so ist der Ueberschuß dem Jagdberechtigten zu überweisen.

Verständigt sich der Jagdberechtigte im Laufe des Verfahrens mit den Grundbesitzern, welche auf Grund des § 5 Antrag gestellt haben, und ziehen die Grundbesitzer infolgedessen den gestellten Antrag zurück, so ist von allen weiteren polizeilichen Maßnahmen abzusehen.

Zu § 6.

Die im § 6 vorgesehenen Bestimmungen zum Schutze der nützlichen Vögel sind durch die zu Nr. 2 der Instruktion bereits angeführte Ministerial-Verordnung vom 20. Juni d. Js. gegeben.

Die in § 9 dieser Verordnung vorgesehene Erlaubnis zur Tötung der in Weinbergen, Obstbaumpflanzungen, Gärten oder bestellten Feldern scharenweise einfallenden Vögel ist nicht notwendig jedem einzelnen der betreffenden Eigentümer, Besitzer oder Pächter zu erteilen. Da das Einfallen der Vögel gewöhnlich eine ganze Gemeinde betrifft, so wird es in der Regel genügen, wenn der Bürgermeister den Antrag stellt und alsdann für sämtliche Grundbesitzer der Gemarkung eine Kollektiverlaubnis erteilt wird. Ob die Voraussetzungen des § 9 vorliegen, ist von dem Kreisdirektor genau zu prüfen. Auch hat derselbe je nach Lage des Falles die näheren Bedingungen festzustellen, unter welchen die Genehmigung zur Tötung erteilt wird, insbesondere die Bestimmung der Zeit, während welcher das Abschießen stattfinden darf. Ist der Zweck der Maßregel, die Vertreibung der Vögelschwärme, erreicht, worüber sich der Kreisdirektor stets zu informieren hat, so ist die erteilte Genehmigung alsbald zurückzuziehen.

Die Tötung der Vögel darf nur vermittelst Schußwaffen erfolgen; alle anderen Jagdmittel sind verboten, die Vögel dürfen daher insbesondere nicht mit Netzen gefangen werden. Das Verkaufen und Feilbieten der auf Grund des § 9 der Verordnung getöteten Vögel ist untersagt und strafbar.

Es ist sehr zu wünschen, daß das Abschießen der Vögel nicht durch die einzelnen Grundbesitzer, sondern durch Beauftragte der Gemeinde bewirkt wird. Als solche Beauftragte sind z. B. in dem Falle, daß der Schutz von Weinbergen gegen scharenweise einfallende Stare bezweckt wird, die Rebhüter sehr geeignet. Es ist tunlichst darauf hinzuwirken, daß die Gemeinden eintretenden Falles derartige Beauftragte bezeichnen. Geschieht dies, so hat der Kreisdirektor die Genehmigung nicht den Grundbesitzern, sondern den Beauftragten der Gemeinde zu erteilen.]

Zu § 7.

Im Gegensatz zu dem Gesetze vom 3. Mai 1844 bestimmt § 7 nur, welche Jagdarten und Mittel verboten sind oder vom Ministerium verboten werden können. Alle von dem Gesetz oder dem Ministerium nicht ausdrücklich verbotenen Jagdarten und Jagdmittel sind daher zulässig. Verboten sind zur Zeit: das Jagen mit Hunden auf Schwarzwild, Hirsche, Rehböcke, Kaninchen und schädliches Wild in der Zeit vom 2. Februar bis 23. August (§ 3 des Gesetzes); die Ausübung der Feldjagd zur Nachtzeit; der Gebrauch von Schlingen außer bei der Jagd auf Krammetsvögel (§ 7 des Gesetzes), [der Gebrauch von anderen Jagdmitteln als der Schußwaffen und des Spiegels bei der Jagd auf Feldlerchen (§ 8 der Verordnung vom 20. Juni 1883), der Gebrauch von anderen Jagdmitteln als der Schußwaffen bei der Tötung von Vögelschwärmen (§ 9 der Verordnung).]

Zu § 8.

Die Bestimmung des § 8, nach welcher der Transport, Verkauf usw. von in Schlingen gefangenem Wild (außer von Krammetsvögeln) verboten ist, bezweckt sowohl die Unterdrückung des nach § 7 verbotenen Schlingenstellens seitens der Jagdberechtigten als insbesondere auch eine weitere Bekämpfung der Wilddieberei. Die mit der Jagdpolizei betrauten Beamten haben daher ihre besondere Aufmerksamkeit auf den Transport usw. von solchem Wild zu wenden.

Zu § 9.

Die Vorschriften über die Ausstellung der Jagdscheine, die

Aufbewahrung der Formulare und die Annahme und Verrechnung der Gebühren für die Jagdscheine sind unter dem 13. Juni d. Js.[1]) erlassen worden (Zentral- und Bezirksamtsblatt 1883, S. 185).

Die vor dem 1. Juli 1883 nach Maßgabe der Bestimmungen des Jagdpolizeigesetzes vom 3. Mai 1844 erteilten Jagdscheine behalten ihre Gültigkeit bis zum Ablauf der Zeit, für welche sie ausgestellt worden sind.

Von dem Inkrafttreten des Gesetzes vom 7. Mai 1883 an werden die Jagdscheine immer nur für die Zeit vom 2. Februar bis zum 1. Februar des folgenden Jahres ausgestellt; es laufen also in Zukunft alle Jagdscheine am 1. Februar ab, ohne Rücksicht darauf, wann sie ausgestellt sind. Die Gebühr ist stets in ihrem ganzen gesetzlichen Betrage von 20 M. zu entrichten, auch wenn der Jagdschein wegen späterer Ausstellung nur in einem Teile des Jagdjahres benutzt werden kann. Dies gilt auch für die in der Zeit vom 1. Juli 1883 bis 1. Februar 1884 erteilten Jagdscheinen.

Der besseren und leichteren Kontrolle wegen wird die Farbe der Jagdscheine stets wechseln und zwar in der Weise, daß im ersten Jahre rote, in dem zweiten gelbe, in dem dritten grüne, in dem vierten wieder rote Formulare und so weiter in derselben Reihenfolge verwendet werden. Für die Zeit vom 1. Juli 1883 bis 1. Februar 1884 werden hiernach rote Scheine ausgegeben.

Die Zusatzjagdscheine, welche für Jagdgäste auf Antrag des Jagdberechtigten für einen Zeitraum von 8 Tagen und mit Beschränkung der Gültigkeit für den Jagdbezirk des Jagdberechtigten gegen eine Gebühr von 5 M. erteilt werden, sind stets weiß.

Wer einen Jagdschein bezw. Zusatzjagdschein lösen will, hat zunächst die gesetzliche Gebühr von 20 M. bezw. 5 M. bei dem Gemeinderechner einzuzahlen und alsdann ein schriftliches Gesuch um Erteilung des Scheines auf vorschriftsmäßigem Stempelpapier unter Anschluß einer Quittung des Gemeinderechners über die Einzahlung der Gebühr bei dem Bürgermeister einzureichen.

Das Gesuch kann bei dem Bürgermeister jeder Gemeinde in Elsaß-Lothringen, also nicht bloß bei dem Bürgermeister des Wohnortes des Gesuchstellers, angebracht werden. Die Einzahlung der Gebühr hat bei dem Rechner derjenigen Gemeinde zu erfolgen, in welcher die Erteilung des Scheines nachgesucht wird;

[1]) V. v. 22. Januar 1889; Anlage 9.

letzterer Gemeinde fließt der gesetzlich bestimmte Anteil an der Gebühr mit $^2/_5$, gleich 8 M. bezw. 2 M. für den Zusatzjagdschein zu.

Der Bürgermeister hat das Gesuch und die eingereichte Quittung mit berichtlicher Aeußerung dem Kreisdirektor bezw. Polizeidirektor vorzulegen. Kann der Bürgermeister eine genügende Auskunft über den Gesuchsteller nicht geben, so hat der Kreisdirektor bezw. Polizeidirektor die erforderlichen Feststellungen anderweit zu machen.

Wird der Jagdschein nicht erteilt, so wird die voraus eingezahlte Gebühr dem Gesuchsteller zurückerstattet.

Der Jäger hat bei Ausübung der Jagd den Jagdschein stets mit sich zu führen, widrigenfalls er nach § 15 des Gesetzes bestraft wird.

Eines Jagdscheines bedürfen nicht:

1. Personen, welche die Jagd auf Grundstücken ausüben, welche an eine Wohnung anstoßen und vollständig eingefriedigt sind,
2. Forstschutzbeamte bei Ausübung der Jagd in ihrem Dienste, insbesondere bei Polizeijagden. Wenn andere Personen zu Polizeijagden zugezogen werden, so bedürfen dieselben eines Jagdscheines.

Zu den §§ 10 und 11.

Die §§ 10 und 11 des Gesetzes handeln von den Fällen, in welchen der Jagdschein nicht erteilt werden darf oder verweigert werden kann.

In den Fällen des § 11, insbesondere in dem Falle der Nr. 3, ist die Entscheidung unter Berücksichtigung der sämtlichen in Betracht kommenden Verhältnisse, des Leumunds des Gesuchstellers, der Art des Vergehens oder der Zuwiderhandlung und der Höhe der erkannten Strafe zu treffen.

Kommt der Behörde nach Erteilung des Jagdscheines ein Umstand zur Kenntnis, welcher die Erteilung ausgeschlossen hätte oder wegen dessen der Jagdschein hätte verweigert werden können, so ist hiervon unverzüglich dem Kreisdirektor bezw. Polizeidirektor Mitteilung zu machen, welcher den Jagdschein ausgestellt hat, damit derselbe nötigenfalls den Schein für ungültig erklärt und einzieht.

Zu den §§ 12 bis 16.

Zur Anzeige von Zuwiderhandlungen gegen die jagdpolizeilichen Vorschriften und gegen die auf die unberechtigte Ausübung der Jagd bezüglichen Bestimmungen des Strafgesetzbuchs sind verpflichtet:

1. die Bürgermeister und deren Beigeordnete, die Polizeikommissare, die Gendarmen, die Forstschutzbeamten;
2. die mit Wahrnehmung der Fischerei-, Wasser- und Wegepolizei beauftragten Beamten, die Steueraufseher, die Zollbeamten, die Oktroibeamten und die Ortspolizeibediensteten (Schutzmänner, Polizeidiener).

Die unter 2 genannten Beamten haben insbesondere auch Zuwiderhandlungen gegen das Verbot des Transports, Verkaufs usw. von Wild zur Schonzeit und von mit Schlingen gefangenem Wild (§§ 4 und 8 des Gesetzes) zur Anzeige zu bringen.

Die Anzeigepflicht der genannten Beamten bleibt auch für den Fall bestehen, das für den betreffenden Jagdbezirk ein Privatjagdhüter angestellt ist.

Zu § 17.

Nach § 17 fließen die Strafgelder nicht mehr, wie dies bisher der Fall war, den Gemeinden direkt zu, dieselben werden vielmehr in dem sogenannten gemeinsamen Fonds vereinigt und als Bestandteile dieses Fonds in Gemäßheit der bestehenden Vorschriften zugunsten der Gemeinden verwendet.

Auch die bisher geltende Bestimmung, daß dem Anzeiger ein Teil der erkannten Strafe als Belohnung zufallen soll, ist durch das Gesetz beseitigt, der als Zeuge zu vernehmende Anzeiger soll auch gegen den bloßen Verdacht geschützt sein, daß ein Geldinteresse auf seine Aussage von Einfluß sein könne.

Zu § 18.

Infolge der Bestimmung in § 18 Abs. 1 sind mit dem 1. Juli insbesondere auch alle von den Bezirkspräsidenten bezw. von den früheren französischen Präfekten gegebenen jagdpolizeilichen Vorschriften aufgehoben.

Anlage 2.

Verordnung des Ministeriums, betreffend das schädliche Wild. Vom 16. Juli 1890.

GBl. S. 49.

Auf Grund des § 2 des Gesetzes, betreffend die Jagdpolizei, vom 7. Mai 1883 (Gesetzbl., S. 57) wird hierdurch bestimmt, was folgt:

§ 1.

Zum schädlichen Wild, welches Eigentümer, Besitzer oder Pächter nach Maßgabe dieser Verordnung auf ihren Ländereien vertilgen dürfen, gehören:

1. Wölfe, Schwarzwild, Wildkatzen, Füchse, Iltisse, Marder, Wiesel, Fischottern, Eichhörnchen, Kaninchen und Dächse;
2. Die Tagraubvögel mit Ausnahme der Turmfalken, die Uhus, Würger (Neuntöter), Kreuzschnäbel, Sperlinge (Haus- und Feldsperlinge), Kernbeißer, die rabenartigen Vögel (Kolkraben, Rabenkrähen, Nebelkrähen, Saatkrähen, Dohlen, Elstern, Eichelhäher, Nuß- oder Tannenhäher), die Wildtauben (Ringeltauben, Hohltauben, Turteltauben), Wasserhühner (Rohr- und Bleßhühner), Reiher (eigentliche Reiher, Nachtreiher oder Rohrdommeln), Säger (Sägetaucher, Tauchergänse), alle nicht im Binnenlande brütenden Möven, die Kormorane und Taucher (Eistaucher und Haubentaucher).

[1]) Schädliches Wild sind ferner die Staare vom Beginne der Reife der Früchte an bis zur Beendigung der Weinlese innerhalb des durch die Ortspolizeibehörde bestimmten und öffentlich bekannt gemachten Termins.

§ 2

Die Vertilgung des im ersten Absatze des § 1 unter Ziffer 1 bezeichneten Wildes darf stattfinden unter Anwendung von Fängen, Gruben und Fallen, sowie durch Aufgraben und Ausräuchern der Baue, unter Beobachtung der Vorschriften in § 367, Nr. 8 und 12 des Reichsstrafgesetzbuches.

Zur Vertilgung von Kaninchen ist auch der Gebrauch von Netzen- und Frettwieseln gestattet.

Das Aufstellen von Wolfs-, Fuchs- und Dachseisen im Wald und im offenen Felde darf nur mit Erlaubnis des Kreisdirektors,

---

[1]) Vgl. V. v. 4. Juli 1899 (GBl. S. 105).

bezw. des Polizeidirektors stattfinden. Die Erlaubnis ist von den einzelnen Eigentümern, Besitzern oder Pächtern unter möglichst genauer Bezeichnung der Oertlichkeiten, wo die Eisen gestellt werden sollen, zu beantragen.

§ 3.

Die Vertilgung der im ersten Absatze des § 1 unter Ziffer 2 bezeichneten Vögel kann erfolgen unter Anwendung von Fangkörben, Fangnetzen und Pfahleisen, sowie durch Zerstören der Eier und Nester.

§ 4.

Sind die in den §§ 2 und 3 zugelassenen Vertilgungsmittel nach Lage des Falles für nicht ausreichend zu erachten, so kann der Kreisdirektor bezw. der Polizeidirektor einzelnen Eigentümern, Besitzern oder Pächtern für ihre Person oder für ihre Beauftragten die Anwendung von Schußwaffen auf ihren Ländereien zum Zweck der Vertilgung erlauben.

§ 5.

[1]) Behufs Vertilgung der Staare, sofern sie scharenweise einfallen, kann der Kreisdirektor bezw. der Polizeidirektor während der im zweiten Absatze des § 1 bezeichneten Zeit einzelnen Eigentümern, Besitzern oder Pächtern für ihre Person oder für ihre Beauftragten die Anwendung von Fangnetzen und Schußwaffen auf ihren Ländereien zum Zwecke der Vertilgung erlauben.

§ 6.

Personen, welchen nach den Bestimmungen der §§ 10 und 11 Nr. 3 des Jagdpolizeigesetzes die Ausstellung eines Jagdscheines versagt werden muß oder versagt werden kann, darf die Anwendung von Schußwaffen zum Zwecke der Vertilgung des schädlichen Wildes nicht gestattet werden.

Die Erlaubnis ist schriftlich und nur auf bestimmte Zeit zu erteilen. Der Erlaubnisschein muß den Namen desjenigen, für den er erteilt ist, und die Bezeichnung des Wildes enthalten, dessen Vertilgung bezweckt wird.

Die Anwendung von Schußwaffen während der Nachtzeit (§ 7 des Jagdpolizeigesetzes) ist nicht gestattet, wenn die Erlaubnis sich nicht ausdrücklich auch auf die Nachtzeit erstreckt.

---

[1]) Vgl. V. v. 4. Juli 1899. (GBl. S. 105).

Wer auf Grund der erteilten Erlaubnis schädlichem Wild mit der Schußwaffe nachstellt, muß den Erlaubnisschein bei sich führen.

§ 7.

Wird die Erlaubnis zum Gebrauche von Schußwaffen an Eigentümer, Besitzer und Pächter oder deren Beauftragte oder die Erlaubnis zum Aufstellen von Wolfs-, Fuchs- und Dachseisen an dieselben erteilt, so hat der Kreisdirektor bezw. der Polizeidirektor dem Jagdberechtigten alsbald hiervon Mitteilung zu machen.

§ 8.

Die §§ 1 bis einschließlich 5 der Verordnung des Ministeriums, betreffend die Jagdpolizei, vom 20. Juni 1883. (GBl. S. 65) sind aufgehoben.

Anlage 3.

Verordnung des Ministeriums, betreffend die Jagdpolizei. Vom 31. Dezember 1888.

GBl. 1889. S. 1.

Auf Grund des § 2 des Jagdpolizeigesetzes vom 7. Mai 1883 in Verbindung mit § 24 Nr. 2 des Feldpolizeistrafgesetzes vom 9. Juli 1888 wird hierdurch bestimmt, was folgt:

Tauben, welche zur Saat- oder Erntezeit dem von der Ortspolizei bekannt gemachten Verbote zuwider nicht eingeschlossen gehalten werden, dürfen von dem Eigentümer, Besitzer oder Pächter der Grundstücke, auf welchen sie betroffen werden, mit den im § 3 der Verordnung des Ministeriums vom 20. Juni 1883[1]) (GBl. S. 65) bezeichneten Mitteln vertilgt werden. Die Anwendung von Schußwaffen zu dem angegebenen Zwecke ist von dem Kreisdirektor oder dem Polizeidirektor gemäß § 4 der erwähnten Verordnung nur unter der Voraussetzung zu gestatten, daß die Tauben scharenweise in ein Grundstück einfallen.

Tauben, von welchen den Umständen nach anzunehmen ist, daß es Brieftauben sind, sollen geschont werden.

[1]) V. v. 16. Juli 1890 (Anlage 2).

Anlage 4.

Gesetz, betreffend Deklaration zum Jagdpolizeigesetz vom 7. Mai 1883, vom 11. Juli 1884.

GBl. S. 103.

Wir Wilhelm, von Gottes Gnaden, Deutscher Kaiser, König von Preußen

verordnen im Namen des Reichs, für Elsaß-Lothringen, nach erfolgter Zustimmung des Bundesrats und des Landesausschusses, was folgt:

Zur Erläuterung der Vorschriften im § 3 des Jagdpolizeigesetzes vom 7. Mai 1883 (Gesetzbl. S. 57), nach welchen in der Zeit vom 2. Februar bis 23. August das Wild mit der Jagd zu verschonen und das Jagen mit Hunden untersagt ist, wird hierdurch bestimmt:

Die bezeichnete Frist beginnt mit Anfang des 2. Februar und endigt mit Ablauf des 22. August.

Urkundlich unter Unserer Höchsteigenhändigen Unterschrift und beigedrucktem Kaiserlichen Insiegel.

Gegeben Insel Mainau, den 11. Juli 1884.

(L.S.) Wilhelm.

In Vertretung des Statthalters:
Der Staatssekretär,
von Hofmann.

Anlage 5.

Gesetz, betreffend die Abänderung des Gesetzes über die Jagdpolizei vom 7. Mai 1883 (Gesetzbl. S. 57), vom 8. Mai 1889.

GBl. S. 55.

Wir Wilhelm, von Gottes Gnaden Deutscher Kaiser, König von Preußen

verordnen im Namen des Reichs, für Elsaß-Lothringen, nach erfolgter Zustimmung des Bundesrats und des Landesausschusses, was folgt:

§ 1.

Mit der Jagd zu verschonen sind:

Schnepfen, Trappen, wilde Schwäne und alles andere nicht als schädliches Wild (§ 2 des Gesetzes, betreffend die Jagdpolizei, vom 7. Mai 1883) erachtete Sumpf- und Wassergeflügel, mit Ausnahme der wilden Gänse und wilden Enten, vom 1. Mai bis 30. Juni einschließlich, wilde Enten vom 1. Mai bis 30. Juni einschließlich, wilde Enten vom 1. April bis 30. Juni einschließlich.

§ 2.

Dieses Gesetz tritt mit dem Tage der Verkündung in Kraft.

Urkundlich unter Unserer Höchsteigenhändigen Unterschrift und beigedrucktem Kaiserlichen Insiegel.

Gegeben Berlin, den 8. Mai 1889.

(L.S.) Wilhelm.

Fürst von Hohenlohe.

Anlage 6.

Allgemeine Verfügung des Oberstaatsanwalts betreffend das Verfahren bei Beschlagnahme von Wild und Fischen, vom 16. April 1887.

ABl. S. 86.

I. Die Verfügung über die beschlagnahmten Gegenstände steht der für die Hauptsache zuständigen Staatsanwaltschaft, und sofern eine gerichtliche Bestätigung der Beschlagnahme nach § 98 StPO. erforderlich ist, der zur Bestätigung zuständigen Gerichtsbehörde zu.

Es ist hierbei zu beachten, daß bei Transport durch Post, Eisenbahn und ähnliche Verkehrsmittel wohl regelmäßig und stets dann eine gerichtliche Bestätigung der Beschlagnahme erforderlich sein wird, wenn bei letzterer der davon mitbetroffene Absender nicht zugegen ist.

II. Beschlagnahme von Wild.

1. Das wegen Zuwiderhandlung gegen §§ 4 und 8 (§ 13 Nr. 3 und 4) des Jagdpolizeigesetzes vom 7. Mai 1883 beschlagnahmte und gemäß § 13 Schlußabsatz der Einziehung unterliegende Wild (Wild, welches während der Schonzeit feilgeboten,

verkauft, gekauft, transportiert oder zum Verkauf umhergetragen wird, sowie in Schlingen gefangenes Wild, welches feilgeboten, verkauft, transportiert, zum Verkauf umhergetragen oder von Wirten oder Händlern angekauft wird), ist auf Verfügung der nach I. zuständigen Behörde zu veräußern.

Es macht keinen Unterschied, ob das beschlagnahmte Wild dem wegen der Zuwiderhandlung gegen §§ 4 und 8 zu verfolgenden Täter gehört oder nicht, desgleichen ist es einerlei, ob das Wild durch berechtigtes oder unberechtigtes Jagen erworben worden ist.

2. In Fällen eines unberechtigten Jagens ist, sofern nicht zugleich eine Zuwiderhandlung gegen §§ 4 und 8 (§ 13 Nr. 3 und 4) des Jagdpolizeigesetzes konkurriert und hiernach gemäß vorstehender Nr. 1 zu verfahren ist, das beschlagnahmte Wild auf Verfügung der nach I. zuständigen Behörde nach Maßgabe des § 111 StPO. dem Jagdberechtigten, falls derselbe leicht erreichbar ist, zur Verfügung zu stellen, in administrierten Jagden dem Oberförster zu überliefern.

Sofern das beschlagnahmte Wild bei vorheriger Einholung einer bezüglichen Verfügung der zuständigen Behörde der Gefahr alsbaldigen Verderbens ausgesetzt sein sollte, kann dasselbe unmittelbar durch den die Beschlagnahme betätigenden Hülfsbeamten der Staatsanwaltschaft dem Jagdberechtigten, wenn derselbe in der Nähe erreichbar ist, übermittelt werden, unter gleichzeitiger Mitteilung an die nach I. zuständige Behörde.

3. Sofern der Jagdberechtigte nicht leicht zu erreichen ist, ist in Fällen eines unberechtigten Jagens das beschlagnahmte Wild auf Verfügung der zuständigen Behörde durch Veräußerung zu verwerten.

4. Das Gleiche gilt in Fällen eines berechtigten, aber gegen die Jagdpolizeigesetze verstoßenden Jagens (abgesehen von den Fällen unter Nr. 1), sofern nicht infolge sofortiger Vorführung und Aburteilung des Täters die Aufbewahrung in natura bis zum Spruch des Urteils zweckmäßig erscheint.

5. In den Fällen unter 1, 3 und 4 erfolgt die Veräußerung durch die zuständige Enregistrements-Einnehmerei, welcher zu diesem Behufe das beschlagnahmte Wild mittels schriftlicher Verfügung der zuständigen Behörde gegen Empfangsbescheinigung zu übersenden ist.

6. Bezüglich des durch die Enregistrements-Einnehmerei ver-

einnahmten Erlöses der Veräußerung ist in den Fällen unter Nr. 1 — und zwar, soweit die Verfolgung eines bestimmten Täters nicht ausführbar erscheint, im Wege des objektiven Verfahrens — Ausspruch der Einziehung zu beantragen.

In anderen Fällen ist Anordnung dahin zu beantragen, daß der Erlös dem Jagdberechtigten ausgezahlt werde.

7. Falls von einer Veräußerung des beschlagnahmten Wildes in Anbetracht der geringen Menge oder des unbedeutenden Wertes ein den Betrag der aufzuwendenden Kosten nennenswert übersteigender Erlös nicht zu erwarten steht, kann dasselbe auf Verfügung der nach I. zuständigen Behörde der nächsten Wohltätigkeits-Anstalt überwiesen werden. Bereits verdorbenes Wild ist zu vernichten.

Anlage 7.

Verordnung des Ministeriums betreffend das Verbot des Jagens mit Laufhunden vom 23. Februar 1905.

ABl. S. 95.

Auf Grund des § 7 des Gesetzes, betreffend die Jagdpolizei vom 7. Mai 1883 (Gesetzblatt S. 57) wird hierdurch in Abänderung der Verordnung vom 8. November 1902 (Zentral- und Bezirks-Amtsblatt S. 273) nach Anhörung des Bezirkstages des Unter-Elsaß bestimmt, was folgt:

§ 1.

Die Ausübung der Jagd mit Laufhunden (hochbeinigen Bracken) wird, soweit sie nicht bereits auf Grund von § 3 Abs. 1 des Gesetzes vom 7. Mai 1883 untersagt ist, im ganzen Bezirk Unter-Elsaß auf die Dauer von drei Jahren verboten.

§ 2.

Diese Verordnung tritt am 1. April 1905 in Kraft.

Anlage 8.

Verordnung des Ministeriums betreffend die Ausübung der Jagd vom 4. Februar 1899.

ABl. S. 17.

Auf Grund des § 7 Abs. 4 des Gesetzes vom 7. Mai 1883, betreffend die Jagdpolizei, wird hierdurch bestimmt was folgt:

§ 1.

Die Verwendung von Gift als Jagdmittel ist verboten.

§ 2.

Die Kreis- und Polizeidirektoren sind befugt, ausnahmsweise in einzelnen Fällen die Verwendung von Gift als Jagdmittel zu gestatten.

Anlage 9.

Verordnung des Ministeriums betreffend die Ausstellung der Jagdscheine, die Aufbewahrung der Formulare und die Annahme und Verrechnung der Gebühren für die Jagdscheine. Vom 22. Januar 1889.

ABl. S. 22.

Bezüglich der Ausstellung derjenigen Jagdscheine, deren Gültigkeit nach dem 1. Februar 1889 beginnt, der Aufbewahrung der Formulare, sowie der Annahme und Verrechnung der Gebühren für diese Jagdscheine wird unter Aufhebung der Verfügung vom 13. Juni 1883 (Central- und Bezirksamtsblatt, S. 185) bestimmt, was folgt:

1.

Die Ausstellung der Jagdscheine bezw. Zusatzjagdscheine erfolgt unter Benutzung der vorgeschriebenen Formulare. Die Kreisdirektoren und Polizeidirektoren beziehen die Formulare nach Bedarf von den Enregistrementseinnehmereien ihrer Amtssitze, bezw. sofern sich daselbst mehrere Einnehmereien befinden, von den Enregistrementseinnehmereien für gerichtliche Urkunden.

Die Enregistrementseinnehmereien werden durch die Enregistrementshauptbuchhalterei alljährlich nach den für den Bezug des Stempelmaterials geltenden Vorschriften mit den nötigen Formularbeständen versehen.

2.

Die Formulare zu den Jagdscheinen sind als geldwerte Papiere zu behandeln. Die Enregistrementseinnehmereien, sowie die Kreis- und Polizeidirektoren haben für die sichere Aufbewahrung der ihnen zugestellten Formulare Sorge zu tragen und über die Zahl der empfangenen und abgegebenen Formulare besondere Nachweisungen zu führen.

Die Kreis- und Polizeidirektoren erteilen den Enregistrements-einnehmereien über die von denselben bezogenen Formulare Empfangsbescheinigungen, welche den Einnehmereien bis zu erfolgter Zahlung der Gebühren als Entlastungsbeläge dienen.

3.

Wer einen Jagdschein lösen will, hat zunächst die gesetzliche Gebühr von 24 Mk., bezw. von 6 Mark für den Zusatzjagdschein, bei dem Gemeinderechner einzuzahlen und alsdann ein schriftliches Gesuch um Erteilung des Scheines auf vorschriftsmäßigem Stempelpapier unter Anschluß einer Quittung des Gemeinderechners über die Einzahlung der Gebühr bei dem Bürgermeister einzureichen.

Das Gesuch kann bei dem Bürgermeister jeder Gemeinde in Elsaß-Lothringen angebracht werden. Die Einzahlung der Gebühr hat bei dem Rechner derjenigen Gemeinde zu erfolgen, in welcher die Erteilung des Scheines nachgesucht wird; letzterer Gemeinde fließt der gesetzlich bestimmte Anteil an der Gebühr mit 8 M., bezw. 2 M. für den Zusatzjagdschein zu.

Der Bürgermeister hat das Gesuch nebst Quittung mit berichtlicher Aeußerung dem Kreisdirektor bezw. Polizeidirektor vorzulegen.

4.

Der Kreisdirektor (Polizeidirektor) trifft nach vorgenommener Prüfung und nach Maßgabe der Vorschriften des Gesetzes vom 7. Mai 1883 über die Jagdpolizei darüber Entscheidung, ob dem eingegangenen Gesuche stattzugeben ist oder nicht.

Wird dem Gesuche stattgegeben, so ist der ausgefertigte Jagdschein nach Vormerkung desselben in der nach Nr. 2 zu führenden Nachweisung dem Gesuchsteller zu übersenden.

Zugleich benachrichtigt der Kreisdirektor (Polizeidirektor) hiervon den Bürgermeister mit dem Auftrage, dem Gemeinderechner behufs definitiver Verrechnung des der Gemeindekasse zugute kommenden Anteils an der Gebühr die erforderliche Einnahmeanweisung zu erteilen.

Wird das Gesuch zurückgewiesen, so beauftragt der Kreisdirektor (Polizeidirektor) den Bürgermeister, den Gemeinderechner wegen Rückzahlung des für den Jagdschein eingezahlten Betrages an den Gesuchsteller mit Anweisung zu versehen.

5.

Am 20. September und 20. März jeden Jahres haben die Gemeinderechner ein Verzeichnis der Jagdschein-Empfänger und der in der abgelaufenen Zeit für Rechnung der Landeskasse erhobenen Gebühren an die Kreis- (Polizei-) direktoren einzusenden. Letztere vergleichen diese Verzeichnisse mit den nach Nr. 2 zu führenden Nachweisungen, setzen die abzuführenden Beträge unter Bescheinigung der Richtigkeit der Soll-Einnahme fest und überweisen die bescheinigten Verzeichnisse bis spätestens den 26. derselben Monate den betreffenden Enregistrementseinnehmereien; gleichzeitig benachrichtigen sie die Gemeinderechner, welche Beträge abzuliefern und welche etwa einstweilen zurückzubehalten sind. Die Gemeinderechner haben die Ablieferung an die betreffende Enregistrementseinnehmerei unverzüglich nach Empfang dieser Benachrichtigung ohne weitere Nachweisung auszuführen.

Die Enregistrementseinnehmereien erteilen hierauf über die empfangenen Beträge umgehend stempelfreie Quittungen und bewirken die Verbuchung in der für die Vereinnahmung des Stempelerlöses vorgeschriebenen Weise.

6.

Am Schlusse des Rechnungsjahres hat eine vollständige Abrechnung stattzufinden.

Zu dem Zwecke werden die Kreisdirektoren (Polizeidirektoren) den Enregistrementseinnehmereien bis zum 26. März neben den nach Nr. 5 an diesem Tage mitzuteilenden Verzeichnissen der Jagdscheinempfänger besondere Bescheinigung über die am Abend des 20. März bei ihnen vorhanden gewesenen, noch unverbrauchten Jagdformulare zustellen. Gleichzeitig haben die Kreisdirektoren (Polizeidirektoren) die noch vorhandenen, für das abgelaufene Jagdjahr (vom 2. Februar des einen bis 1. Februar des anderen Jahres) bestimmten Formulare den Einnehmereien zurückzusenden und dies auf der auszustellenden Bescheinigung zu vermerken.

Die hiernach bei den Kreisdirektoren (Polizeidirektoren) verbliebenen Bestände bilden die ersten Belastungsposten in den bei den Enregistrementseinnehmereien für das neue Jahr zu eröffnenden Nachweisungen (Nr. 2) und, unter Hinzurechnung der bei den Einnehmereien am 20. März abends vorrätigen, sowie der denselben von den Kreisdirektoren (Polizeidirektoren) zurückgesandten Formulare, die Gesamtbestände, welche in den am Jahresschlusse aufzustellenden Nachweisungen der Stempelgeld-Einnahme und des Stempelmaterialbestandes als vorrätig nachzuweisen sind.

Die Enregistrementseinnehmereien haben demnächst und spätestens bis zum 30. April sämtliche auf das abgelaufene Jagdjahr bezüglichen Formulare an die Enregistrementshauptbuchhalterei zurückzuliefern und in der Stempelrechnung auf Grund der ihnen zu erteilenden Empfangsbescheinigung als Abgang ohne Werterſatz zu verrechnen.

Alle vom 21. März ab auszufertigenden Jagdscheine sind erst für das kommende Rechnungsjahr zu verrechnen.

7.

Die von den Kreisdirektoren (Polizeidirektoren) gemäß der Bestimmung unter Nr. 2 erteilten Empfangsbescheinigungen sind denselben von Seiten der Enregistrementseinnehmereien zurückzugeben, sobald der in die Landeskasse fließende Anteil an den Gebühren für die als verwendet bezeichneten Jagdscheinformulare bei denselben eingezahlt ist, bezw. sobald die Formulare von den Kreisdirektoren nach Maßgabe der Nr. 6 Abs. 2 den Einnehmereien zurückgesandt sind.

8.

Für die Gebühren von Jagdscheinen, welche in Folge Nichtbeachtung der vorstehenden Bestimmungen nicht zur Ablieferung und Verrechnung gelangen, haftet derjenige Beamte, welchem die Versäumnis zur Last fällt.

Anlage 10.

Verordnung des Ministeriums, betreffend die wiederholte Ausfertigung von Jagdscheinen. Vom 21. Dezember 1889.

ABl. 1890 S. 1.

Die Kreis- und Polizeidirektoren sind ermächtigt, Jagdscheine, deren Gültigkeitsdauer noch nicht abgelaufen ist, wiederholt auszufertigen, sofern sie die Ueberzeugung gewonnen haben, daß die frühere Ausfertigung nicht mehr vorhanden oder verloren gegangen ist.

Für die wiederholten Ausfertigungen sind die vorgeschriebenen Jagdscheinformulare mit der Maßgabe zu benutzen, daß dem Worte „Jagdschein" in blauer Tinte die Worte „Zweite (Dritte usw.) Ausfertigung" vom (Datum) vorangestellt werden.

Die wiederholte Ausfertigung der Jagdscheine geschieht gebührenfrei. Die bezüglichen Anträge sind in allen Fällen schriftlich zu stellen und mündliche Anträge nur dann zuzulassen, wenn die frühere Ausfertigung vor der Aushändigung an den Gesuchsteller in Verlust geraten ist.

Sobald die neue Ausfertigung erfolgt ist, macht der Kreis- bezw. Polizeidirektor in dem für die amtlichen Mitteilungen bestimmten Blatte bekannt, daß die unter dem pp. dem pp. ausgestellte Ausfertigung seines Jagdscheines in Verlust geraten und derselbe unter dem pp. eine zweite (dritte pp.) Ausfertigung erhalten hat.

Zusatz-Jagdscheine werden nur einmal ausgefertigt.

Bei der Eintragung der wiederholten Ausfertigungen in die Nachweisung der gemäß Ziffer 2 der Verordnung vom 22. Januar 1889 (Central- und Bezirks-Amtsblatt S. 22) von den Kreis- und Polizeidirektoren zu führenden Nachweisung der Zahl der abgegebenen Jagdschein-Formulare ist in der Spalte „Bemerkungen" dieser Nachweisung der Vermerk „Zweite (Dritte pp.) Ausfertigung" beizufügen und bei der am Schlusse des Rechnungsjahres stattfindenden Abrechnung die Verwendung der zu den wiederholten Ausfertigungen benutzten Formulare in der Bescheinigung nachzuweisen, welche gemäß Ziffer 6 der Verordnung vom 22. Januar 1889 bis zum 26. März den Enregistrementseinnehmereien zuzustellen ist.

Anlage 11.

Verfügung des Ministeriums betreffend die Ausübung des Forst- und Jagdschutzes vom 14. Juli 1884.

ABl. S. 179.

Aus dem von dem Herrn Oberstaatsanwalt nach Einforderung der Aeußerungen der Herren Ersten Staatsanwälte erstatteten Berichte habe ich entnommen, daß zwar nicht bei den leitenden Beamten der Staatsanwaltschaft, wohl aber in den Kreisen der Forstverwaltungsbeamten mehrfach die Anschauung vertreten ist, als ob durch die Bestimmungen in § 1 der von dem Oberpräsidenten unterm 14. Februar 1872 erlassenen Instruktion über den Forst- und Jagdschutz den Oberförstern alle Befugnisse und Verpflichtungen der Forstschutzbeamten, insbesondere auch diejenigen übertragen worden seien, welche das Gesetz den Forstschutzbeamten nur in ihrer Eigenschaft als Hülfsbeamten der Staatsanwaltschaft beilegt.

Diese Anschauung ist unbegründet. Die vorgedachte instruktionelle Anordnung konnte weder beabsichtigen noch den Erfolg haben, die gesetzlichen Bestimmungen über die gerichtliche Polizei abzuändern, insbesondere die Vorschrift des Art. 9 Code d'instr. cr., welcher nur die gardes forestiers (Forstschutzbeamte), nicht auch die agents forestiers (Forstverwaltungsbeamte) als officiers de police judiciaire erklärt, aufzuheben und die weiteren gesetzlichen Verordnungen über die Obliegenheiten der gardes forestiers als solcher auf die Oberförster auszudehnen. (Art. 16 ff., 39, C. d'instr. cr.; Art. 161, 163 C. for., Art. 11, 14 ff., 24 ff., 181 ff. Ordonnanz vom 1. August 1827. Ges. v. 30. Dezember 1871, betreffend Einrichtung der Forstverwaltung).

Ebensowenig kann unter der Herrschaft der Reichsjustizgesetze das Fortbestehen der Instruktion vom 14. Februar 1872 mit der Wirkung verknüpft sein, daß den Oberförstern vom 1. Oktober 1879 ab die Eigenschaft von Hülfsbeamten der Staatsanwaltschaft zukommt, nachdem durch die Verordnung des Reichskanzlers vom 13. Juni 1879 (GBl. S. 61) ausdrücklich nur den Forstschutzbeamten jene Eigenschaft bezüglich der strafbaren Handlungen gegen die Forst-, Feld-, Jagd- und Fischereigesetze beigelegt worden ist.

Vorschriften, welche allein die Hülfsbeamten der Staatsanwaltschaft angehen, sind demnach für die Oberförster nicht maßgebend; letztere haben vielmehr, wie sie nicht verpflichtet sind, den Anordnungen der Ersten Staatsanwälte Folge zu leisten (§ 153 GVG), so auch anderseits nicht die Befugnis, bei Ausübung des Forstschutzes Beschlagnahmen und Durchsuchungen anzuordnen (§§ 98, 105 StPO.).

Nachdem in diesem Sinne den Beamten der Forstverwaltung von vorgesetzter Stelle Anweisung zugegangen ist, ersuche ich die Beamten der Staatsanwaltschaft, nach denselben Grundsätzen zu verfahren.

Anlage 12.

Die auf die Jagd bezüglichen Bestimmungen des Strafgesetzbuchs.

1. Widerstand gegen Jagdschutzbeamte, Jagdberechtigte und Jagdaufseher.

§ 117.

Wer einem Forst- oder Jagdbeamten, einem Waldeigentümer, Forst- oder Jagdberechtigten, oder einem von diesen bestellten Aufseher in der rechtmäßigen Ausübung seines Amtes oder Rechtes durch Gewalt oder durch Bedrohung mit Gewalt Widerstand leistet, oder wer eine dieser Personen während der Ausübung ihres Amtes oder Rechtes tätlich angreift, wird mit Gefängnis von vierzehn Tagen bis zu drei Jahren bestraft.

Ist der Widerstand oder der Angriff unter Drohung mit Schießgewehr, Aexten oder anderen gefährlichen Werkzeugen erfolgt, oder mit Gewalt an der Person begangen worden, so tritt Gefängnisstrafe nicht unter drei Monaten ein.

Sind mildernde Umstände vorhanden, so tritt in den Fällen des Absatz 1 Gefängnisstrafe bis zu Einem Jahre, in den Fällen des Absatz 2 Gefängnisstrafe nicht unter Einem Monat ein.

§ 118.

Ist durch den Widerstand oder den Angriff eine Körperverletzung dessen, gegen welchen die Handlung begangen ist, verursacht worden, so ist auf Zuchthaus bis zu zehn Jahren zu erkennen.

Sind mildernde Umstände vorhanden, so tritt Gefängnisstrafe nicht unter drei Monaten ein.

§ 119.

Wenn eine der in den §§ 117 und 118 bezeichneten Handlungen von Mehreren gemeinschaftlich begangen worden ist, so kann die Strafe bis um die Hälfte des angedrohten Höchstbetrages, die Gefängnisstrafe jedoch nicht über fünf Jahre erhöht werden.

2. Die Jagdvergehen.

§ 292.

Wer an Orten, an denen zu jagen er nicht berechtigt ist, die Jagd ausübt, wird mit Geldstrafe bis zu dreihundert Mark oder mit Gefängnis bis zu drei Monaten bestraft.

Ist der Täter ein Angehöriger des Jagdberechtigten, so tritt die Verfolgung nur auf Antrag ein. Die Zurücknahme des Antrages ist zulässig.

§ 293.

Die Strafe kann auf Geldstrafe bis zu sechshundert Mark oder auf Gefängnis bis zu sechs Monaten erhöht werden, wenn dem Wilde nicht mit Schießgewehr oder Hunden, sondern mit Schlingen, Netzen, Fallen oder anderen Vorrichtungen nachgestellt oder, wenn das Vergehen während der gesetzlichen Schonzeit, in Wäldern, zur Nachtzeit oder gemeinschaftlich von mehreren begangen wird.

§ 294.

Wer unberechtigtes Jagen gewerbsmäßig betreibt, wird mit Gefängnis nicht unter drei Monaten bestraft; auch kann auf Verlust der bürgerlichen Ehrenrechte, sowie auf Zulässigkeit von Polizei-Aufsicht erkannt werden.

§ 295.

Neben der durch das Jagdvergehen verwirkten Strafe ist auf Einziehung des Gewehrs, des Jagdgeräts und der Hunde, welche der Täter bei dem unberechtigten Jagen bei sich geführt hat, ingleichen der Schlingen, Netze, Fallen und anderen Vorrichtungen zu erkennen, ohne Unterschied, ob sie dem Verurteilten gehören oder nicht.

3. Jagdpolizeiübertretungen.

§ 361.

Mit Haft wird bestraft:

9) wer Kinder oder andere unter seiner Gewalt stehende Personen, welche seiner Aufsicht untergeben sind und zu seiner Hausgenossenschaft gehören, von der Begehung von Diebstählen, sowie von der Begehung strafbarer Ver-

letzungen der Zoll- oder Steuergesetze, oder der Gesetze zum Schutze der Forsten, der Feldfrüchte, der Jagd oder der Fischerei abzuhalten unterläßt. Die Vorschriften dieser Gesetze über die Haftbarkeit für die den Täter treffenden Geldstrafen oder anderen Geldleistungen werden hierdurch nicht berührt;

In dem Falle Nr. 9 kann statt der Haft auf Geldstrafe bis zu einhundertfünfzig Mark erkannt werden.

§ 368.

Mit Geldstrafe bis zu 60 M. oder mit Haft bis zu 14 Tagen wird bestraft:

10) wer ohne Genehmigung des Jagdberechtigten oder ohne sonstige Befugnis auf einem fremden Jagdgebiete außerhalb des öffentlichen, zum gemeinen Gebrauche bestimmten Weges, wenn auch nicht jagend, doch zur Jagd ausgerüstet, betroffen wird;

11) wer unbefugt Eier oder Junge von jagdbarem Federwild oder von Singvögeln ausnimmt.

3. Wildschaden.[1]

Vorbemerkungen.

Bem. 1. 1. Geschichtlicher Ueberblick. Bis zum Inkrafttreten des Bürgerlichen Gesetzbuchs gab es in Elsaß-Lothringen keine besonderen Bestimmungen über den Ersatz von Wildschaden. Weder die frühere französische Jagdgesetzgebung, noch das reichsländische Jagd- und Jagdpolizeigesetz enthalten diesbezügliche Bestimmungen. Ein Ersatzanspruch konnte nur auf die Art. 1382 ff. des Code civil gestützt werden, deren Unzulänglichkeit aber gerade bei Geltendmachung von Wildschäden deutlich hervortrat. Dadurch, daß dem Jagdberechtigten ein Verschulden, das Vorhandensein eines Fehlers, einer Unvorsichtigkeit oder Nachlässigkeit nachgewiesen werden mußte, gewährte der Code meistenteils einen nur sehr geringen, bei Schwarzwildschäden fast gar keinen Schutz.

Die erste Abhülfe wurde von der Landesregierung dadurch erstrebt, daß man in die von den Gemeinden abgeschlossenen Jagdpachtverträge Vorschriften aufnahm, welche die Haftung für Wildschäden regelten. Ferner wurde durch das Gesetz vom 9. Juli 1888 (GBl. S. 89) dem Ministerium ermöglicht, aus einem bestimmten Fonds Beihülfen an Landwirte zu gewähren, welchen an landwirtschaftlich benutzten Grundstücken oder deren Erzeugnissen Schaden durch Schwarzwild verursacht worden war. Ueber das frühere Recht vergleiche Huber, S. 135 ff.

Aber auch diese beiden Maßnahmen haben nicht immer den gewünschten Erfolg gehabt. Erst das Bürgerliche Gesetzbuch (§ 835. Einführungsgesetz Art. 70—72) und das mit ihm im Zusammenhang stehende Ausführungsgesetz (§§ 16—36) haben die Grundlagen geschaffen, auf denen nunmehr der Wildschaden in gerechter Weise ausgeglichen werden kann.

---

[1]) Literatur: Molitor, Das Gesetz betr. die Ausführung des Bürgerlichen Gesetzbuchs in Elsaß-Lothringen. Straßburg 1900. S. 38 ff.
Aron, Das Gesetz betr. die Ausführung des Bürgerlichen Gesetzbuchs in Elsaß-Lothringen. Straßburg 1899. S. 20 ff.
Kisch, Elsaß-Lothringisches Landesprivatrecht. Halle 1905. S. 613 ff.

2. Begriff. Unter Wildschaden ist der Schaden zu verstehen, den gewisse Tiere (Schadenswild) an Grundstücken anrichten. Er steht im Gegensatze zu dem sogenannten „Jagdschaden", d. h. dem Schaden, der durch Ausübung der Jagd, durch die Jäger, Treiber, Hunde usw. angerichtet wird (Männer, S. 126). Der Ersatz des Jagdschadens ist nicht besonders geregelt; vielmehr finden hier die allgemeinen Bestimmungen des Bürgerlichen Gesetzbuchs §§ 823 ff. Anwendung, nach denen die Handlung widerrechtlich vorsätzlich oder fahrlässig begangen sein muß. Ist der Jagdschaden in „Ausführung einer Verrichtung" im Sinne des § 831 BGB. zugefügt, so haftet gegebenenfalls der Auftraggeber, der Geschäftsherr. Schießt beispielsweise ein Jagdhüter, der ein notorischer Trinker ist, statt Wild einen Menschen an, so ist der Dienstherr des Jagdhüters zum Ersatz verpflichtet. Der § 831 findet auch Anwendung für die von einer juristischen Person des öffentlichen Rechtes zu einer Verrichtung Bestellten. Wird der Schaden von einem verfassungsmäßig berufenen Vertreter der juristischen Person begangen, so richtet sich ihre Ersatzpflicht nach §§ 31, 89 BGB. Für den Schaden, den ein Beamter in Ausübung der ihm anvertrauten öffentlichen Gewalt einem Dritten zufügt, kommt § 40 AG. BGB. in Betracht. Bem. 2.

3. Der Wildschadensersatz ist von dem Bürgerlichen Gesetzbuch nach dem „Vorteilsprinzip" (Gegensatz: „Verschuldungsprinzip") geregelt. Wer den Nutzen aus der Jagdausübung zieht, hat den Schaden zu tragen, den das Wild anrichtet. § 835 BGB. unterscheidet zwei Fälle: steht dem Eigentümer des beschädigten Grundstücks das Jagdrecht nicht zu, so ist der Jagdberechtigte verpflichtet, dem Verletzten den Schaden zu ersetzen (Abs. 1). Ist dem Eigentümer die Ausübung des ihm zustehenden Jagdrechtes durch das Gesetz entzogen, so hat derjenige den Schaden zu tragen, der zur Ausübung des Jagdrechtes nach dem Gesetze berechtigt ist (Abs. 2). In Elsaß-Lothringen sind nach § 2 des Jagdgesetzes die Gemeinden zur Ausübung des Jagdrechtes berufen, also trifft Abs. 2 des § 835 für die Bestimmung des Ersatzpflichtigen zu. Bem. 3.

4. Der gesetzlich normierte Wildschadensersatz setzt die Trennung der Eigentumsrechte von dem Jagdausübungsrecht voraus. Sind der Grundstückseigentümer und der Jagdausübungsberechtigte dieselbe Person — handelt es sich um Bem. 4.

Grundstücke der Reichsmilitär- und der Reichseisenbahnverwaltung, Staatsforsten, Forsten, deren Eigentum dem Staat und anderen Eigentümern ungeteilt zusteht; um Grundstücke, welche mit einer fortlaufenden Einfriedigung umgeben sind, die jede Verbindung mit den benachbarten Grundstücken hindert; um Grundstücke, auf denen sich der Eigentümer die selbständige Ausübung des Jagdrechtes vorbehält § 1 Abs. 2, § 3 Jagdgesetz — so kann naturgemäß von einer Ersatzpflicht nicht gesprochen werden, da der Geschädigte und der zum Ersatz Verpflichtete identisch wären. Sind die Grundstücke verpachtet, so haftet der Eigentümer dem Pächter gegenüber für Wildschaden nur dann, wenn der Pachtvertrag eine diesbezügliche Bestimmung enthält oder wenn aus sonstigen Gründen sich die Haftpflicht herbeileiten läßt. Nach denselben Grundsätzen ist die Frage zu beantworten, wenn der Eigentümer die Ausübung des Jagdrechtes verpachtet. Auch hier besteht keine gesetzliche Haftpflicht des Pächters gegenüber dem Eigentümer.

Bem. 5. 5. Zu ersetzen ist jede Beschädigung des Grundstücks und seiner wesentlichen Bestandteile (§§ 93, 94 BGB.), die beispielsweise durch Abfressen, Benagen der Bäume, Fegen an den Bäumen, Wühlen, Niederlegen in den Aeckern, Nisten, Aesen, Verbeißen u. a. m. angerichtet wird. Welchen Zwecken das Grundstück dient, ist unerheblich. Zu ersetzen ist der Schaden an einem landwirtschaftlichen, forstwirtschaftlichen Grundstück, aber auch an einem Garten, Graben.

Bem. 6. Die Ersatzpflicht erstreckt sich ferner auf den Schaden, den die Tiere an den getrennten, aber noch nicht eingeernteten Erzeugnissen des Grundstücks verursachen. Für bereits eingeerntete Früchte besteht keine Haftung. Eine Frucht wird als eingeerntet angesehen, wenn sie „an den zu ihrer Verwahrung bis zum Verbrauch oder zur Verwertung bestimmten Orte geschafft ist", sich also beispielsweise in Mieten oder Stecken befindet.

Bem. 7. 6. Welche Tiere zu dem Schadenswild gehören, siehe in Bem. 1 zu § 16 AG. BGB.

Bem. 8. 7. Ersatzberechtigt ist der Verletzte, mithin gewöhnlich der Grundstückseigentümer, aber auch die Nutzungsberechtigten, wie Nießbraucher, Pächter, antichretische Gläubiger, werden gegebenenfalls Ersatz verlangen dürfen. Bestehen zeitlich nicht beschränkte Nutzungsrechte an dem Grundstück, so tritt nach Art. 72

Einführungsgesetz zum Bürgerlichen Gesetzbuch an Stelle des Eigentümers der Nutzungsberechtigte. In Betracht können hier die Nutzungsrechte kommen, die auf Grund des Edikts von Marly vom Juni 1769 in einigen Gemeinden Lothringens bestehen. Bruck, S. 221, Bem. 22.

8. Hat bei der Entstehung des Schadens ein Verschulden des Verletzten mitgewirkt, so vermindert sich der Ersatzanspruch entsprechend dem in § 254 BGB. ausgesprochenen Prinzip. Beispiele aus der Zeit des früheren Rechtes siehe bei Huber, S. 139. Bem. 9.

Wird bei der Bebauung der Grundstücke auf Wildschaden spekuliert (Wildschadensäcker) — Kohl, Gelbrüben, Bohnen werden nahe an einem Walde auf zur Gemüsezucht ungeeignetem Boden angepflanzt: Trib. Senlis, 23. Juni 1870; Huber, S. 140 — oder werden die Früchte aus diesem Grunde über die gewöhnliche Zeit hinaus nicht eingeerntet, so kann überhaupt kein Ersatzanspruch geltend gemacht werden.

9. Die Ersatzpflicht setzt kein Verschulden des zum Ersatz Verpflichteten voraus, sie tritt ferner ohne Rücksicht darauf ein, wo der Schaden angerichtet wurde. Verantwortlich ist der zum Abschießen des Wildes Berechtigte. Mithin muß er auch den Schaden ersetzen, den das Wild auf fremdem Jagdrevier angerichtet hat; ein Regreßanspruch gegenüber dem Jagdpächter dieses Reviers ist ihm nicht zugebilligt worden. Molitor, S. 44 Bem. 3. Bem. 10.

10. Der Anspruch auf Ersatz verjährt in drei Jahren von dem Zeitpunkt an, in welchem der Verletzte von dem Schaden Kenntnis erlangt, sonst in dreißig Jahren. § 852 BGB. Bem. 11.

11. Die Abschätzung des Wildschadens in den rechts-rheinischen Gemarkungsteilen elsaß-lothringischer Gemeinden erfolgt durch den für die betreffende elsaß-lothringische Gemeinde bestellten Schätzer (§ 19 AG. BGB). Ebenso bleiben für die Abschätzung des Wildschadens in den links-rheinischen Gemarkungsteilen badischer Gemeinden die Bestimmungen des badischen Rechtes, insbesondere der badischen Jagdpachtverträge, in Kraft. Min. Erl. v. 20. Januar 1900. I A 203. Bem. 12.

Gesetz, betreffend die Ausführung des Bürgerlichen Gesetzbuchs in Elsaß-Lothringen

vom 17. April 1899, GBl. f. Elſ.-Lothr. 1900. S. 1.

§ 16.

Die Verpflichtung zum Ersatze des Wildschadens (§ 835 Abs. 1 des Bürgerlichen Gesetzbuchs) tritt auch dann ein, wenn der Schaden durch Hasen oder Kaninchen angerichtet wird.

Bem. 1. 1. Der Wildschaden kann nach § 835 Abs. 1 Bürgerliches Gesetzbuch nur durch Schwarz-, Rot-, Elch-, Dam-, Rehwild oder durch Fasanen verursacht werden. Auf Grund des Vorbehaltes in Art. 71 Ziffer 1 Einführungsgesetz zum Bürgerlichen Gesetzbuch sind als Schadenswild auch die Hasen und Kaninchen erklärt, „weil die in § 835 ausgesprochene Beschränkung des Wildschadensersatzes auf den Schaden der dort bezeichneten Wildgattungen nicht der in Elsaß-Lothringen herrschenden Auffassung und Uebung entspricht".

Bem. 2. 2. Eine Haftung kraft Gesetzes für Schaden, der durch anderes Wild angerichtet ist, besteht nicht; jedoch kann eine solche Haftung in den Jagdpachtverträgen ausbedungen werden. Die in dem früheren Lastenheft (Art. 20) enthaltene Bestimmung, nach der auch für Schaden gehaftet wird, der durch Rebhühner, Auer-, Birk- und Haselwild verursacht ist, ist in das geltende Lastenheft nicht mehr aufgenommen worden, weil ihr jede praktische Bedeutung fehlt.

Bem. 3. 3. Die Tiere, die den Schaden anrichten, müssen sich im Zustande natürlicher Freiheit befinden; andernfalls greifen die Vorschriften der §§ 833, 834 Bürgerliches Gesetzbuch über die Haftung des Tierhalters ein. Wird das Tier in einem Gehege „gehalten", so haftet mithin der Tierhalter; kann von einem Halten des Wildes nicht mehr die Rede sein, auch wenn es sich in einem eingehegten Raum befinden sollte, so ist der Jagdausübende zum Ersatz verpflichtet. Für die „lapins de garenne" haftete früher der Eigentümer des Geheges. Kisch, S. 616 Anm. 2.

§ 17.

Der Wildschaden, der an Gärten, Obstgärten, Baumschulen und einzelstehenden Bäumen angerichtet wird, ist nicht zu ersetzen, wenn die Herstellung von Schutzvorrichtungen unterblieben ist, die unter gewöhnlichen Umständen zur Abwendung des Schadens ausreichen.

1. Nach der Vorschrift des vorliegenden Paragraphen, der in Art. 71 Ziffer 4 Einführungsgesetz zum Bürgerlichen Gesetzbuch seine Grundlage hat, braucht kein Ersatz wegen Wildschaden geleistet zu werden, wenn der Beschädigte unterlassen hat, an Gärten usw. Schutzvorrichtungen herzustellen. Während das konkurrierende Verschulden (§ 254 BGB.) nachgewiesen werden muß, um zu einer geringeren Schadensersatzleistung verpflichtet zu sein, genügt hier der Nachweis der Unterlassung. „Die Mühe des Besitzers", Gärten, Obstgärten, Baumschulen, einzelstehende Bäume mit einer Schutzvorrichtung zu versehen, die unter gewöhnlichen Umständen zur Abwendung des Schadens ausreicht, „ist gering anzuschlagen gegenüber der Unmöglichkeit für den Jagdpächter, den Schaden zu verhüten und gegenüber der Gefahr eines Rückgangs der Jagdpachterlöse zum Nachteile der Grundeigentümer". Bem. 1.

Welche Schutzvorrichtungen genügen, richtet sich nach Landessitte. In Betracht kommen: Einzäunen, Umbinden, Bestreichen mit Kalk usw. Bem. 2.

Die Schutzvorrichtungen brauchen nur unter gewöhnlichen Umständen auszureichen. Reißt ein besonders starker Sturm oder ein Hochwasser sie hinweg, so ist kein Ersatz zu leisten.

2. Eine generelle Verpflichtung des Grundstückseigentümers, Schutzvorrichtungen gegen Beschädigungen durch Wild zu treffen, besteht nicht; daher ist die Unterlassung nicht ohne weiteres ein „mitwirkendes" Verschulden. Reichsgericht vom 24. März 1905 (Juristische Wochenschrift 1905 S. 367). Bem. 3.

§ 18.

Zum Ersatze des Wildschadens mit Ausnahme desjenigen, der durch Schwarzwild angerichtet wird, ist an Stelle der

Gemeinde, welche die Jagd auf Grund des § 2 Abs. 2 und 3 des Gesetzes, betreffend die Ausübung des Jagdrechts, vom 7. Februar 1881 (Gesetzbl. S. 5) verpachtet hat, der Jagdpächter verpflichtet.

Die Gemeinde kann jedoch auch zum Ersatze desjenigen Wildschadens, der nicht durch Schwarzwild angerichtet ist, angehalten werden, wenn der Jagdpächter und der Bürge zahlungsunfähig sind, unbeschadet ihres Rückgriffs gegen dieselben.

Bem. 1. 1. Nach § 835 Abs. 2 Bürgerliches Gesetzbuch müßte die Gemeinde den Wildschaden ersetzen. Da ihr jedoch jede Einwirkung auf den Wildstand entzogen ist, so entspricht es nur der Billigkeit, wenn von dem Vorbehalte des § 71 Ziffer 6 Einführungsgesetz zum Bürgerlichen Gesetzbuch Gebrauch gemacht und dem Jagdpächter der Ersatz des Wildschadens — mit Ausnahme des durch Schwarzwild angerichteten — auferlegt wird.

Bem. 2. 2. Mitpächter haften nach außenhin als Gesamtschuldner (§ 840 BGB.), der Verletzte kann daher von jedem den ganzen Schaden ersetzt verlangen. Untereinander haften sie zu gleichen Teilen, soweit nicht ein Anderes bestimmt ist (§ 426 BGB).

Bem. 3. 3. Sind der Jagdpächter, alle Mitpächter, der Bürge zahlungsunfähig, so hat die Gemeinde, vorbehaltlich ihres Rückgriffs gegen sie, Ersatz zu leisten.

Vorbemerkungen zu den §§ 19—23.

Bem. 1. 1. Die Streitigkeiten wegen Wildschaden gehören zu den bürgerlichen Rechtsstreitigkeiten. Ueber sie erkennen ohne Rücksicht auf den Wert des Streitgegenstandes die Amtsgerichte (§ 23 Ziffer 2 Gerichts-Verfassungs-Gesetz). Jedoch darf erst dann der Rechtsweg beschritten werden, wenn das in den §§ 19—23 geregelte außergerichtliche Verfahren, dessen Zulässigkeit sich aus Art. 70 Einführungsgesetz zum Bürgerlichen Gesetzbuch ergibt, durchgeführt ist. „Das Verfahren beruht auf der schon durch die Pachtverträge geschaffenen Einrichtung von Schätzern, d. h. amtlich bestellten, sachkundigen Personen, denen die Feststellung des Wildschadens geeigneten Falles obliegt" (Begründung).

Bem. 2. 2. Die Vorschriften über das Feststellungsverfahren sind dispositiver Natur; bei Abschluß der Pachtverträge können also andere vom Gesetz abweichende Bestimmungen ausbedungen werden. Die in den Art. 22—27 der Allg. Pachtbedingungen vorgeschlagene Regelung des Verfahrens stimmt im wesentlichen mit den §§ 19 ff. des Ausführungsgesetzes überein; sie ist insofern noch schärfer, als der Jagdpächter verpflichtet ist, binnen einer Woche, nachdem er oder sein Vertreter von der Feststellung des Schadens durch den Schätzer Kenntnis erhalten hat, den festgesetzten Entschädigungsbetrag in die Gemeindekasse einzuzahlen, vorausgesetzt daß er ihn nicht schon vorher an den Beschädigten gezahlt hat. Kommt der Jagdpächter dieser Verpflichtung nicht nach, so verfällt er in eine Vertragsstrafe in Höhe des durch den Schätzer festgestellten Entschädigungsbetrags" (Art. 24 Abs. 4). Ferner begründet das Schätzungsprotokoll (§ 23 des Ausführungsgesetzes) Beweis für Bestand und Höhe des Schadens, während diese Wirkung dem Schätzungsprotokoll der Allg. Pachtbedingungen nicht zukommt. Ueber die weiteren Unterschiede vgl. Molitor, S. 47 ff.

Zu einer Beschränkung oder Ausschließung der Haftung ist die Gemeinde bei Abschluß der Pachtverträge jedenfalls ohne Zustimmung der Grundstückseigentümer nicht befugt.

3. Das Feststellungsverfahren findet bei Schwarzwildschäden keine Anwendung. Bem. 3.

§ 19.

Für jede Gemeinde ist jeweils bei Beginn einer Jagdpachtperiode für deren Dauer ein Schätzer zu ernennen, dem die Feststellung des Schadens obliegt.

Die näheren Bestimmungen über die Ernennung des Schätzers werden vom Ministerium erlassen.

1. Verordnung des Ministeriums vom 10. November 1899, betreffend die Ernennung der Schätzer zur Feststellung des Wildschadens (ABl. S. 139): Bem. 1.

„Auf Grund des § 19 Abs. 2 des Gesetzes vom 17. April 1899, betreffend die Ausführung des Bürgerlichen Gesetzbuchs, wird bezüglich der Ernennung der Schätzer zur Feststellung des Wildschadens bestimmt, was folgt:

§ 1.

Wird über die Persönlichkeit des Schätzers zwischen dem Gemeinderat und den Pächtern der Gemeindejagd Einverständnis erzielt, so erfolgt die Ernennung des Schätzers durch den Bürgermeister. Dieselbe bedarf der jederzeit widerruflichen Genehmigung der Gemeindeaufsichtsbehörde. Kommt zwischen dem Gemeinderat und den Jagdpächtern eine Einigung nicht zustande, so erfolgt die Ernennung des Schätzers durch die Gemeindeaufsichtsbehörde.

§ 2.

Der Schätzer ist aus den Einwohnern einer benachbarten Gemeinde zu nehmen.

§ 3.

Die erstmalige Ernennung der Schätzer erfolgt zum 1. Januar 1900 für die Dauer der laufenden Jagdpachtperiode."

Bem. 2. Der Schätzer kann von den Beteiligten nicht abgelehnt werden. Molitor, S. 46. Bem. 4.

§ 20.

Wer Ersatz für Wildschaden, mit Ausnahme des Schadens, der durch Schwarzwild angerichtet ist, fordern will, hat den Anspruch bei dem Bürgermeister anzumelden.

Der Bürgermeister hat unverzüglich nach erfolgter Anmeldung zur Ermittelung und Schätzung des behaupteten Schadens und zur Herbeiführung einer gütlichen Einigung einen Termin an Ort und Stelle anzuberaumen und zu demselben den Antragsteller sowie den Jagdpächter und den Schätzer mittelst eingeschriebener Briefe zu laden. In der Ladung ist darauf hinzuweisen, daß auch im Falle des Nichterscheinens der Schaden ermittelt und abgeschätzt werde.

Bem. 1. 1. Eine Frist zur Anmeldung des Schadens ist nicht bestimmt.

Bem. 2. 2. Wohnt der Jagdpächter nicht im Bezirke des Landgerichts, so ist der Vertreter zu benachrichtigen (§ 25).

Bem. 3. 3. Wird die Ladung des Antragstellers oder Pächters verabsäumt, so leidet das Verfahren an einem wesentlichen Mangel. In diesem Falle wird das Protokoll (§ 23) keine Wirkung haben. Kisch, S. 620 Anm. 23.

§ 21.

Jeder Beteiligte hat das Recht, zu beantragen, daß die Schätzung des Schadens erst in einem späteren, kurz vor der Ernte abzuhaltenden Termine erfolge. Diesem Antrage muß stattgegeben werden.

Beteiligt sind der Verletzte und der (die) Jagdpächter. Bem. 1.

§ 22.

Über die Verhandlungen, zu welchen die Ermittelung und Schätzung des Schadens Anlaß gibt, ist ein Protokoll zu errichten, worin zutreffenden Falles der Geldbetrag zu bestimmen ist, den der Ersatzpflichtige zu entrichten hat.

Das Protokoll ist von dem Schätzer zu unterschreiben. Es ist innerhalb einer Woche nach dem Termin auf dem Bürgermeisteramte zu hinterlegen.

Wird ein Vergleich abgeschlossen, so kann er protokolliert werden; jedoch können die Parteien von der Aufnahme des Vergleichs in das Protokoll absehen. Bem. 1.

§ 23.

Das Protokoll begründet Beweis für den Bestand und die Höhe des Schadens.

Wird nicht innerhalb einer Woche nach Ablauf der Hinterlegungsfrist von einem der Beteiligten bei dem Bürgermeister Widerspruch gegen die Abschätzung eingelegt und binnen einer weiteren Frist von zwei Wochen nach Einlegung des Widerspruchs Klage erhoben, so gilt der Schaden als endgültig festgestellt. Über die Einlegung des Widerspruchs ist auf Verlangen eine Bescheinigung zu erteilen.

1. Das Protokoll hat materiellrechtliche Bedeutung: es begründet Beweis für den Bestand und die Höhe des Schadens. Gegenbeweis ist zulässig, jedoch hat der Kläger die Beweislast. Bem. 1.

Darüber, ob der Jagdpächter ersatzpflichtig ist, trifft das Protokoll keine Entscheidung.

Bem. 2. 2. Gegen die Versäumung der Fristen zur Erhebung der Klage gibt es keine Wiedereinsetzung in den vorigen Stand.

Bem. 3. 3. Die Klage des Verletzten geht auf Leistung, die des Jagdpächters auf Feststellung, daß der Schaden nicht entstanden ist oder einen geringeren Umfang hat (§ 256 Zivilprozeßordnung). Örtlich zuständig sind der Gerichtsstand: des Wohnsitzes (§ 13 a.a.O.), des Vermögens (§ 23 a.a.O.), der unerlaubten Handlung (§ 32 a.a.O.), der belegenen Sache.

§ 24.

Der Schätzer erhält auf Verlangen eine Entschädigung für den erforderlichen Zeitverlust im Betrag von fünfzig Pfennig für jede angefangene Stunde, mindestens aber zwei Mark.

Die von dem Schätzer zu beanspruchenden Gebühren und die aufgewendeten Kosten hat, wenn ein Schaden festgestellt wird, derjenige, welcher für den Schaden verantwortlich ist, entgegengesetzten Falles der Antragsteller zu tragen; doch können dieselben dem Beschädigten ganz oder teilweise auferlegt werden, wenn seine Ansprüche eine verhältnismäßig erhebliche Zuvielforderung enthalten.

Die Gemeinde hat, auch wenn kein Schaden festgestellt ist, dem Schätzer, vorbehaltlich des Rückgriffs gegen die kostenpflichtige Partei, auf Verlangen die im Abs. 2 bezeichneten Beträge zu entrichten.

Bem. 1. Auch alle Auslagen, die in dem Verfahren erwachsen sind, gehören zu den Kosten.

§ 25.

Der Jagdpächter, der nicht im Bezirk des Landgerichts wohnt, worin die verpachtende Gemeinde gelegen ist, hat einen in dem Landgerichtsbezirke wohnhaften Vertreter zu bestellen, der in seinem Namen dem Feststellungsverfahren beiwohnen und für ihn Vergleiche abschließen kann und an welchen die vorgeschriebenen Benachrichtigungen zu richten sind.

Von der Bestellung ist dem Bürgermeister Kenntnis zu geben.

Ist die Bestellung unterblieben, so kann von der Zuziehung des Pächters zu den Verhandlungen über die Feststellung des Schadens abgesehen werden.

Der Pächter, der einen Vertreter ernannt hat, kanne seine Rechte stets persönlich wahrnehmen. Auch wenn der Pächter keinen Vertreter bestellt hat, kann ihn der Bürgermeister von den Terminen usw. benachrichtigen. Bem. 1.

§ 26.

Die sämtlichen Gemeinden des Landes bilden zum Zwecke einer gleichmäßigen Verteilung der Ausgaben, welche ihnen aus der Verpflichtung zum Ersatze des Schwarzwildschadens erwachsen, eine Wildschadensgenossenschaft.

Bei der Regelung der Haftung für Schwarzwildschaden ist vor allem die Erwägung maßgebend gewesen, daß das Schwarzwild derartig häufig seinen Standort wechselt, daß es unbillig erscheint, wenn der Jagdpächter oder die betroffene Gemeinde zum Ersatz verpflichtet wäre. Eine gerechtere Ausgleichung des Schadens läßt sich nur dadurch erreichen, daß er auf alle Gemeinden des Landes umgelegt wird. Infolgedessen bildet das Gesetz aus sämtlichen Gemeinden des Landes eine Wildschadensgenossenschaft. Bem. 1.

Die Wildschadensgenossenschaft ist in der Begründung als eine juristische Person des öffentlichen Rechtes bezeichnet; nach der Theorie des französischen Verwaltungsrechtes wird sie zu den gemeinnützigen Anstalten (établissements d'utilité publique) gerechnet werden müssen. Die Wildschadensgenossenschaft haftet für den Schaden, den der Vorstand, ein Mitglied des Vorstandes oder ein anderer verfassungsmäßig berufener Vertreter durch eine in Ausführung der ihm zustehenden Verrichtungen begangene, zum Schadensersatz verpflichtende Hand- Bem. 2.

lung einem Dritten zufügt (§§ 31, 89 Bürgerliches Gesetzbuch). Die gerichtliche Zwangsvollstreckung gegen sie ist nicht ausgeschlossen (AG. zur Konkursordnung v. 13. November 1899, § 4 Abs. 2). Streitigkeiten über die Verpflichtung zur Erstattung eines angemeldeten Betrages oder die Höhe des Beitrages einer Gemeinde entscheiden die Verwaltungsgerichte (§ 34).

Bem. 3. Mitglieder der Genossenschaft sind kraft Gesetzes sämtliche Gemeinden des Landes, aber auch nur diese.

Mithin sind von der Mitgliedschaft ausgeschlossen die Eigentümer aller Grundstücke, auf die die Vorschriften über die Ausübung des Jagdrechtes keine Anwendung finden (§ 1 Abs. 2 Jagdgesetz: die Grundstücke der Reichsmilitär- und Reichseisenbahnverwaltung, die Staatsforsten und diejenigen Forsten, deren Eigentum dem Staat mit anderen Eigentümern zusteht; die Grundstücke, welche mit einer fortlaufenden Einfriedigung umgeben sind, die jede Verbindung mit den benachbarten Grundstücken hindert) und die Eigentümer, die sich die selbständige Ausübung des Jagdrechtes vorbehalten (§ 3 Jagdgesetz; Entscheidung des Ksl. Rates vom 17. Juni 1905, Nr. 421). Wie bereits oben erwähnt (Bem. 4 auf S. 155) könnte die Ersatzpflicht der gedachten Personen aus § 835 Bürgerliches Gesetzbuch nicht gefolgert werden. Dagegen besteht die Möglichkeit, auf Grund des Art. 71 Ziffer 7 des Einführungsgesetzes zum Bürgerlichen Gesetzbuch der Wildschadensgenossenschaft einen Regreßanspruch wegen des geleisteten Ersatzes gegenüber den Inhabern vorbehaltener Jagden mit Rücksicht auf das Heraustreten des Wildes aus deren Wäldern einzuräumen. Ein diesbezüglicher Antrag ist bei den Beratungen des Ausführungsgesetzes gestellt, aber zurückgenommen worden. Molitor, S. 62 ff.

§ 27.

Die Wildschadensgenossenschaft hat ihren Sitz in Straßburg. Sie ist rechtsfähig und wird durch einen Vorstand gerichtlich und außergerichtlich vertreten.

§ 28.

Der Vorstand besteht aus neun von den Bezirkstagen auf die Dauer von fünf Jahren zu wählenden Mitgliedern. Jeder Bezirkstag hat drei Mitglieder zu wählen.

Der Vorsitzende des Vorstandes wird aus dessen Mitte durch das Ministerium ernannt.

Die Mitglieder des Vorstandes erhalten Tagegelder und Reisekosten, deren Höhe das Ministerium bestimmt.

§ 29.

Die Kassengeschäfte der Wildschadensgenossenschaft werden von einem Rechnungsführer wahrgenommen.

Der Vorstand ernennt den Rechnungsführer und ist befugt, ihm für seine Tätigkeit eine Vergütung zuzubilligen.

Die Höhe der von dem Rechnungsführer zu hinterlegenden Kaution bestimmt das Ministerium.

§ 30.

Die näheren Vorschriften über die Vertretung der Genossenschaft durch den Vorstand und über die Geschäftsführung bleiben der vom Vorstande zu entwerfenden, vom Ministerium zu genehmigenden Satzung vorbehalten.

Satzungen der gemäß § 26 des Gesetzes, betreffend die Ausführung des Bürgerlichen Gesetzbuchs in Elsaß-Lothringen vom 17. April 1899 gebildeten Wildschadensgenossenschaft. Bem. 1.

(Nach der Ergänzung in der Vorstandssitzung vom 5. April 1906.)

Abschnitt I.

Zweck der Genossenschaft.

Art. 1.

Der Zweck der Genossenschaft ist die gleichmäßige Verteilung der Ausgaben, welche den Gemeinden von Elsaß-Lothringen aus der Verpflichtung zum Ersatz des Schwarzwildschadens erwachsen.

Abschnitt II.

Geschäftsordnung und Befugnisse des Genossenschafts-Vorstandes.

Art. 2.

Die Wildschadensgenossenschaft hat ihren Sitz in Straßburg und wird durch einen Vorstand verwaltet.

Art. 3.

Der Vorstand besteht aus 9 von den Bezirkstagen auf die Dauer von 5 Jahren gewählten Mitgliedern.

Art. 4.

Der Vorsitzende des Vorstandes wird aus dessen Mitte durch das Ministerium ernannt.

Der Vorsitzende beruft die Sitzungen des Vorstandes, so oft er dies für erforderlich erachtet, oder das Ministerium eine Berufung anordnet. Er führt den Vorsitz in den Sitzungen; er hat die Beschlüsse des Vorstandes auszuführen, den jährlichen Haushaltungsentwurf aufzustellen, dem Rechner die Anweisungen zu erteilen und ist insbesondere berufen, die Genossenschaft gerichtlich und außergerichtlich zu vertreten.

Als Stellvertreter des Vorsitzenden in Behinderungsfällen fungiert ein hierzu vom Vorstande bezeichnetes Mitglied desselben.

Art. 5.

Die Beschlüsse des Vorstandes werden nach Stimmenmehrheit der anwesenden Mitglieder gefaßt; bei Stimmengleichheit entscheidet die Stimme des Vorsitzenden.

Der Vorstand ist nur dann beschlußfähig, wenn mehr als die Hälfte seiner Mitglieder anwesend ist.

Ein Vertreter des Ministeriums ist berechtigt, den Sitzungen des Vorstandes beizuwohnen und an den Verhandlungen sich zu beteiligen.

Ueber jede Sitzung des Vorstandes wird ein summarisches Protokoll geführt, welches die gefaßten Beschlüsse enthalten muß.

Als Protokollführer fungiert der Rechnungsführer, welcher zu diesem Zwecke den Vorstandssitzungen beizuwohnen hat.

Das Protokoll ist vom Vorsitzenden und vom Protokollführer zu unterzeichnen.

Art. 6.

Der Vorstand ist insbesondere berufen:

1. den jährlichen Haushaltsentwurf festzustellen,
2. einen Rechner zu ernennen und dessen Vergütung festzusetzen,
3. die von den einzelnen Gemeinden in Gemäßheit des § 32 des Ausführungsgesetzes zum Bürgerlichen Gesetzbuch eingereichten Anmeldungen der von ihnen für Schwarzwildschäden gemachten Aufwendungen auf ihre Richtigkeit und Angemessenheit zu prüfen.

Zu diesem Zweck stellt der Vorstand ein Formular auf, welches an die Gemeinden versandt wird und als Grundlage des Abschätzungsverfahrens zu dienen hat. Der Vorstand wird nur solche Anmeldungen der Gemeinden ohne näheren Nachweis des tatsächlich entstandenen Schadens berücksichtigen, welche unter genauer Ausfüllung dieses Formulars von einem oder beiden der für jeden Kanton vom Kreisdirektor zu ernennenden zwei Schätzer für Schwarzwildschäden oder deren Stellvertreter festgestellt sind. — Die Schätzer erhalten auf Verlangen die im § 24 des Ausführungsgesetzes zum Bürgerlichen Gesetzbuch den Schätzern für den sonstigen Wildschaden zugebilligte Entschädigung und Ersatz ihrer baren Auslagen. Wird vom Schätzer als Entschädigung für seine Mühewaltung bei der Abschätzung eine angemessen erscheinende Bauschsumme verlangt, so ist der Vorstand berechtigt, von der Forderung der Kostendetaillierung abzusehen. Ebenso ist der Vorstand berechtigt, aber nicht verpflichtet, von den Schätzern Quittungen oder Bescheinigungen über ihre Auslagen, wie Fuhrkosten usw. zu verlangen.

Für jeden Kreis werden vom Kreisdirektor zwei Schätzer und zwei Stellvertreter ernannt, welche in den vom Kreisdirektor bestimmten Fällen die von den Kantonsschätzern vorgenommenen Abschätzungen einer Nachprüfung zu unterziehen haben. Sie erhalten die gleichen Vergütungen, wie die Kantonsschätzer. Die durch das Abschätzungs- und Nachprüfungsverfahren selbst, durch Hilfeleistung bei derselben, Aufstellung der Listen usw. entstehenden Kosten werden zu $^4/_5$ von der Genossenschaft, zu $^1/_5$ von der betreffenden Gemeinde getragen.

In Fällen, wo die Vergütung an den amtlich bestellten Schätzer aller Voraussicht nach höher zu stehen käme, als der festzustellende Betrag des Schwarzwildschadens, darf von der Zuziehung des Kantonsschätzers abgesehen und die Schätzung durch örtliche Vertrauenspersonen vorgenommen werden. Im Abschätzungsprotokoll ist dies aber dann ausdrücklich zu vermerken.

Jeder Beteiligte hat das Recht, zu verlangen, daß die Schätzung des Schadens erst in einem späteren, kurz vor der Ernte abzuhaltenden Termine erfolge. Diesem Antrage muß stattgegeben werden. Die als Protokoll dienenden Formulare müssen von dem Bürgermeister zunächst dem Kreisdirektor vorgelegt werden, welcher sie mit dem Vermerk versieht, daß Einwände gegen die Abschätzung und die Auszahlung nicht zu erheben sind. Erst wenn diese Bescheinigung ausgestellt ist, hat die Auszahlung der festgesetzten Entschädigungssumme an den Beschädigten zu erfolgen. Die Abschätzungsprotokolle sind sodann der Anmeldung bei der Genossenschaft (§ 32 Abs. 1 des Ausführungsgesetzes) als Beläge beizufügen.

Art. 7.

Der Genossenschaftsrechner hat jährlich vor dem 1. Juli über die Einnahmen und Ausgaben des vorhergegangenen Rechnungsjahres Rechnung zu legen.

Der Vorstand hat die Rechnung des Rechners zu prüfen und nach erfolgter Prüfung dem Bezirkspräsidenten in Straßburg vorzulegen.

Der Vorsitzende des Vorstandes ist berechtigt, jederzeit den Kassenbestand der Genossenschaft auf seine Richtigkeit zu prüfen. Der Rechner ist verpflichtet, ihm zu diesem Zwecke alle Kassenbeläge zur Einsicht vorzulegen.

[Vorstehende Satzungen sind durch das Kaiserliche Ministerium für Elsaß-Lothringen am 7. November 1900 bezw. am 12. Juni 1903, 5. April 1905 und 19. April 1906 genehmigt worden.]

§ 31.

Die Wildschadensgenossenschaft ist nach Maßgabe der nachstehenden Bestimmungen verpflichtet, jeder Gemeinde nach Ablauf eines Pachtjahrs vier Fünftel der Entschädigungs- und Kostenbeträge zu erstatten, welche dieselbe im Laufe des Pachtjahrs zur Ausgleichung von Schwarzwildschäden aufgewendet hat.

Ein Fünftel der Beträge ist den einzelnen Gemeinden zur Last gelegt, um das Interesse der Gemeindeorgane an der Vertilgung des Schwarzwildes wach zu halten und zur Verhütung unrichtiger Schätzungen des Schadens. Würden die Gesamtausgaben von der Genossenschaft erstattet, so wäre zu befürchten, daß übermäßigen Forderungen der Eigentümer nicht genügend entgegengetreten würde (Begründung). Bem. 1.

Zur Deckung des den Gemeinden zur Last bleibenden Fünftels dienen die Beihülfe, die ihnen gemäß § 36 gewährt werden kann und der Zuschlag von zehn Prozent zu dem Pachtzins, den der Jagdpächter an die Gemeindekasse zu zahlen hat (Art. 21 der Allg. Pachtbedingungen). Nur der Jagdpächter hat das Zehntel zu zahlen; die zur selbständigen Jagdausübung Berechtigten (§ 1 Abs. 2, § 3 Jagdgesetz) sind naturgemäß von der Leistung befreit, denn die Gemeinde hat den auf ihren Gebieten durch Schwarzwild angerichteten Schaden gar nicht zu ersetzen. Derselben Ansicht, Molitor, S. 63. Bem. 2.

§ 32.

Die Gemeinden haben die von ihnen im Laufe des Pachtjahrs gemachten Aufwendungen bei Verlust des Anspruchs auf Erstattung spätestens sechs Wochen nach Beginn des neuen Pachtjahrs bei dem Vorstande der Genossenschaft anzumelden. Der Anmeldung sind die von dem Bürgermeister bescheinigten Beläge über die von der Gemeinde geleisteten Zahlungen beizufügen. Über die Anmeldung hat der Vorstand eine Bescheinigung zu erteilen.

Schwarzwildschäden, für welche beim Ablaufe des Pachtjahrs ein Entschädigungsanspruch noch nicht erhoben oder die Entschädigung noch nicht festgesetzt oder bezahlt ist, sind innerhalb der ersten drei Monate des nächstfolgenden Pachtjahrs anzumelden.

§ 33.

Nach Ablauf der im § 32 Abs. 1 bezeichneten Frist bestimmt der Vorstand unter Berücksichtigung der vorhandenen sonstigen Deckungsmittel den Beitrag, der von jeder Gemeinde zu leisten ist, damit die angemeldeten Beträge erstattet und die Verwaltungskosten bestritten werden können.

Der Beitrag ist nach Höhe des von jeder Gemeinde für die Verpachtung der Jagd bezogenen Zinses zu bemessen und in der Form eines einheitlichen Prozentsatzes des Pachtzinses festzusetzen.

Bis zur Höhe des nach Abs. 1 und 2 zu leistenden Beitrags ist die Verteilung des Jagdpachterlöses an die einzelnen Grundeigentümer (§ 4 des Gesetzes, betreffend die Ausübung des Jagdrechtes, vom 7. Februar 1881) ausgeschlossen.

Bem. 1. Die Genossenschaft kann Deckungsmittel durch die Ueberweisungen gemäß § 36 Abs. 2 besitzen; sollten diese ausreichen, so brauchen die Gemeinden keinen Beitrag zu leisten.

Bem. 2. Wird der Jagdpachterlös an die einzelnen Grundeigentümer verteilt, so ist der Teil desselben zurückzubehalten, der als Beitrag für die Wildschadensgenossenschaft festgesetzt ist. Zu dem Jagdpachterlös gehört nicht der Betrag, den diejenigen Eigentümer von Grundstücken, welche die Ausübung des Jagdrechtes sich vorbehalten haben (Vorbehaltsjäger) im Falle des § 4 Abs. 4 des Jagdgesetzes an die Gemeindekasse zu zahlen haben, „denn er ist kein Jagdpachterlös, sondern eine Auflage, welche den Vorbehaltsjägern aus Billigkeitsgründen zur Ausgleichung dafür auferlegt wurde, daß der für die nicht vorbehaltenen Jagden vereinnahmte Jagdpachtzins in diesem Falle in der Gemeindekasse verbleibt und zur Deckung von Gemeindeausgaben verwendet wird, weshalb es nur billig ist, auch die Vorbehaltsjäger mit einem entsprechenden Beitrag an die Gemeindekasse heranzuziehen“. Entscheidung des Kgl. Rates vom 17. Juni 1905 Nr. 421 und Bem. 24 zu § 4 des Jagdgesetzes. Ferner ist kein Jagdpachterlös das Zuschlagszehntel für Schwarzwildschäden (Bem. 2 zu § 31). Reicht es aus, um das von den Gemeinden zu tragende Fünftel des Schwarzwildschadens und den Beitrag an die Genossenschaft zu decken, so kann der ganze Pachterlös verteilt werden, vorausgesetzt, daß überhaupt eine Verteilung stattfindet.

§ 34.

Streitigkeiten über die Verpflichtung zur Erstattung eines angemeldeten Betrags oder die Höhe des Beitrags einer Gemeinde werden in erster Instanz von den Bezirksräten, in zweiter von dem Kaiserlichen Rate entschieden.

§ 35.

Die Rechnungen der Wildschadensgenossenschaft werden durch den Bezirkspräsidenten in Straßburg festgestellt. Die Entscheidung des Bezirkspräsidenten ist endgültig, wenn der Rechnungsführer der Genossenschaft nicht innerhalb zweier Monate nach Ablauf des Tages, an welchem ihm die Entscheidung mitgeteilt worden ist, bei dem Bezirkspräsidenten Einspruch erhebt. Durch den Einspruch geht die Entscheidung über das Rechnungsverhältnis in seinem ganzen Umfange mit der im § 20 Abs. 2 des Gesetzes vom 30. Dezember 1871 über die Einrichtung der Verwaltung (Gesetzbl. 1872, S. 49) bezeichneten Wirkung auf den Bezirksrat des Unterelsaß über.

§ 20 Abs. 2 G. v. 30. Dezember 1871 lautet: Bem. 1
„Die Rechnungen sämtlicher Empfänger von Gemeinde- und Korporationsgeldern werden von den Bezirksräten in letzter Instanz geprüft und festgestellt. Gegen die Entscheidung derselben findet der Rekurs an den Kaiserlichen Rat in denselben Fällen statt, in welchen er nach den bestehenden Gesetzen gegen die Entscheidungen des Rechnungshofes an den Staatsrat gegangen ist“.

Der **Bezirksrat** kann ohne mündliche Verhandlung entscheiden, sobald er das Rechnungsverhältnis für genügend aufgeklärt hält. Entscheidungen des Kaiserl. Rates Nr. 92. Ueber das Verfahren vor dem Bezirksrat sind die §§ 40—42 der V. v. 23. März 1889 (GBl. S. 35) zu vergleichen. Bem. 2.

Rekurs gegen die Entscheidung des Bezirksrates findet nur wegen Verletzung oder unrichtiger Anwendung einer Rechtsnorm oder wegen wesentlicher Mängel des Verfahrens statt. Für das Verfahren vor dem Kaiserlichen Rat kommen die §§ 50—61 der erwähnten Verordnung in Betracht. Bem. 3.

§ 36.

Gemeinden, welche zur Deckung des ihnen zur Last bleibenden Fünftels des Schwarzwildschadens mehr als zwanzig Prozent des Jagdpachterlöses aufgewendet haben, kann von dem Ministerium eine Beihülfe aus dem Ertrage der für die Ausstellung von Jagdscheinen erhobenen Zuschlagsgebühren (§ 1 des Gesetzes, betreffend die Gewährung von Beihülfen an Landwirte, welchen durch Schwarzwild Schaden verursacht worden ist, vom 9. Juli 1888, Gesetzbl. S. 89) gewährt werden.

Der Restbestand dieses Ertrags ist der Wildschadensgenossenschaft zu überweisen.

Bem. 1. Die Beihülfe muß nicht, sondern kann nur gewährt werden. Maßgebend für die Gewährung sind die näheren Umstände des Falles, die finanzielle Lage der Gemeinde, die Höhe der zur Verfügung stehenden Mittel usw.

Bem. 2. § 1 Gesetz vom 9. Juli 1888 lautet:

„Die Gebühr, welche nach § 9 Abs. 6 des Gesetzes betr. die Jagdpolizei, vom 7. Mai 1883 (Gesetzbl. S. 57) für die Ausstellung von Jagdscheinen zu entrichten ist, wird bezüglich derjenigen Jagdscheine, deren Gültigkeit nach dem 1. Februar 1889 beginnt, um eine Zuschlagsgebühr erhöht, welche für die Ausstellung eines Jagdscheines vier Mark, für die Ausstellung eines Zusatzjagdscheines eine Mark beträgt".

II.

Vogelschutz-Gesetzgebung.[1]

[1] Literatur: Stenglein, Die strafrechtlichen Nebengesetze des Deutschen Reiches. Berlin 1903 und die dort Zitierten.

Anhang.

Das Jagdpolizeigesetz hat einen Zusatz bekommen durch das Gesetz, betreffend den Verkehr mit Wild vom 17. Juni 1908 (GBl. S. 41).[1])

Das in Absatz 1 des § 4 des Gesetzes, betreffend die Jagdpolizei vom 7. Mai 1883 (Gesetzbl. für Elsaß-Lothringen S. 57) enthaltene Verbot des Verkehrs mit Wild während der Schonzeit findet keine Anwendung auf den Vertrieb einzelner Art von Wild aus Kühlräumen, wenn er unter Kontrolle nach Maßgabe der vom Ministerium zu erlassenden Bestimmungen erfolgt. Die Kosten der Kontrolle fallen den Inhabern der Kühlräume zur Last und können in Form einer Gebühr nach Tarifen erhoben werden.

Zur Ausführung dieses Gesetzes ist folgende Ministerialverordnung vom 10. Juli 1908 (ABl. S. 229) ergangen:

§ 1.

Der Vertrieb von Rot-, Dam- und Rehwild sowie von Hasen und sämtlichen Arten Flugwild aus Kühlräumen wird in der Zeit vom 15. Tage der Schonzeit bis zu deren Ablauf nach Maßgabe der folgenden Bestimmungen zugelassen.

§ 2.

Die Erlaubnis, Wild während der Schonzeit aus einem Kühlraum zu vertreiben, wird durch die Kreisdirektion (in Straßburg durch das Polizeipräsidium, in Metz und Mülhausen durch die Polizeidirektion) auf schriftlichen Antrag des Inhabers in widerruflicher Weise erteilt.

---

[1]) LA. (35. Session) 1908 Bd. I Vorlage Nr. 7; Bd. II S. 429ff; 473; 478; Drucksache Nr. 116; S. 515.

Sie wird abhängig gemacht:
1. von dem Nachweis, daß die Einrichtung des Kühlraums vom gesundheitspolizeilichen Standpunkte nicht zu beanstanden ist und einen ordnungsmäßigen Betrieb zuläßt,
2. von dem Nachweis des Vorhandenseins eines geeigneten überdachten Raumes für das Kennzeichnungsgeschäft,
3. von der schriftlichen Erklärung des Inhabers, den überwachenden Polizeibeamten jederzeit Zutritt zu den zur Aufbewahrung des Wildes dienenden Räumen zu gestatten und in dem Kühlraum anderes Fleisch als Wild nicht aufzubewahren.

§ 3.

Das Wild, welches während der Schonzeit aus den Kühlräumen vertrieben werden soll, ist durch Anbringung einer Plombe mit Nummerplättchen kenntlich zu machen, welche ohne Zerstörung der zugehörigen Drahtschlinge nicht entfernt werden kann. Als Plombe ist die Raasche-Juhlsche Stahlringplombe mit sog. Silberstahldraht zu verwenden. Der Plombe wird durch eine Plombenzange auf der einen Seite der Reichsadler, auf der anderen Seite die Ortsbezeichnung und die Firma des Inhabers des Kühlraums eingeprägt. Das Nummerplättchen ist mit einem Loch zu versehen, durch welches der Stahldraht zu ziehen ist. Die Nummerplättchen erhalten fortlaufende Nummern von 1—3000. Ist die Nummer 3000 erreicht, so wird von neuem mit der Nummer 1 begonnen.

Die Anbringung der Plombe erfolgt durch einen Beamten des Bürgermeisteramts (in Straßburg, Metz und Mülhausen der staatlichen Polizeiverwaltung) oder in seiner Gegenwart und unter seiner Verantwortung durch den Inhaber des Kühlraums oder seine Angestellten.

Die Plombenzange bleibt im Gewahrsam des Bürgermeisteramts (der staatlichen Polizeiverwaltung).

§ 4.

Die Kennzeichnung des unzerlegten Wildes muß am 15. Tage nach dem Beginn der Schonzeit für die betreffende Wildart beendigt sein. Wenn sich infolge technischer Schwierigkeiten die Kennzeichnung des sämtlichen zum Vertrieb aus dem Kühlraum bestimmten Wildes bis dahin nicht beendigen läßt, so kann sie auch noch in den nächsten Tagen vorgenommen werden, falls die Räume, in denen sich das zu plombierende Wild befindet, unter polizeilichen Verschluß gelegt werden.

Wild, das gemäß den Vorschriften des § 5 des Jagd-Polizeigesetzes vom 7. Mai 1883 zum Zweck der Abminderung während der Schonzeit erlegt worden ist, darf, falls diese Tatsache durch eine Bescheinigung der Behörde nachgewiesen ist, auch zu jeder anderen Zeit gekennzeichnet werden.

§ 5.

Die Kennzeichnung von zerlegtem Rot-, Dam- und Rehwild erfolgt bis zum 15. Tage nach dem Beginn der Schonzeit für die betreffenden Wildarten ohne weiteres, später nur, wenn vor dem Verlassen des Kühlraums außer der Decke mit der vorgeschriebenen Gehörplombe (§ 6) Rücken, Keulen und Blätter gleichzeitig vorgelegt werden.

§ 6.

Bei unzerlegtem Rot-, Dam- und Rehwild ist die Plombe am rechten Gehör anzubringen. Bei Flugwild ist zunächst die Drahtschlinge durch die Nasenlöcher zu ziehen und sodann die Plombe anzulegen. Unabgehäutete Hasen werden durch Anbringung der Plombe am rechten Löffel, abgehäutete Hasen am rechten Hinterlaufe gekennzeichnet.

§ 7.

Das mit der Plombe versehene Rot-, Dam- und Rehwild darf in zerlegtem Zustande nur dann gewerbsmäßig vertrieben werden, wenn die einzelnen Teile, welche in den Verkehr gebracht werden sollen, mit einer Plombe gekennzeichnet sind, bevor sie den Kühlraum verlassen.

Wird Rot-, Dam- und Rehwild unzerlegt in dem Kühlraum untergebracht, um demnächst in zerlegtem Zustande weitervertrieben zu werden, so kann es bei Anbringung der Gehörplombe gleichzeitig auch noch an seinen einzelnen Teilen mit Plomben versehen werden. Es ist alsdann am Rücken, an jedem Schulterblatt und an jeder Keule je eine Plombe derart durch die Decke und das Fleisch zu ziehen, daß sie auch nach der Auslösung des betreffenden Wildteiles aus der Decke sicher im Fleisch haftet.

Die Plomben für die einzelnen Wildteile erhalten keine Nummerplättchen.

Hasen dürfen aus Kühlräumen vom 15. Tage der Schonzeit bis zu deren Ablauf nur unzerlegt vertrieben werden.

§ 8.

Das Kennzeichnungsmaterial liefert das Bürgermeisteramt (in Straßburg, Metz und Mülhausen die staatliche Polizeiverwaltung). Die Kosten für die Kennzeichnung des Wildes werden von den Inhabern der Kühlräume nach dem vom Bürgermeisteramt (der staatlichen Polizeiverwaltung) zu erlassenden Gebührentarif eingezogen. Die Gebühren sind so zu bemessen, daß sie die Kosten der Beschaffung der Zange, der Plomben und Nummerplättchen sowie eine angemessene Entschädigung für die Mühewaltung des mit der Anbringung der Plomben betrauten Polizeibeamten nicht übersteigen.

§ 9.

Über das zum Vertrieb aus den Kühlräumen bestimmte Wild hat der Inhaber des Kühlraums ein besonderes Kontrollbuch nach anliegendem Muster[1]) zu führen.

In das Kontrollbuch ist nur dasjenige Wild aufzunehmen, welches unzerlegt in den Kühlraum gelangt.

Das Buch muß dauerhaft gebunden und mit fortlaufenden Seitenzahlen versehen sein. In dem Buche dürfen weder Rasuren vorgenommen noch Eintragungen unleserlich gemacht werden.

Die Richtigkeit der Eintragungen ist nach erfolgter Anbringung der Plomben durch den Beamten der Polizeibehörde zu prüfen und durch seine Namensunterschrift zu bestätigen.

[1]) Ist hier nicht mit abgedruckt.

II.

Vogelschutz-Gesetzgebung.[1]

[1]) Literatur: Stenglein, Die strafrechtlichen Nebengesetze des Deutschen Reichs. Berlin 1903 und die dort Zitierten. Görcke, Das Reichs-Vogelschutzgesetz vom 30. Mai 1908. Berlin 1909.

Einleitung.

I. Die reichsgesetzliche Regelung des Schutzes der für den Feld- und Gartenbau, die Weinkultur und die Forstwirtschaft durch Insektenvertilgung nützlichen Vögel ist lange von den gesetzgebenden Körperschaften des Deutschen Reichs beraten worden. Mit Recht weisen die Motive zu dem späteren Gesetze vom 22. März 1888 darauf hin, daß die Vogelwelt ohnehin sowohl in der Umgebung von Städten, wie durch den veränderten Betrieb der Landwirtschaft, durch die in großem Umfange vorgenommene Beseitigung der Brutstätten sehr gelitten hat und daß umsomehr Bedacht darauf zu nehmen ist, die Eingriffe durch Töten und Fangen nach Kräften zu mindern, um wenigstens den gegenwärtigen Bestand zu retten. Außer diesen Nützlichkeitsgründen sind ästhetische und moralische Erwägungen in Betracht gekommen, auf denen die im Volksbewußtsein begründeten Bestrebungen nach einem wirksameren Vogelschutze zum erheblichen Teile mitberuhen und denen gegenüber entgegenstehende Gebräuche und Mißbräuche zwar mit Schonung zu behandeln gewesen sind, aber nicht auf die Dauer als entscheidend ins Gewicht fallen konnten. Endlich ist das Gesetz bestimmt gewesen, die unentbehrliche Grundlage für die Verhandlungen über internationale Abkommen zum Schutze der Vögel zu bilden. „Sind allgemein bindende Vorschriften für das Deutsche Reich erst vorhanden, so bietet sich auch die Möglichkeit einer umfassenden Verständigung mit denjenigen auswärtigen Regierungen, deren Gebiet für den Schutz der aus Deutschland verziehenden Zugvögel hauptsächlich in Betracht kommt". Auch diese Aufgabe hat das Gesetz erfüllt. Die Übereinkunft zum Schutze der für die Landwirtschaft nützlichen Vögel, Paris 19. März 1902 (Anlage Nr. 1) fußt im wesentlichen auf den Vorschriften des Reichsgesetzes, wenn auch diese, abgesehen von weniger wichtigen Punkten, einen weitergehenden Vogelschutz gewähren, als die der Übereinkunft. Um jedoch der in Art. 10 der Übereinkunft den vertragschließenden Staaten auferlegten Verpflichtung, ihre

Gesetzgebung mit den Bestimmungen der Übereinkunft in Einklang zu bringen, nachkommen zu können, hat sich für die Reichsregierung die Notwendigkeit ergeben, eine Novelle zu dem Vogelschutzgesetze auszuarbeiten, die dem Reichstag in der 11. Legislatur-Periode, II. Session 1905—1906 vorgelegt (Drucksache Nr. 352), infolge seiner Auflösung jedoch nicht mehr erledigt, daher in der 12. Legislatur-Periode, I. Session 1907 von neuem in der früheren Fassung zur Beschlußnahme unterbreitet wurde (Drucksache Nr. 351). Nach eingehenden Beratungen im Plenum und in der Kommission wurde die Novelle verabschiedet und als Gesetz zur Änderung des Gesetzes, betreffend den Schutz von Vögeln, vom 22. März 1888 und zur Einführung des Vogelschutzgesetzes in Helgoland am 30. Mai 1908 vom Kaiser vollzogen (RGBl. S. 314). Auf Grund der im Artikel 2 dem Reichskanzler erteilten Ermächtigung wurde von ihm am 3. Juni 1908 (RGBl. S. 317) der Text des Gesetzes, betreffend den Schutz von Vögeln, vom 22. März 1888, wie er sich aus dem Gesetz vom 30. Mai 1908 ergibt, unter der Überschrift „Vogelschutzgesetz" bekannt gemacht. Das Vogelschutzgesetz ist am 1. September 1908 in Kraft getreten; es gilt seitdem auch in Helgoland.

II. Das Reichsgesetz vom 22. März 1888 ist in Elsaß-Lothringen eine Zeitlang gegenstandlos gewesen. Da nämlich seine Bestimmungen auf die nach Maßgabe der Landesgesetze jagdbaren Vögel keine Anwendung finden (§ 8 Buchstabe b) und in Elsaß-Lothringen alle Vogelarten jagdbar waren, so konnten die Absichten des Reichsgesetzes in Elsaß-Lothringen vorderhand nicht verwirklicht werden. Um diesen Zustand zu beseitigen, legte die Landesregierung am 3. Februar 1890 dem Landesausschuß den Entwurf eines Gesetzes zur Ausführung des Vogelschutzgesetzes vor, der von ihm mit unwesentlichen Änderungen angenommen wurde. Das Gesetz wurde am 2. Juli 1890 vollzogen und im Gesetzblatt S. 47 veröffentlicht. Es führt in § 1 diejenigen Vogelarten auf, für welche die Bestimmungen des Vogelschutzgesetzes nicht in Betracht kommen; alle übrigen Vogelarten sind seinen schützenden Vorschriften unterstellt. Gelegentlich der Beratungen der Novelle des Vogelschutzgesetzes wurde eine Resolution eingebracht, bei der elsaß-lothringischen Regierung dahin zu wirken, daß in dem Ausführungsgesetz zu dem Reichsgesetz, betreffend den Schutz von Vögeln, die Lerche als jagdbares Federwild gestrichen wird (Drucksache Nr. 842 S. 21). Infolgedessen entschloß sich die Landesregierung, eine dementsprechende Vorlage dem Landesausschuß zu unterbreiten, die von ihm angenommen, als Gesetz am 1. Juni 1909 vollzogen und im Gesetzblatt S. 67 veröffentlicht worden ist. Von nun an genießt also die Lerche den Schutz des Gesetzes.

A. Reichsrecht.

Vogelschutzgesetz

vom 30. Mai 1908.[1])

(RGBl. S. 317.)

Wir Wilhelm, von Gottes Gnaden Deutscher Kaiser, König von Preußen 2c.

verordnen im Namen des Reichs, nach erfolgter Zustimmung des Bundesrats und des Reichstags, was folgt:

§ 1.

Das Zerstören und das Ausheben von Nestern oder Brutstätten der Vögel, das Zerstören und Ausnehmen von Eiern, das Ausnehmen und Töten von Jungen ist verboten.

Desgleichen ist der Ankauf, der Verkauf, die An- und Verkaufsvermittelung, das Feilbieten, die Ein-, Aus- und Durchfuhr und der Transport der Nester, Eier und Brut der in Europa einheimischen Vogelarten untersagt.

Dem Eigentümer und dem Nutzungsberechtigten und deren Beauftragten steht jedoch frei, Nester, welche Vögel in oder an Wohnhäusern oder anderen Gebäuden und im Innern von Hofräumen gebaut haben, zu zerstören.

---

[1]) Verhdlg. des Reichstages 1887—1888. Anlagen Bd. 2 Nr. 90, 135, 149, 150, 159. I. Lesung Bd. 2 S. 810. II. Lesung Bd. 2 S. 1100. III. Lesung Bd. 2 S. 1126. 1907/1908 (XII. Legislaturperiode 1. Session) S. 2307 ff., S. 4900 ff., S. 5227 ff. Kommissionsbericht: Drucksachen Nr. 842.

Auch findet das Verbot keine Anwendung auf das Einsammeln, den Ankauf, Verkauf, die An- und Verkaufsvermittelung, das Feilbieten, die Ein-, Aus- und Durchfuhr und den Transport der Eier von Möven und Kiebitzen, soweit es nicht durch Landesgesetz oder landespolizeiliche Anordnung auf die Eier dieser Vögel für bestimmte Orte oder für bestimmte Zeiten ausgedehnt wird.

1. „Die Verbotsbestimmungen in den §§ 1—4 erscheinen ganz allgemein auf den Vogelfang anwendbar; von der Aufstellung eines Verzeichnisses der sogenannten nützlichen Vögel ist Abstand genommen. Dagegen sind diejenigen Vogelarten, welche sich überwiegend als schädlich oder jedenfalls als nicht wesentlich nützlich darstellen, von dem Schutze des Gesetzes in § 8 Buchstabe c ausgenommen" (Motive). Bem. 1.

Durch die **Novelle** sind eine Reihe von Änderungen vorgenommen worden. In der **Begründung** ist hierüber folgendes ausgeführt:

„Der § 1 Abs. 2 des Entwurfs trägt der Bestimmung im Artikel 2 Abs. 2 der Übereinkunft (Anlage 1) Rechnung, wonach über die Anordnungen des Gesetzes vom 22. März 1888 im § 1 Abs. 1 hinaus nicht nur das Feilbieten und der Verkauf, sondern auch die Ein-, Aus- und Durchfuhr, der Transport und der Ankauf der verbotswidrig erlangten Nester, Eier und Brut untersagt werden soll; da der An- und Verkauf zurzeit bereits in erheblichem Umfange durch Mittelspersonen betrieben wird, erschien es angezeigt, in dem Gesetz auch die An- und Verkaufsvermittelung zu untersagen.

Der Abs. 1 des geltenden Gesetzes ist in dem Entwurf in zwei Absätze aufgelöst worden; diese Trennung erschien notwendig, weil das Verbot des Zerstörens und Aushebens der Nester, wie des Tötens der Jungen sich naturgemäß nur auf in Deutschland einheimische Vögel beziehen kann, während die ferneren Verbote infolge ihrer Erweiterung auf die Ein- und Durchfuhr zukünftig auch für außerdeutsche Vögel gelten sollen. Da die Möglichkeit besteht, daß später noch weitere europäische Staaten der Pariser Übereinkunft beitreten, sind die Verbotsbestimmungen des § 1 Abs. 2 des Entwurfs auf die in Europa einheimischen Vogelarten ausgedehnt worden.

Die hinsichtlich der Eier von Möven und Kiebitzen bestehende Ausnahme war im Hinblick auf Artikel 2 Abs. 2 der Übereinkunft gleichmäßig zu erweitern, gleichzeitig aber die für die Eier von Strandvögeln und Seeschwalben bestehende Ausnahme zu beseitigen."

Bem. 2. 2. Das Verbot des Zerstörens und Ausnehmens der Eier und Brutstätten der Vögel ist als wichtigste und weitgehendste Maßnahme zum Schutze der Fortpflanzung der Vögel an die Spitze des Gesetzes gestellt. Die Zuwiderhandlungen gegen die Verbote sind nur strafbar (§ 6), wenn sie vorsätzlich begangen werden. Die fahrlässige Begehung (beim Fällen eines Baumes, Mähen von Gras, Beackern der Felder wird ein Nest zerstört) ist straffrei. Die Verbote sind dauernd, nicht an eine bestimmte Zeit gebunden.

Bem. 3. 3. Da jede Zerstörung und Aushebung eines Vogelnestes verboten ist, so ist das Motiv nicht zu beachten (aus Mutwillen, für Sammlungen, als Nahrungsmittel); desgleichen ist irrelevant, ob in dem Nest sich ein Vogel befand. Jedoch darf das Nest nicht endgültig (von einem Zugvogel) verlassen sein.

Bem. 4. 4. Der Absatz 2 verbietet jeden gewerbsmäßigen und nicht gewerbsmäßigen Handel mit Nestern, Eiern und Brut der in Europa einheimischen Vogelarten. Außer Europa heimische Vögel werden nicht geschützt; so können Eier von Kanarienvögel gehandelt werden.

5. Ausnahmen von den Verboten des § 1 sind zugelassen:

Bem. 5. a) für Nester, die Vögel in oder an Wohnhäusern oder anderen Gebäuden und im Innern von Hofräumen gebaut haben (Abs. 3). Solche Nester dürfen von dem Eigentümer oder Nutzungsberechtigten (Pächter, Nießbraucher, Mieter) und deren Beauftragten zerstört werden. Die Beseitigung der Nester ist aber nur soweit zulässig, als das Nutzungsrecht reicht. So darf beispielsweise der Berechtigte die Nester am Vorderhause nicht wegnehmen, wenn er das Hinterhaus gemietet hat.

Geschützt werden Nester, die sich „auf" Gebäuden befinden, wie Storchennester (anderer Ansicht Görcke S. 4 Anm. 5) und Nester auf Bäumen, die in Gärten stehen.

Bem. 6. b) für die als Nahrungsmittel geschätzten Eier von Möven und Kiebitzen (Abs. 4); in dem Gesetz von 1888 waren auch noch die Eier von Strandvögeln und Seeschwalben ausgenommen. Jedoch kann die Ausnahme beseitigt und damit das Verbot wiederhergestellt werden durch Landesgesetz oder landespolizeiliche Anordnung für bestimmte Orte oder für bestimmte Zeiten;

c) in den Fällen des § 5 Abs. 3 des Gesetzes;

d) für die nach den Landesgesetzen jagdbaren Vögel § 8b.

6. Wer unbefugt Eier oder Junge von jagdbarem Federwild oder von Singvögeln ausnimmt, wird nach § 368 Ziffer 11 des Strafgesetzbuchs bestraft. Bem. 7.

§ 2.

Verboten ist ferner:

a) jede Art des Fangens von Vögeln, solange der Boden mit Schnee bedeckt ist;

b) das Fangen von Vögeln mittels Leimes und Schlingen;

c) das Fangen und die Erlegung von Vögeln zur Nachtzeit mit Netzen oder Waffen; als Nachtzeit gilt der Zeitraum, welcher eine Stunde nach Sonnenuntergang beginnt und eine Stunde vor Sonnenaufgang endet;

d) das Fangen von Vögeln mit Anwendung von Körnern oder anderen Futterstoffen, denen betäubende oder giftige Bestandteile beigemischt sind, oder unter Anwendung geblendeter Lockvögel;

e) das Fangen von Vögeln mittels Fallkäfigen und Fallkästen, Reusen, großer Schlag- und Zugnetze, sowie mittels beweglicher und tragbarer, auf dem Boden oder quer über das Feld, das Niederholz, das Rohr oder den Weg gespannter Netze.

Der Bundesrat ist ermächtigt, auch bestimmte andere Arten des Fangens mit Vorkehrungen, welche eine Massenvertilgung von Vögeln ermöglichen, zu verbieten.

Der vorliegende Paragraph sieht das Verbot derjenigen Fangarten vor, die eine Massenerlegung ermöglichen. Er entspricht Bem. 1.

einer Resolution, die auf dem im Jahre 1884 zu Wien abgehaltenen Ornithologenkongresse gefaßt wurde.

Durch die Novelle sind eine Reihe von Abänderungen vorgenommen worden.

Bem. 2. Von den Verboten sind die unter b, d und e an keine zeitliche oder sonstige Beschränkung gebunden; die Verbote unter c gelten nur für die Nachtzeit, das Verbot unter a gilt nur, solange der Boden mit Schnee bedeckt ist. Auch die Vögel, die keinen Schutz genießen (§ 8), dürfen nicht mit Schlingen gefangen werden.

Bem. 3. Dem Fangen werden nach § 4 gleichgeachtet jedes Nachstellen zum Zwecke des Fangens oder Tötens von Vögeln, insbesondere das Aufstellen von Netzen, Schlingen, Leimruten oder anderen Fangvorrichtungen.

Bem. 4. Ursprünglich nach der Regierungsvorlage zu dem Gesetz von 1888 sollte Buchstabe b (jetzt a) lauten: „Jede Art des Fangens und der Erlegung von Vögeln, solange der Boden mit Schnee bedeckt ist." Das Verbot auch auf die Erlegung von Vögeln auszudehnen, wurde gestrichen, weil es eine große Härte bedeutet: ist der Boden mit Schnee bedeckt, so dürfte auch der Jagdberechtigte keinen Krammetsvogel oder anderen Vogel schießen. Verboten ist also das Fangen und Nachstellen zum Zwecke des Fangens oder Tötens, während es gestattet ist, gelegentlich der Ausübung der Jagd einen (nicht jagdbaren) Vogel zu erlegen. Von dem Verbote kann der Bundesrat für bestimmte Bezirke eine allgemeine Ausnahme gestatten § 5 Absatz 5, „da das Verbot des Fangens und der Erlegung von Vögeln für die Zeit, während welcher der Boden mit Schnee bedeckt ist, im Zusammenhange mit § 3 in einigen Gebirgsgegenden dem gänzlichen Verbot des Vogelfanges nahe kommen würde" (Motive).

Bem. 5. Durch die Novelle ist die Verschärfung eingetreten, daß das Fangen mittels Leimes und Schlingen nicht nur zur Nachtzeit, sondern immer verboten ist.

Bem. 6. Waffen sind alle zur unmittelbaren Tötung von Vögeln bestimmten Werkzeuge, nicht bloß Schießwaffen.

Bem. 7. Der Bundesrat hat von seiner Ermächtigung (Abs. 2) bisher keinen Gebrauch gemacht.

§ 3.

In der Zeit vom 1. März bis zum 1. Oktober ist das Fangen und die Erlegung von Vögeln sowie der Ankauf, der Verkauf und das Feilbieten, die Vermittelung eines hiernach verbotenen An- und Verkaufs, die Ein-, Aus- und Durchfuhr von lebenden sowie toten Vögeln der in Europa einheimischen Arten überhaupt, ebenso der Transport solcher Vögel zu Handelszwecken untersagt.

Dieses Verbot erstreckt sich für Meisen, Kleiber und Baumläufer auf das ganze Jahr.

Der Bundesrat ist ermächtigt, das Fangen und die Erlegung bestimmter Vogelarten sowie das Feilbieten und den Verkauf derselben auch außerhalb des im Abs. 1 bestimmten Zeitraums allgemein oder für gewisse Zeiten oder Bezirke zu untersagen.

Die von der Novelle vorgenommene Abänderung des Abs. 1 wird folgendermaßen begründet: Bem. 1.

„Die vorgeschlagene Abänderung des § 3 Abs. 1 bringt den nach Artikel 5 der Übereinkunft (Anlage 1) erwünschten allgemeinen Schutz der Vögel in der Zeit vom 1. März bis 15. September, jedoch mit den wesentlichen Erweiterungen, daß auch der Ankauf sowie die Vermittelung eines An- und Verkaufs der Vögel verboten wird und daß sich der allgemeine Schutz nicht nur auf die durch die Übereinkunft als nützlich bezeichneten Vögel, sondern auf alle Vögel der in Europa einheimischen Arten erstreckt. Die wesentliche Änderung gegenüber dem geltenden Gesetze liegt darin, daß nach § 3 Abs. 1 des Gesetzes vom 22. März 1888 in der Zeit vom 1. März bis 15. September das Feilbieten und der Verkauf toter Vögel untersagt ist, während der Entwurf den Ankauf, den Verkauf und das Feilbieten, die An- und Verkaufsvermittlung, die Ein-, Aus- und Durchfuhr und den Transport sowohl lebender wie toter Vögel verboten wissen will. Ebenso wie im § 1 erschien es aber auch hier zweckmäßig, hinsichtlich des Handels den Kreis der zu schützenden Vögel geographisch näher zu bezeichnen. Für die Ausdehnung auf die in Europa einheimischen Vögel sprechen die bereits bei § 1 vorstehend erörterten Gründe; für die Beschränkung auf Europa spricht wie beim § 1 andererseits die Erwägung, daß mit dem Verbote der legitime Handel mit außerhalb Europas heimischen, meist tropischen Stubenvögeln, insbesondere den Kanarienvögeln, sowie mit außereuropäischem Federwilde nicht getroffen werden darf."

Bem. 2. Verboten ist nur die Erlegung von Vögeln, nicht auch das Töten von Vögeln, die durch Leuchtfeuer, Telegraphendrähte, oder auf andere Weise zu Schaden gekommen sind. Ebenso ist es auch nicht strafbar, wenn seltene Vögel, die bei solchen Unfällen erbeutet werden, ohne Entgelt anderen Leuten überlassen werden; die nicht gewerbsmäßige Verwendung derartiger Vögel ist nicht als Verkauf zu betrachten (Komm. Ber. S. 18).

Bem. 3. Vom 2. Oktober bis Ende Februar unterliegen die Vögel, die Schutz genießen, dem Aneignungsrecht; Meisen, Kleiber, Baumläufer (Parus, Sitta, Certhia) dürfen auch während dieser Zeit nicht getötet oder in den Handel gebracht werden.

Bem. 4. Nur das Fangen und der Verkauf usw. toter Vögel ist untersagt; ausgestopfte oder konservierte Vögel fallen nicht unter das Verbot. Woher die Vögel stammen und wann sie erlegt wurden, ist gleichgültig.

Bem. 5. Eine Verordnung des Bundesrates (Abs. 3) ist bisher nicht ergangen.

§ 4.

Dem Fangen im Sinne dieses Gesetzes wird jedes Nachstellen zum Zwecke des Fangens oder Tötens von Vögeln, insbesondere das Aufstellen von Netzen, Schlingen, Leimruten oder anderen Fangvorrichtungen gleichgeachtet.

§ 5.

Vögel, welche dem jagdbaren Feder- und Haarwild und dessen Brut und Jungen sowie Fischen und deren Brut nachstellen, dürfen nach Maßgabe der landesgesetzlichen Bestimmungen über Jagd und Fischerei von den Jagd- oder Fischereiberechtigten und deren Beauftragten getötet werden.

Wenn Vögel in Weinbergen, Gärten, bestellten Feldern, Baumpflanzungen, Saatkämpen und Schonungen Schaden anrichten, können die von den Landesregierungen bezeichneten

Behörden den Eigentümern und Nutzungsberechtigten der Grundstücke und deren Beauftragten oder öffentlichen Schutzbeamten (Forst- und Feldhütern, Flurschützen usw.), soweit dies zur Abwendung dieses Schadens notwendig ist, das Töten solcher Vögel mit Feuerwaffen innerhalb der betroffenen Örtlichkeiten auch während der im § 3 Abs. 1 bezeichneten Frist gestatten. Das Feilbieten und der Verkauf der auf Grund solcher Erlaubnis erlegten Vögel sind unzulässig.

Ebenso können die im Abs. 2 bezeichneten Behörden einzelne Ausnahmen von den Bestimmungen in §§ 1 bis 3 dieses Gesetzes zu wissenschaftlichen oder Lehrzwecken, zur Wiederbevölkerung mit einzelnen Vogelarten sowie für Stubenvögel für bestimmte Örtlichkeiten bewilligen.

Der Bundesrat bestimmt die näheren Voraussetzungen, unter welchen die im Abs. 2 und 3 bezeichneten Ausnahmen statthaft sein sollen.

Von der Vorschrift unter § 2a kann der Bundesrat für bestimmte Bezirke eine allgemeine Ausnahme gestatten.

I. Von der Novelle sind folgende Änderungen vorgenommen worden: im Abs. 2 sind hinter: „das Töten solcher Vögel" die Worte: „mit Feuerwaffen" und im Abs. 3 hinter: „zu wissenschaftlichen oder Lehrzwecken" die Worte: „zur Wiederbevölkerung mit einzelnen Vogelarten" eingeschaltet und in Abs. 3 die Worte: „sowie zum Fangen von Stubenvögeln" durch die Worte: „sowie für Stubenvögel" ersetzt. Bem. 1.

Begründung: „Die Einschaltung der Worte „mit Feuerwaffen" im § 5 Abs. 2 ergibt sich aus Art. 6 Abs. 1 der Übereinkunft (Anl. Nr. 1), die im § 5 Abs. 3 vorzunehmende Einschaltung der Worte „zur Wiederbevölkerung mit einzelnen Vogelarten" aus Art. 7 Abs. 1. — Die den zuständigen Landesbehörden erteilte Ermächtigung, einzelne Ausnahmen von den Bestimmungen in den §§ 1—3 des Gesetzes für eine bestimmte Zeit und für bestimmte Örtlichkeiten nicht nur „zum Fange von Stubenvögeln", sondern „für Stubenvögel" überhaupt zu bewilligen, erfolgt mit Rücksicht auf die Verbotserweiterung im § 3 des Entwurfs und im Einklange mit Art. 7 Abs. 2 der Übereinkunft".

Bem. 2. II. Zu Abs. 1. Landesgesetzliche Vorschriften, die das Töten von Vögeln gegebenenfalls zulassen, sind enthalten in § 8 des Fischereigesetzes vom 2. Juli 1891 (GBl. S. 69), welcher bestimmt:

„Dem Fischereiberechtigten ist gestattet, ohne Rücksicht auf jagdpolizeiliche Bestimmungen die dem Fischbestande schädlichen Tiere, welche sich an oder in ihren Fischwassern aufhalten, ohne Anwendung von Schußwaffen zu fangen oder zu erlegen und für sich zu behalten.

Welche Tiere als dem Fischbestande schädlich zu erachten sind, bestimmt das Ministerium."

Hierzu die V. v. 5. September 1899 (ABl. S. 106); vgl. Bem. 22 zu § 2 des Jagdpolizeigesetzes. Unter die Bestimmungen des § 5 fällt hauptsächlich die Wasseramsel (Huber S. 184).

Bem. 3. Zu Abs. 2. Zu der Erteilung der Erlaubnis sind die Kreisdirektoren (Polizeidirektoren) befugt. V. v. 16. Juli 1890 (ABl. S. 209) Ziff. 1. [Anl. 2.].

Bem. 4. Zu Abs. 3. Die Bewilligung von Ausnahmen steht dem Ministerium zu. V. v. 16. Juli 1890 (a. a. O.) Ziff. 2 [Anl. 2]. — Die Abrichtung von Vögeln (Dompfaffen) kann gestattet werden.

Bem. 5. Zu Abs. 4. Bestimmungen des Bundesrates über die näheren Voraussetzungen, unter welchen Ausnahmen statthaft sein sollen, sind bisher nicht erlassen worden.

§ 6.

Zuwiderhandlungen gegen die Bestimmungen dieses Gesetzes oder gegen die von dem Bundesrat auf Grund derselben erlassenen Anordnungen werden mit Geldstrafe bis zu einhundertundfünfzig Mark oder mit Haft bestraft.

Der gleichen Strafe unterliegt, wer es unterläßt, Kinder oder andere unter seiner Gewalt stehende Personen, welche seiner Aufsicht untergeben sind und zu seiner Hausgenossenschaft gehören, von der Übertretung dieser Vorschriften abzuhalten.

Die Zuwiderhandlungen sind Übertretungen im Sinne des § 1 des Strafgesetzbuchs, daher Beihilfe und Versuch straffrei, Anstiftung strafbar. Die Übertretungen verjähren in drei Monaten (§ 67 StGB.), zuständig zur Aburteilung sind die Schöffengerichte (§ 27 GVG.), die Erledigung durch Strafbefehl ist zulässig (§ 447 StPO.). Bem. 1.

Zu Abs. 2 vergleiche die ähnliche Vorschrift im § 361 Ziff. 9 Strafgesetzbuch. Bem. 2.

§ 7.

Neben der Geldstrafe oder der Haft kann auf die Einziehung der verbotswidrig in Besitz genommenen, feilgebotenen oder verkauften Vögel, Nester, Eier, sowie auf Einziehung der Werkzeuge erkannt werden, welche zum Fangen oder Töten der Vögel, zum Zerstören oder Ausheben der Nester, Brutstätten oder Eier gebraucht oder bestimmt waren, ohne Unterschied, ob die einzuziehenden Gegenstände dem Verurteilten gehören oder nicht.

Ist die Verfolgung oder Verurteilung einer bestimmten Person nicht ausführbar, so können die im vorstehenden Absatze bezeichneten Maßnahmen selbständig erkannt werden.

Während hier nur auf Einziehung erkannt werden kann, ist nach dem Jagdpolizeigesetz § 12 (Seite 119) die Einziehung der Jagdmittel und Jagdgeräte obligatorisch. Bem. 1.

Das „objektive Strafverfahren" (§§ 40—42 Strafgesetzbuch) ist sonst nur bei Vergehen und Verbrechen, hier auch bei Übertretunzen (§ 477 Strafprozeßordnung) zulässig.

§ 8.

Dit Bestimmungen dieses Gesetzes finden keine Anwendung

a) auf das im Privateigentume befindliche Federvieh;

b) auf die nach Maßgabe der Landesgesetze jagdbaren Vögel;

c) auf die in nachstehendem Verzeichnis aufgeführten Vogelarten:

Tagraubvögel mit Ausnahme der Turmfalken, Schreiadler, Seeadler, Bussarde und Gabelweihen (rote Milane),

Uhus,

Würger (Neuntöter),

Sperlinge (Haus- und Feldsperlinge),

Rabenartige Vögel (Rabenkrähen, Nebelkrähen, Saatkrähen, Elstern, Eichelhäher),

Wildtauben (Ringeltauben, Hohltauben, Turteltauben),

Wasserhühner (Rohr- und Bleßhühner),

Reiher (eigentliche Reiher, Nachtreiher oder Rohrdommeln),

Säger (Sägetaucher, Tauchergänse),

alle nicht im Binnenlande brütenden Möven,

Kormorane,

Taucher (Eistaucher und Haubentaucher),

jedoch gilt auch für die vorstehend unter a, b, c bezeichneten Vögel das Verbot des Fangens mittels Schlingen.

Bem. 1. I. 1. Im Privateigentum stehen Hühner, Tauben, Enten, Gänse und alle in zoologischen Gärten, Menagerien usw. gehaltenen Vögel.

Bem. 2. 2. Über die nach den Landesgesetzen jagdbaren Vögel vgl. Bem. 1 ff. zu § 1 des Ausführungsgesetzes und Bem. 7 zu § 1 des Jagdpolizeigesetzes.

Bem. 3. II. Von der Novelle sind Abs. 2 und 3 (die sich mit dem Krammetsvogelfang befassen) ganz und in Abs. 1c die Ziffern und die „Kreuzschnäbel“, „Kernbeißer“ gestrichen worden; bei der Gruppe der „Tagraubvögel“ waren früher nur die Turmfalken, jetzt sind auch die Schreiadler, Seeadler, Bussarde und Gabelreiher (rote Milane) ausgenommen; als „rabenartige Vögel“

waren früher die Kolkraben, Dohlen, Nuß- oder Tannenhäher aufgezählt, die jetzt in dem Verzeichnis gestrichen sind. Der letzte Satz ist hinzugefügt.

Aus der Begründung ist folgendes hervorzuheben:

„Die Angriffe, welche das Gesetz vom 22. März 1888 im Laufe der Jahre erfahren hat, sind in erster Linie gegen die Bestimmungen in § 8 Abs. 2 und 3 gerichtet, durch die das Fangen von Krammetsvögeln im Dohnenstieg in der Zeit vom 21. September bis 31. Dezember gestattet und den Berechtigten, welche in Ausübung des Krammetsvogelfanges in den Dohnen außer den eigentlichen Krammetsvögeln auch andere, nach dem Gesetze geschützte Vögel unbeabsichtigt mitfangen, Straflosigkeit gewährleistet wird. Auch im Reichstag ist wiederholt der Wunsch nach Beseitigung dieser Bestimmung laut geworden. Der Entwurf trägt dadurch, daß er die Streichung des zweiten und dritten Absatzes des § 8 vorsieht, diesen Wünschen Rechnung, soweit dies in dem bisherigen Rahmen des Vogelschutzgesetzes d. h. ohne Eingriff in die zur Zuständigkeit der Einzelstaaten gehörige Jagdgesetzgebung geschehen kann. Die bestehenden Jagdberechtigungen hat das geltende Vogelschutzgesetz nicht berührt, es enthält vielmehr den ausdrücklichen Vorbehalt im § 8b, daß die Bestimmungen des Gesetzes auf die nach Maßgabe der Landesgesetze jagdbaren Vögel keine Anwendung finden. Nach dem geltenden Gesetz ist somit die Zulassung des Fanges von Krammetsvögeln im Dohnenstieg (§ 8 Abs. 2 und 3) nur für diejenigen Landesteile von Bedeutung, in denen der Krammetsvogel nicht zu den jagdbaren Vögeln gehört. Nur auf diese Landesteile übt daher die Streichung der Abs. 2 und 3 des § 8 eine unmittelbare Wirkung aus. Im übrigen wird es Sache der Landesgesetzgebung bleiben, über die weitere Zulassung oder Einschränkung des Krammetsvogelfanges im Dohnenstieg zu befinden."

Die Vögel, die in dem Verzeichnis unter c aufgeführt sind, darf sich jedermann zu jeder Zeit aneignen. Jedoch kann das Landesrecht gemäß dem Vorbehalte unter b die Liste verkleinern. Bem. 4.

§ 9.

Die landesrechtlichen Bestimmungen, welche zum Schutze der Vögel weitergehende Verbote enthalten, bleiben unberührt.

Die auf Grund derselben zu erkennenden Strafen dürfen jedoch den Höchstbetrag der in diesem Gesetz angedrohten Strafen nicht übersteigen.

Bem. 1. Das Verhältnis zwischen Reichsrecht und Landesrecht ist dahin geregelt, daß diejenigen landesrechtlichen Bestimmungen, welche zum Schutze der Vögel weitergehende Verbote enthalten, unberührt bleiben. In Betracht kommen namentlich Bestimmungen, welche den Fang usw. gewisser Vogelarten unbedingt oder zu anderer als der im § 3 festgesetzten Zeit oder mittels anderer als der im § 2 erwähnten Arten des Fangens verbieten oder nur mit behördlicher Erlaubnis gestatten. Um Unzuträglichkeiten zu vermeiden, darf in den Landesgesetzen kein höheres als das im Reichsgesetze festgesetzte Strafmaximum zugelassen werden. — Unerheblich ist, ob die landesrechtlichen Bestimmungen früher bestanden haben oder erst nach Inkrafttreten des Gesetzes erlassen wurden.

B. Landesrecht.

Gesetz zur Ausführung des Gesetzes, betreffend den Schutz von Vögeln

vom 22. März 1888

(Reichsgesetzbl. S. 111) vom 2. Juli 1890.

Gesetzbl. S. 47.

Wir Wilhelm von Gottes Gnaden Deutscher Kaiser, König von Preußen usw.

verordnen im Namen des Reichs, für Elsaß-Lothringen, nach erfolgter Zustimmung des Bundesrats und des Landesausschusses was folgt:

§ 1.

Die Vogelarten, auf welche die Bestimmungen des Gesetzes, betreffend den Schutz von Vögeln, vom 22. März 1888 (Reichsgesetzbl. S. 111) zufolge des § 8 Absatz 1 Buchstabe b dieses Gesetzes keine Anwendung finden, sind die folgenden:

1. Auergeflügel, Birk- und Haselwild, Rebhühner, Wachteln, Fasanen, alle Arten von Krammetsvögeln, Lerchen, Schnepfen, Trappen, Brachvögel, Wachtelkönige, Kraniche, wilde Schwäne, wilde Gänse und wilde Enten, sowie alles andere Sumpf- und Wassergeflügel mit Ausnahme der Störche und Eisvögel;
2. die in Gemäßheit des § 2 des Gesetzes, betreffend die

Jagdpolizei, vom 7. Mai 1883 (Gesetzbl. S. 57) als schädliches Wild bezeichneten Vögel.

E. § 1. Begründung S. 4. L.A. S. 58 ff. Komm. Ber. S. 438 ff. L.A. S. 434—436; 518.[1])

I. Zu Ziffer 1.

Bem. 1. 1. „Im § 1 Ziffer 1 haben durchweg diejenigen Vogelarten, welche sich den tatsächlichen Verhältnissen und Anschauungen gemäß zurzeit als Gegenstand der jagdlichen Ausbeute darstellen, Aufnahme gefunden. Was den Krammetsvogel betrifft, so ist der Wildnatur desselben nach waidmännischer Auffassung allerdings keine erhebliche Bedeutung beizumessen. Vom jagdpolizeilichen Gesichtspunkt aus kommt hier jedoch in Betracht, daß der Wilddieberei gewerbsmäßiger Schlingensteller ein starker Vorschub geleistet wird, wenn der Krammetsvogel der Jagdpolizeigesetzgebung nicht unterstellt bleibt."

Bem. 2. 2. Auerhennen dürfen auch außerhalb der gesetzlichen Schonzeit nicht gefangen oder erlegt werden; das Gleiche gilt bezüglich der Fasanenhennen und Rebhühner, solange der Boden mit Schnee bedeckt ist. Dem Fangen wird jedes Nachstellen zum Zwecke des Fangens oder Tötens, insbesondere das Aufstellen von Netzen, Schlingen, Leimruten oder anderen Fangvorrichtungen gleichgeachtet. §§ 1, 5 V. v. 16. Juli 1890 (GBl. S. 51) Anlage Nr. 3.

Bem. 3. 3. Die Birkhennen und bis auf weiteres auch die Birkhähne dürfen zu keiner Jahreszeit gefangen oder erlegt werden. Dem Fangen wird jedes Nachstellen zum Zwecke des Fangens oder Tötens, insbesondere das Aufstellen von Netzen, Schlingen oder anderen Fangvorrichtungen gleich geachtet. V. v. 1. April 1893 (ABl. S. 157). Die Schonzeit für die Birkhähne wird bis auf weiteres auf die Monate Januar bis einschließlich März und Mai bis einschließlich Dezember festgesetzt. V. v. 17. März 1898 (ABl. S. 109).

Bem. 4. 4. Krammetsvögel dürfen nur in der Zeit vom 21. September bis 31. Dezember je einschließlich mit Schußwaffen erlegt

[1]) Es bedeuten E = Entwurf eines Gesetzes zur Ausführung des Gesetzes, betreffend den Schutz von Vögeln vom 22. März 1888 (RGBl. S. 111). Verhandlungen des Landes-Ausschusses XVII. Session (1890) Vorlage Nr. 10. Begründung = Begründung zu dem Entwurf. L.A. = Verhandlungen des Landes-Ausschusses für Elsaß-Lothringen. XVII. Session (1890) Bd. II. Sitzungsberichte.

werden. §§ 2, 5 V. v. 16. Juli 1890 (Anlage Nr. 3). Vgl. Bem. 3 zu § 8 des Vogelschutzgesetzes.

5. Früher gehörte die Lerche zu den jagdbaren Vögeln. Gemäß einer in der Kommission des Reichstags zur Abänderung des Gesetzes über den Schutz von Vögeln eingebrachten Resolution oben S. 182 unter II) erging folgendes Gesetz (GBl. S. 67)[1] am 1. Juni 1909. Bem. 5.

„Das Gesetz vom 2. Juli 1890 (Gesetzblatt S. 47) zur Ausführung des Reichsgesetzes, betreffend den Schutz von Vögeln vom 22. März 1888, wird dahin abgeändert, daß die Lerche nicht mehr als jagdbarer Vogel gilt."

6. „Trappen und Brachvögel werden im allgemeinen nicht zu den Sumpfvögeln gerechnet, dieselben sind deshalb besonders aufgeführt" (Begründung). Bem. 6.

7. „Der Storch ist dem Schutze des Reichsgesetzes unterstellt worden, weil die Bevölkerung mit Liebe an diesem Vogel hängt und ungern auf den Häusern und Scheunen seine Nester vermißt" (Begründung). Bem. 7.

„Der Eisvogel hatte, obwohl er der Forellenbrut schädlich ist, im Reichstage wegen seines Gefieders, durch welches der Vogel einen Schmuck der Gegend bildet, Gnade gefunden." Huber S. 188 Ziff. 3. Bem. 8.

Das Fangen und Erlegen usw. von Störchen und Eisvögeln ist nach § 3 des Vogelschutzgesetzes in der Zeit vom 1. März bis 1. Oktober untersagt.

8. Wildenten dürfen mit Schlagnetzen und Lockenten nur in den Monaten November, Dezember, Januar gefangen werden. V. v. 24. April 1895 (ABl. S. 151). Bem. 9.

9. Die Wachtel ist in der Zeit vom 17. November bis zum 23. August mit der Jagd zu verschonen. V. v. 30. Juni 1900 (ABl. S. 209), v. 8. Juli 1909 (ABl. S. 73). Bem. 10.

10. Die Gesetzgebung über die Stare hat bereits viele Wandlungen durchgemacht. Die Verordnung vom 20. Juni 1883 (GBl. S. 65) § 6 hatte sie zu den nützlichen Vögeln gezählt. Bem. 11.

---

[1]) Landes-Ausschuß-Verhandlungen 36. Session (1909) Bd. I Vorlage Nr. 8; Bd. II S. 390 ff.; 408; 409.

Nachdem diese Verordnung durch die Verordnung v. 16. Juli 1890, betr. den Schutz von Vögeln (GBl. S. 51) aufgehoben worden war (§ 6), unterstanden sie den Vorschriften des Vogelschutzgesetzes mit der Einschränkung, daß sie von Beginn der Reife der Früchte an bis zur Beendigung der Weinlese innerhalb des durch die Ortspolizeibehörde bestimmten und öffentlich bekannt gemachten Termins als schädliches Wild zu gelten haben. Während dieser Zeit konnte der Kreis-Polizeidirektor ihre Vertilgung, sofern sie scharenweise einfallen, den Eigentümern, Besitzern oder Pächtern für ihre Person oder für ihre Beauftragten durch Fangnetze und Schußwaffen erlauben. Verordnung v. 16. Juli 1890 betr. das schädliche Wild (GBl. S. 49) § 1 Abs. 2 und § 5. Die Verordnung v. 4. Juli 1899, betreffend die Stare (GBl. S. 105) hat auch die beiden letztgedachten Einschränkungen (§ 1 Abs. 2 und § 5 V. v. 16. Juli 1890) wieder beseitigt. Die Stare genießen also zurzeit den vollen Schutz des Vogelschutzgesetzes.

Bem. 12. II. Zu Ziffer 2. Vgl. die Verordnung v. 16. Juli 1890 (GBl. S. 49) in der Bem. 10 zu § 2 des Jagdpolizeigesetzes und in der Anlage Nr. 2 zu diesem Gesetze. „Das daselbst aufgeführte Verzeichnis deckt sich der Hauptsache nach mit dem in § 8 Abs. 1 Buchstabe b des Vogelschutzgesetzes enthaltenen Verzeichnisse derjenigen vierzehn Vogelarten, welche von dem Schutze des Gesetzes ausgenommen sind, weil dieselben sich als überwiegend schädlich oder jedenfalls als nicht wesentlich nützlich darstellen. Die vollständige Übereinstimmung beider Verzeichnisse kann im Verordnungswege herbeigeführt werden" (Begründung).

§ 2.

Das Ministerium ist befugt:

1. andere Vogelarten von der Anwendbarkeit des Gesetzes vom 22. März 1888 auf Grund des § 8 Absatz 1 Buchstabe b dieses Gesetzes auszuschließen und für dieselben Schonvorschriften zu erlassen,
2. Bestimmungen zu erlassen, welche zum Schutze der Vögel weitergehende Verbote enthalten als das Gesetz, betreffend die Jagdpolizei vom 7. Mai 1883, das Gesetz,

betreffend die Abänderung des Gesetzes über die Jagdpolizei vom 8. Mai 1889 (Gesetzbl. S. 55) und das Gesetz vom 22. März 1888.

Zuwiderhandlungen gegen die bezüglichen Verordnungen werden, sofern nicht andere Strafbestimmungen Platz greifen, mit Geldstrafe bis zu 60 Mark oder mit Haft bis zu vierzehn Tagen bestraft.

E § 2. Begründung S. 5. L. A. S. 58ff. Komm. Ber. S. 438ff. L. A. S. 436; 518.

1. „Der § 2 gibt dem Ministerium die Befugnis, auch andere Vogelarten von der Anwendbarkeit des Reichsgesetzes auszuschließen und für dieselben Schonvorschriften zu erlassen. Das Ministerium ist dadurch in der Lage, das Verzeichnis der im § 1 aufgeführten Vogelarten bei Hervortreten eines Bedürfnisses infolge veränderter Verhältnisse zu ergänzen. Die nach Aufhebung des § 6 des Jagdpolizeigesetzes erforderlich gewordene neue Grundlage für den Erlaß derjenigen Bestimmungen, welche zum Schutze der Vögel weitergehende Verbote enthalten als die Gesetze, gibt die Ziffer 2 des ersten Absatzes. Zuständig ist gemäß dem Vorgange in § 6 des Jagdschutzgesetzes das Ministerium. Dasselbe wird auf Grund dieser Vorschrift in der Lage sein, die Voraussetzungen festzustellen, von denen der Fang usw. der Vögel abhängig gemacht wird, insbesondere auch den Fang gewisser Vogelarten unbedingt oder zu anderer als der in § 3 des Reichsgesetzes festgesetzten Zeit oder mittels anderer als der im § 2 desselben erwähnten Arten des Fanges zu verbieten" (Begründung). Bem. 1.

2. Auf Grund des § 2 sind vom Ministerium folgende Verordnungen erlassen worden: Bem. 2.

a) V. v. 16. Juli 1890 betreffend den Schutz von Vögeln (GBl. S. 51) Anlage Nr. 3, aus der namentlich § 4 erwähnenswert ist:

„Auch in der Zeit vom 15. September bis 28. Februar je einschließlich dürfen die folgenden Vogelarten nicht gefangen oder erlegt, sowie tot verkauft oder feilgeboten werden:

Ammern, Amseln, Bachstelzen, Baumläufer, Blaukehlchen, Brunellen, Eulen mit Ausnahme des Uhu, Finken mit Ausnahme der Sperlinge, Fliegenschnäpper, Goldhähnchen, Grasmücken, Hänflinge, Kuckucke, Laubvögel, Meisen, Nachtigallen, Nachtschwalben, Pieper, Pirole, Rohrsänger, Rotkehlchen, Rotschwänzchen, Schwalben, Segler, Seidenschwänze, Spechte, Spechtmeisen, Steinschmätzer, Steppenhühner, Wasserschmätzer, Wendehälse, Wiedehöpfe, Wiesenschmätzer, Zaunkönige, Zeisige.

b) V. v. 1. April 1893 (ABl. S. 157) und V. v. 17. März 1898 (ABl. S. 109), betreffend den Schutz des Birkwildes. Vgl. in Bem. 3 zu § 1 dieses Gesetzes.

c) V. v. 24. April 1895 (ABl. S. 151), betreffend den Fang von Wildenten mittels Schlagnetzen und Lockenten. Vgl. in Bem. 9 zu § 1 dieses Gesetzes.

d) V. v. 30. Juni 1900 (ABl. S. 209), betreffend den Schutz der Wachteln. Vgl. in Bem. 10 zu § 1 dieses Gesetzes.

Bem. 3. 3. **Für die Vertilgung** der den nützlichen Vögeln und deren Brut nachstellenden **schädlichen Tiere** werden Prämien gewährt. Bekanntmachung v. 27. August 1904 (ABl. S. 123):

„Es wird hiermit zur öffentlichen Kenntnis gebracht, daß von jetzt ab für die Erlegung der nachbenannten, den nützlichen Vögeln und deren Brut nachstellenden schädlichen Tiere, solange die verfügbaren Mittel reichen, Prämien aus Staatsmitteln gewährt werden und zwar:

Für die Erlegung von Eichhörnchen, Elstern und großen grauen Würgern je 50 Pfennig und für die Erlegung von Eichelhähern je 30 Pfennig.

Anträge auf Bewilligung der ausgesetzten Prämien sind mündlich oder schriftlich an die Kreisdirektionen, in den Stadtkreisen Straßburg und Metz an die Polizeidirektionen unter gleichzeitiger Ablieferung folgender Belegstücke zu richten:

1. der Nasen der erlegten Eichhörnchen,
2. der beiden Unterschenkel mit Füßen der erlegten Elstern, Würger und Eichelhäher.

Für die Erlegung der kleineren Würger werden Prämien bis auf weiteres nicht gewährt."

§ 3.

Der § 6 des Gesetzes, betreffend die Jagdpolizei vom 7. Mai 1883 ist aufgehoben.

E § 3. Begründung S. 5. L. A. S. 58 ff. Komm. Ber. S. 438 ff. L. A. S. 436; 519.

„Nachdem das Reichsgesetz über den Schutz von Vögeln von der Aufstellung eines Verzeichnisses der sogenannten nützlichen Vögel in Übereinstimmung mit den bei den früheren Verhandlungen über den Vogelschutz überwiegend hervorgetretenen Anschauungen, sowie aus dem Grunde Abstand genommen hat, weil die Trennung in nützliche und schädliche Vogelarten bei dem gegenwärtigen Stande der Erfahrungen unüberwindliche Schwierigkeiten bietet, mußte die Aufhebung des § 6 des Jagdpolizeigesetzes als mit den Grundsätzen des Reichsrechtes nicht übereinstimmend in Aussicht genommen werden" (Begründung). Bem. 1.

Urkundlich unter Unserer Höchsteigenhändigen Unterschrift und beigedrucktem Kaiserlichen Insiegel.

Gegeben Christiania, 2. Juli 1890.

(L. S.) Wilhelm.

Fürst v. Hohenlohe.

Anlagen zu den Vogelschutzgesetzen.

1. Übereinkunft zum Schutze der für die Landwirtschaft nützlichen Vögel. Paris, 19. März 1902.
2. Verordnung des Ministeriums zur Ausführung des Reichsgesetzes vom 22. März 1888, betreffend den Schutz von Vögeln vom 16. Juli 1890.
3. Verordnung, betreffend den Schutz von Vögeln vom 16. Juli 1890.

Anlage 1.

Übereinkunft zum Schutze der für die Landwirtschaft nützlichen Vögel. Paris, 19. März 1902.

(RGBl. 1906 S. 89.)

Artikel 1.

Die für die Landwirtschaft nützlichen Vögel, besonders die Insektenfresser und namentlich die Vögel, welche in der der gegenwärtigen Übereinkunft als Anlage beigefügten und durch die Gesetzgebung jedes Landes ausdehnbaren Liste Nr. 1 aufgeführt sind, werden einen unbedingten Schutz genießen und zwar in der Art, daß es verboten sein soll, sie zu irgend einer Zeit und auf irgend eine Art zu töten, sowie ihre Nester, Eier und Brut zu zerstören.

Bis dieses Ergebnis überall und im ganzen Umfang erreicht sein wird, verpflichten sich die hohen vertragschließenden Teile, diejenigen Bestimmungen zu treffen oder ihren gesetzgebenden Körperschaften zu unterbreiten, welche notwendig sind, um die Ausführung der in den folgenden Artikeln enthaltenen Maßnahmen sicher zu stellen.

Artikel 2.

Es soll verboten werden, die Nester zu entfernen, die Eier auszuheben und die Brut zu fangen und zu zerstören, und zwar zu irgend einer Zeit und mit irgend welchen Mitteln.

Die Ein- und Durchfuhr, der Transport, das Feilbieten, der Verkauf und Ankauf dieser Nester, Eier und Brut soll verboten werden.

Dieses Verbot soll sich nicht erstrecken auf die durch den Eigentümer, Nießbraucher oder deren Beauftragte vorgenommene Zerstörung derjenigen Nester, welche Vögel in oder an Wohnhäusern oder Gebäuden im allgemeinen und im Innern von Hofräumen gebaut haben.

Die Bestimmungen dieses Artikels sollen außerdem ausnahmsweise bezüglich der Kiebitz- und Möveneier aufgehoben werden können.

Artikel 3.

Es soll verboten werden das Aufstellen und die Anwendung von Fallen, Käfigen, Netzen, Schlingen, Leimruten und aller anderen, irgendwie gearteten Mittel, welche den Zweck haben, den Massenfang oder die Massentötung der Vögel zu erleichtern.

Artikel 4.

Für den Fall, daß die hohen vertragschließenden Teile nicht in der Lage sein sollten, die Verbotsbestimmungen des vorhergehenden Artikels sofort und in ihrem ganzen Umfange zur Anwendung zu bringen, sollen sie befugt sein, diesen Verboten die für nötig erachteten Abschwächungen hinzuzufügen, sie verpflichten sich jedoch, die Anwendung der Fang- und Vernichtungsarten, -Vorrichtungen und -Mittel in der Art einzuschränken, daß sie nach und nach zur Verwirklichung der in Artikel 3 aufgeführten Schutzmaßregeln gelangen.

Artikel. 5.

Außer den im Artikel 3 ausgesprochenen allgemeinen Verboten ist es untersagt, in der Zeit vom 1. März bis 15. September jeden Jahres diejenigen nützlichen Vögel zu fangen oder zu töten, welche in der der Übereinkunft als Anlage beigefügten Liste Nr. 1 aufgeführt sind.

Der Verkauf und das Feilbieten solcher Vögel soll gleichfalls während dieser Zeit verboten werden.

Die hohen vertragschließenden Teile verpflichten sich, soweit es ihre Gesetzgebung erlaubt, die Ein- und Durchfuhr sowie den Transport dieser Vögel in der Zeit vom 1. März bis 15. September zu verbieten.

Die Dauer des in dem gegenwärtigen Artikel vorgesehenen Verbots soll indessen in den nördlichen Ländern abgeändert werden können.

Artikel 6.

Die zuständigen Behörden sollen ausnahmsweise den Eigentümern oder Nutznießern von Weinbergen, Obstpflanzungen und Gärten, von Baumschulen, angepflanzten oder eingesäten Feldern, ebenso wie den von ihnen mit der Überwachung beauftragten Personen das zeitweilige Recht zubilligen können, mit Feuerwaffen auf solche Vögel zu schießen, deren Gegenwart schädlich sein und einen wirklichen Schaden verursachen könnte.

Indessen soll es verboten bleiben, die unter solchen Voraussetzungen getöteten Vögel feilzuhalten oder zu verkaufen.

Artikel 7.

Ausnahmen von den Bestimmungen dieser Übereinkunft sollen durch die zuständigen Behörden bewilligt werden können, im Interesse der Wissenschaft oder der Wiedereinbürgerung je nach Lage des Falles und unter Beobachtung aller zur Verhütung eines Mißbrauchs erforderlichen Vorsichtsmaßregeln.

Unter denselben Vorsichtsmaßregeln sollen der Fang, der Verkauf und das Halten von Stubenvögeln erlaubt werden können.

Artikel 8.

Die Bestimmungen der gegenwärtigen Übereinkunft sollen nicht auf Federvieh und auf solches Federwild anwendbar sein, welches sich in geschlossenen Jagdbezirken befindet und durch die Gesetzgebung des Landes als jagdbar bezeichnet ist.

Überall sonst soll die Tötung des Federwildes nur mittels Feuerwaffen und zu den gesetzlich bestimmten Zeit gestattet sein.

Die vertragschließenden Staaten werden aufgefordert, den Verkauf, den Transport und die Durchfuhr des Federwildes, dessen Jagd in ihrem Gebiete verboten ist, während der Dauer dieses Verbots zu untersagen.

Artikel 9.

Jeder der vertragschließenden Teile soll Ausnahmen von den Bestimmungen der gegenwärtigen Üereinkunft festsetzen können:

1. für die Vögel, welche nach der Gesetzgebung des Landes als schädlich für die Jagd oder Fischerei geschossen oder getötet werden können,

2. für die Vögel, welche die Gesetzgebung des Landes als schädlich für die örtliche Landwirtschaft bezeichnet.

In Ermangelung einer durch die Gesetzgebung des Landes aufgestellten amtlichen Liste soll Nr. 2 dieses Artikels auf die der gegenwärtigen Übereinkunft als Anlage beigefügte Liste Nr. 2 angewendet werden.

Artikel 10.

Die hohen vertragschließenden Teile werden die geeigneten Maßnahmen ergreifen, um ihre Gesetzgebung binnen einer vom Tage der Unterzeichnung der Übereinkunft zu berechnenden dreijährigen Frist mit den Bestimmungen der Übereinkunft in Einklang zu setzen.

Artikel 11.

Die hohen vertragschließenden Teile werden sich durch die Vermittlung der Französischen Regierung die Gesetze und die im Verwaltungswege getroffenen Anordnungen mitteilen, welche in ihren Staaten schon erlassen sind oder noch erlassen werden und sich auf den Gegenstand der vorliegenden Übereinkunft beziehen.

Artikel 12.

Wenn es für notwendig gehalten werden wird, werden sich die hohen vertragschließenden Teile auf einer internationalen Konferenz vertreten lassen, welche die Aufgabe hat, die Fragen zu prüfen, welche sich bei Ausführung der Übereinkunft ergeben, und diejenigen Abänderungen vorzuschlagen, die sich nach den gemachten Erfahrungen als nützlich erwiesen haben.

Artikel 13.

Die Staaten, welche an der gegenwärtigen Übereinkunft nicht teilgenommen haben, werden auf ihr Ansuchen zum Beitritte zugelassen. Dieser Beitritt wird auf diplomatischem Wege der Regierung der Französischen Republik und durch diese den anderen Signatarmächten mitgeteilt werden.

Artikel 14.

Die gegenwärtige Übereinkunft soll binnen einer höchstens einjährigen, vom Tage des Austausches der Ratifikationsurkunden an zu berechnenden Frist in Kraft gesetzt werden.

Sie soll unter den Signatarmächten auf unbestimmte Zeitdauer in Kraft bleiben. Falls eine derselben die Übereinkunft aufkündigen sollte, so soll diese Kündigung nur bezüglich jener Macht Gültigkeit haben und zwar erst ein Jahr, nachdem diese Kündigung den andern Vertragsstaaten mitgeteilt sein wird.

Artikel 15.

Die gegenwärtige Übereinkunft soll ratifiziert werden und die Ratifikationsurkunden sollen sobald als möglich in Paris ausgetauscht werden.

Artikel 16.

Die Bestimmung des zweiten Absatzes des Artikels 8 der gegenwärtigen Übereinkunft soll ausnahmsweise nicht in den nördlichen Provinzen Schwedens Anwendung finden können und zwar mit Rücksicht auf die ganz besondern klimatischen Bedingungen, unter denen diese sich befinden

Zu Urkund dessen haben die betreffenden Bevollmächtigten die Übereinkunft vollzogen und ihre Insiegel beigedrückt.

So geschehen in Paris, am 19. März 1902.

Liste Nr. 1.

Nützliche Vögel.

Nacht-Raubvögel:
- Steinkäuze und Zwergkäuze (Glaucidium),
- Sperbereulen (Surnia),
- Nachteulen oder Waldkäuze (Syrnium),
- die gewöhnliche Schleiereule (Strix flammea L),
- Sumpfohreule und Waldohreule (Otus),
- die kleine Ohreule (Scops giu Scop.).

Kletterer:
- Spechte, alle Arten (Picus, Gecinus etc.).

Klettervögel:
- die Blauracke (Coracias garrula L),
- Bienenfresser (Merops).

Gewöhnliche Sperlingsvögel:
- der Wiedehopf (Upupa epops),
- Baumläufer, Mauerläufer, Blauspechte (Certhia, Tichodroma, Sitta),
- Mauersegler (Cypselus)
- Ziegenmelker (Caprimulgus),

Nachtigallen (Luscinia),
Blaukehlchen (Cyanecula),
Rotschwänze (Ruticilla),
Rotkehlchen (Rubecula),
Schmätzer (Pratincola und Saxicola),
Braunellen (Accentor),
Grasmücken aller Art, wie:
gewöhnliche Grasmücken (Sylvia),
Zaungrasmücken (Curruca),
Gartenlaubvögel (Hypolaïs)
Rohrsänger: Rohrsänger, Schilfsänger, Busch-Rohrdrossel (Acrocephalus, Calamodyta, Locustella),
Cisticolen (Cisticola),
Goldhähnchenlaubvögel (Phylloscopus),
Goldhähnchen (Regulus) und Zaunkönige (Troglodytes),
Meisen aller Arten (Parus, Panurus, Orites etc.),
Fliegenfänger (Muscicapa),
Schwalben aller Arten (Hirundo, Chelidon, Cotyle),
weiße und gelbe Bachstelzen (Motacilla, Budytes),
Pieper (Anthus, Corydala),
Kreuzschnäbel (Loxia),
Goldammern und Girlitze (Citrinella und Serinus),
Distelfinke und Zeisige (Carduelis und Chrysomitris),
gewöhnliche Stare und Hirtenstare (Sturnus, Pastor etc.).
Stelzenläufer:
schwarze und weiße Störche (Ciconia).

Liste Nr. 2.

Schädliche Vögel.

Tag-Raubvögel:
der Lämmergeier (Gypaetus barbatus L),
Adler aller Arten (Aquila, Nisaëtus),
Seeadler aller Arten (Haliaëtus),
Flußadler (Pandion haliaëtus),
Gabelweihe, Gleitaare, Schwalbenweihe (Milvus, Elanus, Nauclerus), alle Arten,
Falken: Gierfalken, Wanderfalken, Baumfalken, Lerchenfalken (Falco), alle Arten mit Ausnahme der Rotfußfalken, Turmfalken und Rötelfalken,

der Hühnerhabicht (Astur palumbarius L),
Sperber (Accipiter),
Weihen (Circus).
Nacht-Raubvögel:
der Uhu (Bubo maximus Flem.).
Gewöhnliche Sperlingsvögel:
der Kolkrabe (Corvus corax L),
die Elster (Pica rustica Scop.),
der Eichelhäher (Garrulus glandarius L).
Stelzenläufer:
graue und Purpur-Reiher (Ardea),
Rohrdommeln und Nachtreiher (Bautorus und Nycticorax).
Schwimmvögel:
Pelikane (Pelecanus),
Komorane (Phalacrocorax oder Graculus),
Sägetaucher (Mergus),
Meertaucher (Colymbus).

Die vorstehende Übereinkunft ist von Deutschland, Österreich-Ungarn, Belgien, Spanien, Frankreich, Liechtenstein, Luxemburg, Monaco, Schweden und der Schweiz ratifiziert worden. An Stelle des im Artikel 15 der Übereinkunft vorgesehenen Austausches der Ratifikationsurkunden hat eine Hinterlegung derselben bei der Französischen Regierung stattgefunden und zwar ist diese am 6. Dezember 1905 erfolgt.

Der Übereinkunft sind Italien und die im Süden des Mittelländischen Meeres an der afrikanischen Küste liegenden Länder nicht beigetreten.

Anlage 2.

Verordnung des Ministeriums zur Ausführung des Reichsgesetzes vom 22. März 1888, betreffend den Schutz von Vögeln (Reichs-Gesetzblatt, S. 111), vom 16 Juli 1890.

(ABl. S. 209.)

In Ausführung des Gesetzes, betreffend den Schutz von Vögeln vom 22. März 1888 (Reichs-Gesetzblatt S. 111) wird folgendes bestimmt:

1. Die den Behörden in § 5 Abs. 2 des Gesetzes übertragenen Befugnisse werden von den Kreisdirektoren wahrgenommen.
2. Die den Behörden in § 5 Abs. 3 des Gesetzes übertragenen Befugnisse werden von dem Ministerium wahrgenommen.

Anlage 3.

Verordnung des Ministeriums, betreffend den Schutz von Vögeln, vom 16. Juli 1890.

(GBl. S. 51.)

Auf Grund des § 2 des zur Ausführung des Reichsgesetzes über den Schutz von Vögeln ergangenen Gesetzes vom 2. Juli 1890 (GBl. S. 47) wird hierdurch bestimmt, was folgt:

§ 1.

Die Auerhennen dürfen auch außerhalb der gesetzlichen Schonzeit nicht gefangen oder erlegt werden; das Gleiche gilt bezüglich der Fasanenhennen und Rebhühner, solange der Boden mit Schnee bedeckt ist.

§ 2.

Die Krammetsvögel dürfen nur in der Zeit vom 21. September bis 31. Dezember je einschließlich mit Schußwaffen erlegt oder mit Schlingen[1]) gefangen werden.

§ 3.[2])

Die Lerchen dürfen nur in der Zeit vom 15. September bis ersten Dezember je einschließlich mit Schußwaffen erlegt werden.

§ 4.

Auch in der Zeit vom 15. September bis 28. Februar je einschließlich dürfen die folgenden Vogelarten nicht gefangen oder erlegt, sowie tot verkauft oder feilgeboten werden:

Ammern, Amseln, Bachstelzen, Baumläufer, Blaukehlchen, Brunellen, Eulen mit Ausnahme des Uhu, Finken mit Ausnahme der Sperlinge, Fliegenschnäpper, Goldhähnchen, Gras-

---

1) Bem. 3 S. 195.

2) Die Bestimmung in § 3, die die Schonzeit für die Lerchen regelte, ist seit dem Gesetz vom 1. Juni 1909 (GBl. S. 67) gegenstandslos geworden. Bem. 5 S. 199.

mücken, Hänflinge, Kuckucke, Laubvögel, Meisen, Nachtigallen, Nachtschwalben, Pieper, Pirole, Rohrsänger, Rotkehlchen, Rotschwänzchen, Schwalben, Segler, Seidenschwänze, Spechte, Spechtmeisen, Steinschmätzer, Steppenhühner, Wasserschmätzer, Wendehälse, Wiedehöpfe, Wiesenschmätzer, Zaunkönige, Zeisige.

§ 5.

Dem Fangen im Sinne der vorstehenden Bestimmungen wird jedes Nachstellen zum Zwecke des Fangens oder Tötens, insbesondere das Aufstellen von Netzen, Schlingen, Leimruten, oder andern Fangvorrichtungen gleichgeachtet.

§ 6.

Die §§ 6 bis einschließlich 11 der Verordnung des Ministeriums, betreffend die Jagdpolizei vom 20. Juni 1883 (GBl. S. 65), sowie die Verordnung, betreffend die Aufnahme des asiatischen Steppenhuhns in das Verzeichnis der nützlichen Vögel vom 4. August 1888 (GBl. S. 91) sind aufgehoben.

Sachregister.

Die großen Zahlen verweisen auf die Seiten, die kleinen auf die Bemerkungen. Vorb. bedeutet Vorbemerkung.

Systematische Sammlung der in Elsaß-Lothringen geltenden Gesetze (Fortsetzung).

gesetzbuch, die Wechselordnung, das Gerichtsverfassungsgesetz, die Civilprozeßordnung, die Konkursordnung, das Gesetz über die Zwangsversteigerung und die Zwangsverwaltung, ferner die sämtlichen zu diesen Gesetzen gehörigen Ein- und Ausführungsgesetze, die Gerichtskostengesetze und die Gebührenordnungen: alles mit auf Elsaß-Lothringen bezüglichen kurzen Erläuterungen versehen; der zweite Band enthält in der gleichen Bearbeitung die sämtlichen übrigen Gesetze und Verordnungen privatrechtlichen Charakters bis auf die neueste Zeit. — Ein ausführliches Register am Schlusse des zweiten Bandes gewährt einen vollständigen und sicheren Überblick über den heutigen Rechtszustand.

Alte Möller'sche Gesetzsammlung.

Sammlung der in Elsaß-Lothringen geltenden Gesetze. Auf Anregung des Wirkl. Geheimen Raths Dr. von Möller bearbeitet und herausgegeben in Verbindung mit anderen reichsländischen Juristen von F. Althoff, ordentlichem Professor, R. Förtsch, Landgerichtsdirektor, A. Harseim, Justizrat und Gouvernementsauditeur, A. Keller, Oberlandesgerichtsrat und A. Leoni, Landgerichtsrat; 6 Bände und Register.

I. Band: Verfassungsrecht und Gesetzbücher. Mit Anhang: Kostengesetze und Gebührenordnungen. Lex. 8°. XXXI, 761 Seiten. 1880. (ℳ 18.—) ℳ 12.—

II. Band: Französische Einzelgesetze. Lex. 8°. V, 1007 Seiten. 1881. (ℳ 18.—) ℳ 12.—

III. Band: Deutsche Einzelgesetze. Lex. 8°. 1183 Seiten. 1881. (ℳ 21.—) ℳ 14.—

Registerband zum I.—III. Band: 1. Sachliche Übersicht der Gesetze. — 2. Alphabetisches Register. Lex. 8°. 181 Seiten. 1881. (ℳ 3.50) ℳ 2.50

IV. Band, die Gesetze von 1881—1885 enthaltend, mit alphabetischem Register für alle 4 Bände. Bearbeitet von R. Förtsch. Lex. 8°. XXXII, 815 Seiten. 1886. (ℳ 18.—) Vergriffen.

V. Band, die Gesetze von 1886—1890 enthaltend, mit Register. Bearbeitet von R. Förtsch, Reichsgerichtsrat. Lex. 8°. XXXVIII, 981 Seiten. 1892. ℳ 17.—

VI. Band, die Gesetze von 1891—1895 enthaltend, mit Gesamtregister für alle Bände. Bearbeitet von C. Jacob, Ministerialrat. Lex. 8°. XXXV, 1073 Seiten. 1896. Geheftet ℳ 20.—, geb. ℳ 22.—

Praktische Handausgabe des Bürgerlichen Gesetzbuches
für Elsaß-Lothringen.

Das

Bürgerliche Gesetzbuch

mit den

dazu gehörigen Nebengesetzen

für

Elsaß-Lothringen.

Bürgerliches Gesetzbuch
Gesetz über die Angelegenheiten der freiwilligen Gerichtsbarkeit
Grundbuchordnung
Gesetz über die Zwangsversteigerung und Zwangsverwaltung
nebst den Einführungsgesetzen und den für Elsaß-Lothringen
erlassenen Ausführungsgesetzen.

Bearbeitet von
Karl Paffrath und **Franz Großmann,**
Landgerichtsräte in Straßburg.

XVI, 848 S. 1901. Geheftet ℳ 3.—, in elegantem Halbfranzband ℳ 4.—

Vorwort: Die vorliegende Ausgabe ist ein Abdruck aus der Systematischen Sammlung der in Elsaß-Lothringen geltenden Gesetze. Das Bedürfniß einer Handausgabe des Bürgerlichen Gesetzbuchs bedarf keiner weiteren Begründung. Daß dieses Bedürfnis zur Zeit schon mehr oder weniger Befriedigung erfahren hat, dürfte der vorliegenden Ausgabe ihre Berechtigung nicht nehmen. Sie enthält neben dem Bürgerlichen Gesetzbuch auch noch die wichtigeren Nebengesetze und die für Elsaß-Lothringen erlassenen Ausführungsgesetze und beschränkt sich nicht auf die bloße Wiedergabe des Gesetzestextes, sondern verweist in den Bemerkungen auf verwandte und ergänzende Bestimmungen und erleichtert dadurch den praktischen Gebrauch der Gesetze.

Ausführungsgesetze.

Das Gesetz, betreffend die Ausführung des Bürgerlichen Gesetzbuchs in Elsaß-Lothringen vom 17. April 1899 in der Fassung der Bekanntmachung des Kaiserlichen Statthalters vom 22. Dezember 1899. Erläutert von Hugo Molitor, Kaiserl. Landgerichtsrat in Straßburg. 8°. XXIV, 595 S. 1900. (M 10.50) Vergriffen.

Neue Auflage in Vorbereitung.

Das elsaß-lothringische Gesetz, betreffend die Ausführung des Reichsgesetzes über die Angelegenheiten der freiwilligen Gerichtsbarkeit vom 6. November 1899 nebst den zugehörigen Ausführungsverfügungen. Auf amtliche Veranlassung erläutert von Hugo Molitor, Oberlandesgerichtsrat. 8°. X, 242 S. 1901. Geheftet M 4.50, in Leinwand gebunden M 5.—.

Die Elsaß-Lothringischen Ausführungsgesetze und Verordnungen zu den Reichs-Justizgesetzen nebst einigen weiteren Gesetzen über Gewerbegerichte, Forststrafrecht, Erbbescheinigungen, Feld- und Fährpolizei-Übertretungen, Vormundschaften und Zwangsenteignung. Textausgabe mit französischer Übersetzung und Anmerkungen. Zweite verbesserte und vermehrte Auflage. — Les lois et ordonnances d'exécution des lois de justice de l'Empire d'Allemagne et les lois concernant les Prud'hommes, de Droit pénal forestier, les Certificats de Qualité d'héritier, les Contraventions en matière de police rurale et des bacs et bâteaux, les Tutelles et l'Expropriation pour cause d'utilité publique. Texte allemand et français avec annotations. 2e édit. revue et augmentée. 8°. 445 S. 1887. Geheftet M 5.—, gebunden M 6.30.

Siehe auch Justizgesetze.

Siehe auch Bürgerliches Gesetzbuch S. 3.

Baurecht.

Das Elsaß-Lothringische Baurecht, enthaltend eine systematische Darstellung der auf Bauten bezügl. Vorschriften des öffentlichen und Privatrechts, sowie eine Zusammenstellung der zugehörigen Gesetze und Verordnungen in deutscher Übersetzung. Herausgegeben von R. Förtsch, Kammerpräsident in Metz, und M. Caspar, Abteilungsbaumeister in Straßburg. 8°. XII, 394 S. 1879. (M 5.—) Vergriffen.

Neue Bearbeitung in Vorbereitung.

Bergrecht.

Entstehung und Beendigung des Bergwerkseigentums nach dem in Elsaß-Lothringen geltenden Rechte, von Dr. Otto Kusenberg. 8⁰. 115 S. 1905. Geheftet ℳ 2.—.

Bürgerliches Gesetzbuch.

Siehe S. 3 und Ausführungsgesetze S. 4.

Erbbescheinigungen.

Gesetz, betreffend die Ausstellung gerichtlicher Erbbescheinigungen und die Zuständigkeit der Amtsgerichte vom 10. Mai 1886. — Loi sur la délivrance de certificats judiciaires constatant la qualité d'héritier et la compétence des tribunaux cantonaux du 10 mai 1886. Texte allemand et français. 8⁰. 11 S. 1886. Kartoniert ℳ —.50.

Erbschaftssteuergesetz.

Das Erbschaftssteuergesetz für Elsaß-Lothringen. Im amtlichem Auftrage erläutert und herausgegeben von Karl Jacob, Ministerialrat. Zweite, gänzlich umgearbeitete Auflage unter Zugrundlegung der Fassung vom 17. Juni 1900. 8⁰. VIII, 236 S. 1900. Geheftet ℳ 4.50, gebunden in Ganz-Leinwand ℳ 5.—.

Feld- und Fährpolizei.

Feldpolizeistrafgesetz vom 9. Juli 1888. Erläutert von Dr. A. Stieve, Gerichtsassessor. 8⁰. XIV, 100 S. 1907. Kartoniert ℳ 1.60.

Gesetz, betr. die Bestrafung von Zuwiderhandlungen gegen die Vorschriften der Feld- und Fährpolizei, vom 30. März 1887.

Siehe Ausführungsgesetze zu den Reichsjustizgesetzen.

Fischereigesetz.

Das Gesetz für Elsaß-Lothringen, betr. die Fischerei, vom 2. Juli 1891. Im Auftrag des Ministeriums, Abtheilung für Finanzen, Landwirthschaft und Domänen, erläutert und herausgegeben von Freiherrn von Bibra, Ministerialrat, und Lichtenberg, Regierungsassessor. 8⁰. VI, 111 S. 1893. Amtliche Ausgabe. Geheftet ℳ 3.—, in Ganz-Leinwand gebunden ℳ 3.50.

Forststrafrecht. S.: Ausführungsgesetze zu den Reichsjustizgesetzen.

Freiwillige Gerichtsbarkeit.

Siehe: Ausführungsgesetze S. 4 und Bürgerliches Gesetzbuch Seite 3.

Fuhrwesen.

Die in Elsaß-Lothringen geltenden Gesetze über das Fuhrwesen. Übersetzt und herausgeg. im Auftrage des kaiserl. Oberpräsidiums. 8°. 52 S. 1877. Kart. ℳ —.60.

Gemeindegesetzgebung.

Die Gemeindeordnung für Elsaß-Lothringen vom 6. Juni 1895. Zweite auf Grund des Halleyschen Kommentars neu bearbeitete Auflage von Dr. Ernst Bruck. 8°. X, 444 S. 1905. Geheftet ℳ 5.—.
Gebunden in Ganz-Leinwand ℳ 5.50.

Gewerbegerichte. S.: Ausführungsgesetze zu den Reichsjustizgesetzen.

Grundbuchordnung. Siehe: Bürgerliches Gesetzbuch S. 3.

Grundeigentum und Hypothekenwesen.

Die elsaß-lothringischen Gesetze betreffend Grundeigenthum und Hypothekenwesen sowie die Einrichtung von Grundbüchern nebst den Kostengesetzen und Ausführungsverordnungen. Mit Erläuterungen herausgegeben von A. Leoni, k. Ministerialrat. 8°. VIII, 248 S. 1892. In Ganz-Leinwand gebunden ℳ 4.—.

Jagdgesetze.

Die Jagd- und Vogelschutzgesetzgebung in Elsaß-Lothringen. Von Dr. Ernst Bruck, Gerichtsassessor. 8°. 205 Seiten Text und 1 Bogen Register. 1907.
In Halbleinwand geb. ℳ 3.50.

Das Elsaß-Lothringische Jagdgesetz. Textausgabe mit französischer Uebersetzung und Anmerkungen von einem Mitgliede des Landesausschusses. — Loi sur l'exercice du droit de chasse en Alsace-Lorraine. Texte allemand et français avec annotations par un membre de la Délégation. 8°. 31 S. 1881. Kart. ℳ —.80.

Das Elsaß-Lothringische Jagdpolizeigesetz nebst der darauf bezüglichen Verordnung. Textausgabe mit französischer Uebersetzung und Anmerkungen von einem Mitgliede des Landesausschusses 2. Auflage. — Loi et ordonnance ministérielle sur la police de la chasse. Texte allemand et français avec annotations par un membre de la Délégation. 2e édit. 8°. 41 S. 1883.
Kartoniert ℳ —.80.

Justizgesetze.

Das Gesetz für Elsaß-Lothringen, betreffend die Aenderung verschiedener Justizgesetze, vom 13. Februar 1905 (Justiznovelle) nebst Ausführungs-Verordnungen und Materialien. Auf amtliche Veranlassung mit Erläuterungen herausgegeben von Hugo Molitor, Geh. Regierungsrat im Ministerium für Elsaß-Lothringen. 8°. VIII, 166 S. 1905. In Halbleinwand geb. ℳ 3.—.

Inhalt: I. Gesetz betr. die Änderung verschiedener Justizgesetze (Justiznovelle): Art. 1 (Notariats-Gesetz v. 23. XII. 1873 §§ 9, 10). — Art. 2 (Ausf.-Ges. zum Gerichtsverfassungsgesetz v. 4. XI. 1878). — Art. 3 (Ausf.-Ges. zum B.G.B. § 40, § 40a, Exkurs). — Art. 4 (Ausf.-Ges. zum Reichsges. über die Angel. der freiw. Gerichtsbarkeit, § 28, § 28a, § 56). — Art. 5 (Ausf.-Ges. zur Z.P.O. und K.O. § 7). — Art. 6 (Gerichtskostengesetz für Elf.-Lothr.). — Art. 7 (Gebührenordnung für die Notare). — Art. 8 (Schlußbestimmung).

II. Ausführungsverordnung. Verfügung des Ministeriums, betr. das Notariat und das Verfahren in Angel. der freiw. Gerichtsbarkeit, v. 28. II. 1905.

III. Materialien.

Katastergesetz.

Das Elsaß-Lothringische Katastergesetz vom 31. März 1884 und das Gesetz vom 6. April 1892 betreffend Abänderung des Katastergesetzes sowie Ausgleichung der Grundsteuer. Text mit französischer Uebersetzung und Anmerkungen von Dr. Wilhelm Gunzert, Mitglied des Landesausschusses. — Loi sur le renouvellement du cadastre en Alsace-Lorraine du 31 mars 1884 et sur la Péréquation des impôts fonciers du 6 avril 1892. Texte allemand et français avec annotations par Guill. Gunzert, député à la Délégation. 8°. 102 S. 1892. Kartoniert ℳ 1.—.

Kirchenrecht.

Das Staatskirchenrecht in Elsaß-Lothringen. Zusammenstellung der betreffenden Gesetze, Verordnungen, Staatsrathsgutachten und Ministerialverfügungen. Im Auftrage des Oberpräsidenten übersetzt und herausgegeben von E. Dursy, Kaiserl. Ministerialrat.

I. Katholischer Cultus. 8°. 1876. (ℳ 5.—) Vergriffen.

II. Protestantischer Cultus. 8°. XXII, 624 S. 1879. ℳ 8.—.

Strafgesetze.

Schöffenbüchlein für Elsaß-Lothringen. Ein Hilfsbuch für Schöffen, Amtsrichter, Amtsanwälte, Rechtsanwälte, Bürgermeister und Polizeikommissare, von R. Förtsch, Landgerichtsdirektor in Metz. — Manuel des échevins, d'Alsace-Lorraine. Guide pour Messieurs les échevins, juges et procureurs cantonaux, avocats, maires et commissaires de police. Traduction française par G. Gunzert, président de Chambre à Strasbourg. 8⁰. 432 S. 1881.
Kartoniert ℳ 2.40.

Unschädlichkeitserklärung.

Gesetz über das Unschädlichkeitszeugnis vom 19. Juni 1906. Erläutert von H. Molitor, Ministerialrat.
Erscheint im Laufe des Jahres 1907.

Verwaltungsrecht.

Theorie des französischen Verwaltungsrechts. Von O. Mayer, Professor des französischen Rechts an der Universität Strassburg. Gr. 8⁰. X, 533 S. 1886. (ℳ 10.—)
Vergriffen.

Vormundschaften.

Siehe: Ausführungsgesetze zu den Reichsjustizgesetzen.

Wassergesetz.

Das Gesetz für Elsaß-Lothringen, betr. Wasserbenutzung und Wasserschutz, vom 2. Juli 1891. Im Auftrag des Ministeriums, Abtheilung für Finanzen, Landwirthschaft und Domänen, erläutert und herausgegeben von den Ministerialräten Jacob und Fecht. Mit Anhang, enthaltend die sonstigen wassergesetzlichen Vorschriften, die Ausführungsbestimmungen und eine Uebersicht über die Eintheilung der Wasser- und der Meliorationsbauverwaltung. 8⁰. IV, 180 S. 1892. Amtliche Ausgabe. Brosch. ℳ 3.—, in Ganz-Leinwand gebunden ℳ 3.50.

Zwangsenteignung und Zwangsvollstreckung.

Siehe: Ausführungsgesetze zu den Reichsjustizgesetzen.

Zwangsversteigerung und Zwangsverwaltung.

Siehe: Bürgerliches Gesetzbuch S. 3.